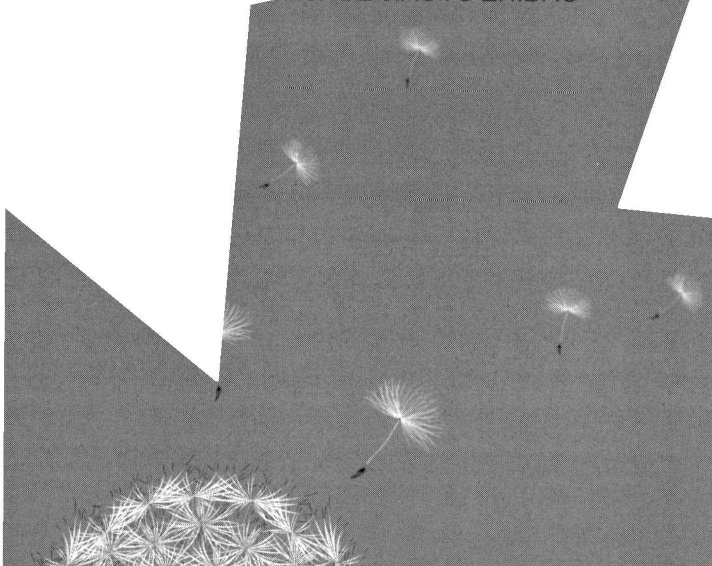

RUXUE JIAOYU ZHIDAO

# 梦开始的地方

## 大学新生入学教育指导

郭春鸿 / 著

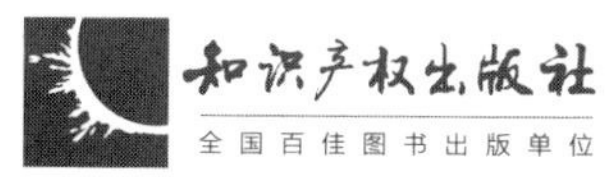

**图书在版编目（CIP）数据**

梦开始的地方：大学新生入学教育指导/郭春鸿著. —北京：知识产权出版社，2016. 8

ISBN 978 – 7 – 5130 – 4345 – 8

Ⅰ. ①梦… Ⅱ. ①郭… Ⅲ. ①大学生—入学教育 Ⅳ. ①G645. 5

中国版本图书馆 CIP 数据核字（2016）第 173040 号

**内容提要**

本书旨在帮助大学新生走进大学、认识大学、转变角色，在大学梦开始的地方从本书中获得一些指导，迈好大学第一步，做到政治坚定、学业进步、明礼修身、身心健康。同时也为从事大学新生教育管理的教师提供工作指导和借鉴，以此帮助大学新生做好起步，做好人生规划，为梦想插上坚实的翅膀。

**责任编辑**：张筱茶　　**责任印制**：刘译文

**封面设计**：刘　伟

**梦开始的地方**

大学新生入学教育指导

郭春鸿　著

| | |
|---|---|
| **出版发行**：知识产权出版社有限责任公司 | **网　　址**：http：//www. ipph. cn |
| **社　　址**：北京市海淀区气象路 50 号院 | **邮　　编**：100081 |
| **责编电话**：010 – 82000860 转 8180 | **责编邮箱**：baina319@ 163. com |
| **发行电话**：010 – 82000860 转 8101/8102 | **发行传真**：010 – 82000893/82005070/82000270 |
| **印　　刷**：天津嘉恒印务有限公司 | **经　　销**：各大网上书店、新华书店及相关专业书店 |
| **开　　本**：787mm × 1092mm　1/16 | **印　　张**：17. 5 |
| **版　　次**：2016 年 8 月第 1 版 | **印　　次**：2020 年 9 月第 3 次印刷 |
| **字　　数**：324 千字 | **定　　价**：48. 00 元 |

ISBN 978-7-5130-4345-8

# 前　言

每年金秋9月，来自天南海北的大学新生怀揣着梦想跨入大学校门。初入大学，脱离了家长和高中老师的管束，没有了高考繁重的学习任务和升学的压力，许多同学都沉浸在对大学生活和美好未来的无限向往之中。然而，在短暂的兴奋和激动之后，迷茫和困惑不可避免地随之而来。面对新的生活环境、新的学习要求、新的班集体、新的校园文化生活模式、新的人际关系，由于缺乏必要的心理准备，很多大一新生无所适从。大一新生入学教育课题摆在我们高校教育工作者面前。出版此书的目的就是想帮助大学新生顺利实现从高中生到大学生的转变，从梦开始的地方迈好大学第一步，也期待大学新生在初到大学遇到学习、生活、心理、交友、社团、政治进步、长远规划、安全等困惑时，能够从本书中获得一些指导。同时也为从事大学新生教育管理的老师们提供工作指导和借鉴，为老师们提供帮助新生转变角色、正确对待现在和未来、正确对待学习和参加社会活动、正确对待课内和课外、正确对待专业学习与专业实践、正确做好生涯规划等方面……能从梦开始的地方扎实起步，帮助大学新生为梦想插上坚实的翅膀。

应该说，对大学新生的入学指导，无论是教育内容还是教育形式都具有较大的探索、研究空间。为了帮助大学新生尽快适应大学生活，引领他们树立正确的人生观、价值观、道德观、学习观、职业观、健康观和安全观，使他们为大二学习生活打下良好基础，为大学四年甚至人生指引方向。大一学生入学教育必须形成系统，要不断探索和创新，要以新生入学教育为抓手，为高校人才培养目标的实现打下良好基础。因此，本书作者运用高校教育理论，紧密结合多年工作实际，分析研究了大学新生教育管理特点，抓住大学新生入学这个关键期，秉承“育人为本、德育为先、立德树人、引航指路”的新生教育工作理念，用心了解大学新生的个性和心理特点，贴心关注大一学生学习与生活的方方面面。基于历时十年对大学新生入学教育的跟踪调查，进行精心凝练，沉淀出思想，遴选出内容，概括出原则、方法和途径，完成此书的撰写工作。

大学一年级是学生从高中到大学的重要转换期，是接受高等教育的起始阶段，大一新生入学教育阶段是学生从未成年人迈向成年人的过渡期，是学生适应大学生活、掌握学习方法、树立发展目标、坚定理想信念的关键时期。因此，众多高等教育研究者把目光投向大学一年级新生入学教育这一重要阶段的工作，本书既是对大一新生入学关键期教育体系的研究，又是对相应工作的进一步探讨。

《梦开始的地方——大学新生入学教育指导》从认识大学、走进大学、适应大学、大学梦想与人生梦想的追求等多方面逐步展开，针对树立正确的“三观”、大学的军训与国防教育、大学的教育教学、大学生活与社团活动、大学生的心理健康与人际交往、大学的志愿服务与文明修养、大学生职业生涯规划、大学生体育与身体健康、大学生的安全教育等12个方面进行阐述，可以作为大学新生入学教育的指导性提纲和重点内容。通过阅读本书，大学新生可以更好地了解大学生活的方方面面，帮助大学新生尽快融入大学的生活、学习，扣好人生第一粒扣子，为大学新生的梦想插上腾飞的翅膀。

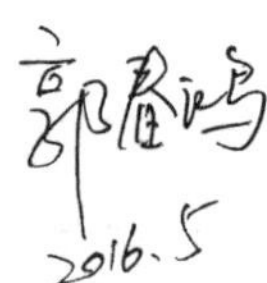

# 目　录

# 第一章　重新出发：认识大学与梦想起航

## ——读懂你的大学

大一新生在历经紧张、单调的中学生活与竞争激烈的高考后，在大家的赞誉声、家长的叮嘱声中，同学们怀着喜悦的心情跨入了大学校门，很多同学还怀着些许激动，并憧憬着美好的未来。但是，同学们来自五湖四海，兴趣爱好、生活习惯存在很大差异。面对新的人际交往环境，绝大多数同学在中学时拥有的荣耀与光环都成为过去，优越拔尖的心理感受也荡然无存，于是刚刚进入大学后会产生迷茫心理，不知道自己进入的这所大学究竟能学到什么，看不出自己的价值，找不到方向，甚至每天过得昏昏沉沉。没有方向的生活不仅会消磨新生们刚刚经过高考拼搏的斗志，而且会浪费最美好的青春。因此，刚刚踏入大学校门的新生，有必要了解大学的内涵与功能，理解和践行校训和校风，体会大学能够带给同学们更深层次的价值和启迪，树立对大学的正确认识，以全新的自我开始大学生活，尽快适应大学生活，出色地完成大学学业。

## 第一节　大学的内涵与精神

大学除了拥有美丽的环境、现代化的设施等物质条件，还有从五湖四海来的同学，还有人说大学意味着将来能找到一份好工作，更有人说大学是寻找生命另一半的伊甸园……作为刚刚步入大学校门的新生来说，首先要了解大学的内涵与精神，这是大学特有的文化与精神的共存。

### 一、大学的内涵

加强内涵建设，是高等教育的一个重大战略性转折。当前我国高等教育在发展、改革中的主流是好的，但是存在重规模数量，轻结构优化、教育质量和办学效益的现象，尤其是教育质量的滑坡已经引起人们的高度关注。因此，当前和今后一个时期我国高等教育发展、改革的主要任务是高等教育全面、协调、可持续发展，关键是要把我国高等教育的发展、改革由以宏观领域为重点和以外延发展为主及时地转变为以微观领域为重点和以内涵发展为主。在连续扩招后，大学应走入注重质量时代。

（一）大学的内涵是逐渐积淀出来的

大学内涵是探求高深知识、追求真理，其魅力不仅在于保存与传递知识，更在于生机勃勃地创造和运用知识。它是一种无形的资产，是大学在长期的高等教育活动中逐渐积淀下来的。形成之后，无论是学生还是老师，无论是管理者还是被管理者都会认同这种群体意识和氛围。它是大学传统中最宝贵的部分，是大学能够屹立于这个时代的根本，对于展现大学形象和特色起到了最重要的作用。

1. 从大学内涵建设内容看

大学内涵可以概括为八个字：文化、质量、特色、效益。大学的内涵是大学在长期的发展建设过程中逐渐形成的一种约束大学生行为的价值体系，及体现这种价值体系的独特氛围。

2. 从高校承担的任务看

高等学校应把培养人才作为首要任务，并且把人才的数量和质量作为评价一所学校办学水平高低和对社会贡献大小的基本标志。德智体全面发展，既是人才培养也是成长的普遍规律。

3. 从大学的教育教学过程看

大学内涵实质上是一个有目的、有计划的文化过程。所谓教书育人、管理育人、服务育人、环境育人，说到底都是文化育人。大学传统、大学精神，实际上是大学的文化传统、文化精神。

4. 从高校自身发展的需要看

当前，国内外的大学都面临激烈竞争。纵观中外大学发展史，一所成熟的大学、一所办得成功的大学，至少都注重时代性、规律性、创造性的探索与实践。不注重时代性，大学的发展就会失去本性；不注重规律性，大学的发展就会失去理性；不注重创造性，大学的发展就会失去个性。因此，大学要走内涵型发展的道路。

（二）大学的内涵是人类最宝贵的财富

大学是培养高级人才的地方，其目标是服务社会，成为社会的良心和社会的向导，延续和扩展人类文化的命脉。综观所有大学，每一所大学都以追求“真、善、美”为己任，以实事求是的态度对待学术，为知识和真理的发现、

论证、传播而坚忍不拔。这些精神都是人类最宝贵的精神财富，是每一所大学都应当具有的内涵。我们常听说的“北大之创新，清华之严谨，南开之笃实，浙大之坚韧”，这些便是莘莘学子对这些国内顶尖高校所具有的内涵的高度概括。

1. 大学内涵是核心竞争力

大学的核心要素是人力资源、资金、现代大学管理制度、学科生长机制和大学文化传统。有人概括为四力：学术生产能力、人才生产能力、管理能力和文化力。文化本身就是一种生产力，文化力是高校核心竞争力最深刻的内涵。一所大学的核心竞争力是在大学的发展演变过程中长期培育、积淀而成的，它孕育于大学文化，并深深地融合在大学的内质之中。一所大学如果缺乏深刻的文化内涵，永远不可能成为卓越的大学。一个时代的大学精神和风气从本质上反映了一个时代的文化精神，“兼容并蓄、学术自由”的气息已经成为现代意义上“大学精神”的最核心内容。

2. 大学内涵是独特的文化积淀

大学文化本身具有相对独立性及鲜明的特色，是在学校发展过程中长期培育和积淀形成的，它深深融合于学校的办学理念、办学思路、办学传统中，并为全体师生共同拥有，难以被其他行业和其他学校所模仿。大学作为一个典型的文化单位，只有在大学文化的建设上善于研究，善于创新，才能在观念创新上先人一步，在体制创新上优人一着，在机制创新上高人一等，在成果创新上快人一拍。一流大学之所以能成为一流，本质上更多的是一种独特的文化精神积淀，并在社会中形成的“声望”，它具有不可替代性和持续后发性。

### （三）大学内涵是大学教学理念中最基本的组成部分

正如前面所说，每所大学走过的历史不同，沉淀下来的内涵各有特色，但所有大学都有一个共同的内涵——弘道，这个内涵是大学教学理念中最基本的组成部分。由于所有大学都在教育中贯穿着这些共同的思想，大学才能形成符合时代发展的价值观和世界观，共同引导整个世界的潮流。大学是“弘道”的场所，人才培养对应着成人之道，科学或学术研究对应着真理之道，社会服务对应着公民之道，文化传承和创新对应着文化自觉之道。“道”的各个方面是内在联系着的，成人之道要在真理之道、公民之道和文化自觉之道的共同映射和支撑下才能够得到呈现和澄清。

### （四）追求自由是大学内涵的灵魂

追求自由是大学内涵的灵魂，也是发展和产生其他大学内涵的根基。追求自由不是为所欲为地做任何事情，也不是毫无限制与控制自己的言行举止，恰恰相反，自由精神追求的是发自内心的愿望，也是有限节制和对真理的无限追求，是最基本的权利。从古至今，人类社会一直为追求自由而抗争。大学是社会经济、政治文化发展的产物，在漫长的历史长河中，大学一方面传承着从历史中得到的优秀传统，另一方面又不断改革，以适应不断变化的新的历史环境，永远站在世界的最前沿，引领社会的发展。

大学之大，在于鼓励自由探索的学术精神，能够海纳百川，兼收并蓄，具有自由探索的精神。首先，从个体来看，无论是教师还是学生，在主观上必须具有超越世俗的勇气，有超凡脱俗的品格，不畏浮云遮望眼，不人云亦云，不随波逐流，能克服从众心理，通过潜心治学和自由探索，不断提高自己的智慧和学术创新能力。其次，自由探索不是盲目摸索，而是建立在科学基础上对未知的叩问。这种自由探索一方面关注学术前沿，体现出国际化的视野，另一方面紧密联系社会对创新的需求，把自由探索的精神扎根于社会实践。最后，学校要营造师生自由探索的环境，建立能够促进自由探索的育人机制，学术无禁区，支持各种社团活动与学术沙龙，为其提供必要的场所和资金支持等。

总之，优良而健全的大学内涵一旦形成，便会推动学校的进一步发展建设，凝聚人才，熏陶大学生心灵，规范大学生行为。大学生长期处于这种环境中，会自然而然地受到大学内涵的影响。有朝一日，当把大学的内涵完全贯彻到自己的行动中时，大学生便能创造丰富多彩的大学生活，并通过在大学的学习，最终成为一名对国家、对社会有用的栋梁之材。

## 二、大学的精神

大学精神是大学自身存在和发展中形成的具有独特气质的精神形式的文明成果，它是科学精神的时代标志和具体凝聚，又是整个人类社会文明的高级形式。大学精神是引领社会的重要内容。大学靠什么来引领社会？怎样引领社会？必须有自己的精神。对于大学精神的概括和论述有很多版本，本书作者通过广泛学习和收集整理，结合我国现代高等教育发展的使命，认为如下几方面是构成大学精神的重要元素。

### （一）爱国精神和民族精神

在中国的大学校园里，新生入学后会把爱国精神教育作为重要的教育内容，因为我们培养人才的主要任务是为国家培养合格的建设者和接班人。如果没有爱国精神，我们的中华民族还会屹立于世界民族之林吗？中国现代女作家、翻译家冰心说过：“一个人只要热爱自己的祖国，有一颗爱国之心，就什

么事情都能解决，什么苦楚、什么冤屈都受得了。”这种精神如果能够用于我们大学生的学习和生活，用于我们追求梦想和大学生涯中，那就没有什么能挡住我们前进的步伐，学习的困难就更不在话下。

（二）追求真理的学术精神

追求真理的学术精神，也就是求实求真的精神。实事实功，经世致用；广采博收，兼收并蓄；求真求是，一本万殊；经史并重，义利双行；学有专攻，贵在创新。所谓学术是指系统专门的学问，泛指高等教育和研究，是对存在物及其规律的学科化。学术是对方法的学习，它区别于学习知识。所谓“磨刀不误砍柴工”，在大学阶段，就是指学术是大学安身立命之本，大学处于一个国家整个教育体系的最上层，一直都被称为传承、批判和探索学术的殿堂。大学的逻辑起点首先应该是追求真理的学术研究，从而使不同学科按照内在的科学逻辑发展，各学科之间能够相互融通、结合和渗透。大学教师的学术造诣、学术素养和学术意识，会直接影响大学生的理论基础、知识体系和思维模式。

（三）传承文化的人文精神

大学不只是教给学生技能，还要培养一种精神。从我们长期从事大学一年级学生管理经验来看，这是刚入大学校门的大学一年级学生需要提高相应认识的问题。他们总觉得上大学没必要开那么多“没用的理论课”，总抱怨这些人文课程离专业太远，甚至出现迟到、旷课的抵触现象。人文精神的体现是方方面面的。读一句唐诗宋词，看看“大江东去”，再读读“大漠孤烟直”，你曾经感受到心灵的撞击，是人文精神；学会与人友好相处，学会感恩是人文精神；继承传统文化的精髓也是人文精神。

（四）尊重科学与创新精神

科学精神有很丰富的内涵，首先是一种尊重自然和顺应自然、与自然和谐相处的精神，其次是在科学上探索与幻想的一种反向思维。如果大学里一定要照本宣科，一定要有标准答案，那就不是培养科学精神。人类的文明史是人类不断创新、勇于改革的历史。正是人类永不间断的创新活动，人类的文明才能不断进步。

大学为大学生提供了丰富的物质资源、浓厚的学术氛围以及各个学科的学术专家，为学习、创新和进步提供了便利条件。因此，开展具有开拓性和超前性的知识创新是大学的重要任务。

（五）崇尚道德的自律精神

道德是每个人的做人之本、立足之根。若把人生全部智慧比作一座大楼，那么道德就是构建这座大楼的地基，缺少地基则整座大楼难以站稳。意大利诗人但丁曾经说过："一个知识不健全的人可以用知识去弥补，而一个道德不健全的人却难以用知识去弥补。"我们的大学生，一旦缺少品德，就难以在社会立足。所以，教育部制定的《面向21世纪教育振兴行动计划》中明确要求"要加强和改进学校德育工作。继续加强爱国主义、集体主义、社会主义理想教育、遵纪守法和社会公德教育，进行中华民族优秀传统和革命传统教育，实施劳动技能教育以及心理健康教育，培养学生具有良好的道德、健康的心理和高尚的情操"。回答了我们为什么要崇尚道德和遵守道德准则的自觉精神，道德的规范和本质是什么。道德为我们的长远利益和最终利益筑起一道护卫的屏障。每一位大学生，都要成为崇高道德的践行者和守卫者。

（六）敏锐的时代精神

大学是时代的智者，能够研究和预测、感应和引领社会潮流的发展轨迹，永远走在人类进步的最前沿，使社会潮流之声最终成为时代最强音。大学正是因为紧紧把握住了时代的脉搏，始终具有时代精神，才能具有自身持续的发展和地位逐渐提高的趋势。从发展历史看，大学毫无疑问是时代的产物，代表着最先进的思想，推动社会的进步。一所大学从刚刚成立到孕育一种内涵，需要经过历史的积淀，大学生在一所大学经过熏染和学习，师生合力承担大学精神的传承者角色，也是大学精神的缔造者。

大学之所以称为大学，关键在于它的文化存在和精神存在。大学的文化是追求真理的文化，是严谨求实的文化，是追求理想和人生抱负的文化，是崇尚学术自由的文化，是提倡理论联系实际的文化，是崇尚道德的文化，是大度包容的文化，是具有强烈批判精神的文化。一所没有精神的大学不是一所真正的大学，大学的支柱和基石是大学的精神。没有精神就失去了灵魂，没有灵魂的大学就失去了存在的意义。总之，大学之所以是大学，就因为它是"大""学"——研究范围博大，研究学问高深，研究视野广阔；胸怀宽广，大器大象，兼容并包，气度恢宏，充溢着一种大象无形的灵性氛围、文化的光芒和神圣精神。这样，大学才成为人类文明和社会进步的综合标志，成为人类的精神家园。

## 三、引导大学新生正确理解大学内涵与精神

认识大学内涵与精神，对于大学新生认识大学、走进大学，从而实现高中到大学的转变直至成功起航具有重要意义。

### （一）要培育大学精神，发挥文化育人作用

2010 年，教育部颁布的《国家中长期教育改革和发展规划纲要（2010—2020 年）》指出，要“积极推进文化传播，弘扬优秀传统文化，发展先进文化”。2012 年，《教育部关于全面提高高等教育质量的若干意见》再次表明了国家对建设大学文化与培育大学精神的高度重视。大学文化处于民族文化的前沿地位，大学精神是大学文化内涵的精髓与核心。伴随着经济社会的发展与大学功能的拓展，大学精神也相应地发生着改变。现代大学精神内涵与现代大学功能是不可分割的一个整体。

#### 1. 大学内涵与精神是大学发展和社会进步的文化结晶

大学的科学发展“求真”，内涵发展“求善”，文化建设“求美”。增强内涵，凝练精神，加强大学文化建设，是提高核心竞争力的关键。核心竞争力强调的是软件重于硬件、质量重于数量，精重于全，是科学发展观的要求，是大学文化建设的目的和结果。

#### 2. 大学精神是高校自立、自信、自觉自强的软实力

大学的自立、自信、自觉和自强固然要靠我们大学功能的发挥，但是，大学精神与大学功能是紧密联系的，是辩证统一的。要建设一所特色鲜明的大学，必须不断提升大学深厚的文化底蕴和文化品位，使大学得以生存、发展和承担重大社会责任的根本。

#### 3. 大学精神培育是人才培养的重要内涵

如何把人文精神、科学精神、社会担当精神和时代精神在人才培养中贯彻下去，使之能够真正融入学生培养的过程和环节之中，这是发挥大学功能需要思考的一个问题。不能只是单一地讲人文精神，还要重视科学精神、社会担当精神和时代精神等。

#### 4. 大学模式集中体现于大学内涵和大学精神的特质

我们国内各所大学都凝练了自己的校训，校训就是大学精神的一种体现，是现实中引导大学发展方向的无形力量。大学文化具有传承优秀文化的重要功能，要认真研究、继承和借鉴人类历史上“真、善、美”的文化元素，发现和肯定传统优秀文化中“真、善、美”在当代的重要价值。

### （二）把继承和创造“真、善、美”作为教育学生的正确导向

大学的内涵与精神必须在真、善、美与假、恶、丑相比较中教育学生提高识别能力，要肯定真、善、美，就必须否定假、恶、丑。因此，大学文化还应该对传统文化中的糟粕进行批判，否定那些阻碍社会发展进步的落后文化，把

破与立结合起来。

1. 教育学生要继承历史上一切真、善、美的文化元素

在国家高度重视文化软实力的今天，大学要责无旁贷地担负继承历史上一切真、善、美的文化元素的重要使命，把优秀的传统文化资源转化提升为具有文化生命力的软实力，使其成为培养人才的重要智慧来源，这有利于克服历史虚无主义和民族虚无主义，树立民族自信心和民族自豪感，如“天行健，君子以自强不息；地势坤，君子以厚德载物”等重要资源，仍然具有强大的生命力。

2. 发现和肯定现实中真、善、美的文化元素

大学很重要的使命就是要对社会纷繁复杂的现象进行梳理，培育、宣传和弘扬和践行社会主义核心价值观，关注大学生的心理健康与精神成长，给人才培养以智慧和理论的支持，为社会排忧解惑。其中，很重要的一点就是运用光明思维，发现和肯定现实中真、善、美的文化元素，名正言顺、合情合理地当好“歌德”派，引导学生树立对国家、对中国共产党、对社会、对改革、对实现“中国梦”的信心和信任感，树立美好理想和人生信念。

3. 教会学生探索创造真、善、美的途径和方法

大学无论是学术研究还是人才培养，都离不开真、善、美这三大主题。作为大学精神内涵，还应该积极探索创造真、善、美的途径和方法。即求真，要讲求诚信；向善，要有公益之心；审美，要内外兼修、秀外慧中。

### （三）发挥大学内涵作用，引导学生塑造“有价值的青春”

对生活在大学校园中的学生来说，大学文化内涵对学生价值观念的导向就显得尤为重要，要用民族精神和时代精神凝聚力量，引导人们树立正确的世界观、人生观、价值观，如倡导“奉献的青春最美丽”。

1. 登高望远，胸怀大志

大学内涵与精神文化终归是以为国家培育人才为己任，以培养合格的建设者和接班人为目的。王国维《人间词话》认为，古往今来，凡是能成就大事业、大学问的人，无不经过读书的三种境界：“昨夜西风凋碧树，独上高楼，望尽天涯路。”“衣带渐宽终不悔，为伊消得人憔悴。”“众里寻他千百度，蓦然回首，那人却在灯火阑珊处。”这三种境界非常形象地概括了大学内涵与精神文化的重要内容。在王国维看来，做学问成大事业者，首先要有执着的追求，登高望远，瞰察路径，明确目标与方向；努力拼搏，潜心治学，衣带渐宽；反复探索，蓦然回首，创新思维油然而生。

2. 以小见大，追求真、善、美

大学内涵和精神文化在引导学生学会“求真、求善、求美”的基础上，还要引导他们在认识世界的基础上，更好地改造世界。特别是针对诸多社会问题，大学作为国家的智库和人才荟萃的圣地，应该为解决社会问题献计献策，应该投身到社会公益事业，积极参加志愿服务活动，为社会、为他人奉献自己的青春。

3. 培育和践行社会主义核心价值观

我们要在大学新生入学阶段，让学生懂得去确定价值、等级、次序，优先选择其中对社会、对家庭、对个人价值量最大、最值得选择的那一种生活方式，从而经过努力最大限度地体现自身存在的价值。显然，培育和践行社会主义核心价值观是关键。我们要使学生认识到，价值等级最高的是我们一直倡导的爱国主义、集体主义、友善、敬业、诚信最美价值观。爱国主义是调节个人利益和国家利益之间关系的价值观，集体主义是大学生自我存在和发展的前提条件，友善、敬业和诚信等引导大学生按照美的标准实现社会发展和个人价值的统一，认识到我们大学生的梦是“中国梦”的一部分，在家国情怀的引导下，在大学创造有价值的青春。

## 第二节　大学的功能

大学功能与经济社会发展息息相关，根据时代的发展，大学功能也有不同的演变和划分。如今的大学逐渐形成了一个庞大复杂的高等教育系统，由各种类型的高等学府构成。如前所述，每所大学都有自己的内涵，对于国家、社会和学生个体来说，大学的功能与定位不尽相同。

### 一、大学对国家和社会发展的功能

美国教育学家亨利·纽曼说过：“大学的目的就是训练社会的良好成员。”从狭义上来看，大学是国家高等教育学府，选拔具有高中以上学历者进行教育和培训，并以考试考核的方式检验其所学知识和技能。从广义上看，大学的功能最终表现为社会服务，包括为社会培养人才，为社会政治、经济、科学文化服务，为社会的整体健全发展服务。

自 1088 年意大利波罗尼亚大学设置法学（随后有医学、神学）学科而首开人类高等教育的先河开始，在长达 700 多年的时间里，大学的功能都是单一的。大学只培养职场人士，后世将此功能称为“人才培养”。1810 年诞生于德国的洪堡大学第一次将科学研究与教书育人并列，使大学具有了第二大功能。20 世纪 30 年代，美国的威斯康星大学最早将服务社会作为大学的新功能，把判断教授的标准与其服务社会的能力结合起来，使大学从社会边缘进入社会中心。大学因而获得了既是社会进步引领者又是社会发展助推器的双重角色。服务社会，便成为大学的又一大功能。“三大职能”的判断是目前世界范围内对高等教育功能与作用的经典表述。

教育家顾海良教授认为，大学功能的沿革主要有三个划分标志：一是 18 世纪 60 年代，以英国工业革命开始为标志的第一次工业革命；二是 19 世纪 80 年代，由化学、力学、电磁学等发展引起的科学革命；三是 20 世纪 40 年代的第三次工业革命。相应地，大学功能的发展也分为三个阶段：1760 年以前，大学是生产力功能的古典大学，大学的功能主要是人才培养，人才培养通过知识传承得以实现。在这个阶段，由于现代意义上的物理学、化学等学科还没有独立出来，数学和天文学这样一些相对独立的学科也还处于雏形，因此，大学中的知识传承主要是人文知识的传承，特别是宗教文化知识的传承。也就是说，在第一次工业革命以前，人文知识传承占据了学校的主体，而知识传承的目的是人才培养。

（一）培养人才

培养人才是高等学校的基本职能。从本质上来说，大学是培养人的社会活动能力的地方。不论是哪个历史时期、哪种类型和层次，大学都是以人才培养为基本任务的。通过大学教育来促进受教育者身心健康、和谐地发展。从大学的发展历史来看，随着人类社会由前工业社会、工业社会向后工业社会的递进，大学人才培养的功能经历了三个发展阶段，大学人才培养的职能也历经了相应的演变。最早建立并且延续不断的有意大利的波隆纳大学、法国的巴黎大学、英国的牛津大学和剑桥大学等；中世纪大学办学模式，一开始就带有一定的专业性，培养社会所需要的官吏、法官、牧师、医生等专门人才。所以培养专门人才是大学最早也是最基本的社会职能。当前，我国的大学要在“大众创业、万众创新”建设创新型国家中做出自己的贡献，必须尽职完成自己的人才培养任务。

（二）科学研究

科学研究是大学的重要社会职能和活动。通过科学研究能为国家培养全面发展人才，能够对教学进行及时的补充和更新。高等学校自产生以来就担负着教学、科研的职能，并相应地担负着知识应用和知识创新的功能。中世纪大学

出现时，近代科学还没有产生，自然不存在发展科学的职能。15 世纪以后，工业革命为科学的发展奠定了大工业的技术基础，并要求为解决日益复杂的生产技术问题提供理论和方法，科学研究开始受到重视，社会需要有一批专门从事科学研究的人才。过去那种依靠个人经验在实践中传授和训练生产技术的方式已不能适应社会的需要。这样，高等学校也就成为当然的培养科学研究人才最理想的场所。如果说在传统的农业经济和工业经济时代大学主要侧重于知识传播功能的话，那么在当代知识经济社会，大学必须把科学研究功能放在十分重要的地位。其原因是：一方面，大学的知识传播功能越来越受到网络发展和社会培训的挑战；另一方面，大学教学水平的提高和知识应用功能的增强越来越依赖新方法和新技术的支撑和推动。因此，21 世纪优秀的高等学校要把科学研究功能的提升和发挥放在更加突出的地位上。

（三）社会服务

同发展科学一样，高等学校直接为社会服务的职能，不仅是社会的客观需要，也符合高等学校自身发展的逻辑。大学将创新知识用于经济和社会发展是大学社会服务功能的主要形式之一。大学要走产、学、研相结合的道路，积极而广泛地促进科技成果转化成投资项目、产品和现实的生产力。高等学校作为社会文化科学的中心，在社会文化、科学技术、卫生保健中居于领先地位，能够也应该负起对社会的责任，特别是应对当地的各方面工作起指导或咨询的作用；应当采取各种方式同社会进行广泛的联系，尽可能帮助解决社会在发展中遇到的种种理论和实际问题。如大学与生产单位联合搞科研，进行技术指导，担任企业的顾问，举办培训班或业余学校，为社会承担继续教育的任务等。北京市教委推出了“高参小”项目（北京高校、社会力量参与小学体育美育发展工作），在 2014 年 27 个高校、社会力量与 139 所小学结对的基础上，2015 年新增 4 家资源单位，有中华女子学院、北京师范大学、中央民族歌舞团、北京儿童艺术剧院和北方昆曲剧院。全市参加“高参小”项目的学校总数达到 161 所，覆盖全市 15 个区县。借助高校的自身优势，整合优秀资源，依靠各小学原有师资，开展以中华优秀传统文化传承、体育和艺术教育有效实施等项目的研究与实践，专门为小学量身定制了项目实施方案。在课程内容设置上突出以体育与艺术的结合为特点，让学生在学习艺术的同时得到身体的锻炼。结合运用专家授课、专家与小学教师共同授课、专家指导小学教师授课及专家进行评价等“四结合”方式，全面提升小学整体办学质量和水平。希望通过“高参小”项目加强学校教师队伍建设，推进课程改革建设，强化校园文化的特色建设，培育改革示范经验，为首都教育带出新成果，带来新希望。高等学校直接为社会服务的形式和内容是多种多样的，根据不同科类和不同专业的特点，发挥所长，积极创造条件，搞好社会服务工作，这是大学功能不断完善和发展的必然趋势。

（四）文化传承与创新

文化传承与创新依然是大学的基本功能之一。它有两项主要内容：一是要求大学根据自身的价值观对人类长期积累的文化进行严格的选择、加工和整合，充分发挥其对人类文化的积淀作用；二是要求通过大学教育、教学活动，以培养人才作为载体把人类社会长期积累的文化传承下去。大学本质上是一种教育现象。中国的大学从诞生之日起就与中华文化有着深刻的联系。一方面，大学的思维习惯、民风民俗、行为差异等方面受中国文化的巨大影响；另一方面，大学具有文化价值和底蕴，成为传承、研究、融合与创新高深学问的高等学府。任何一所大学，由于她的语言的民族性，她的育人的目的性，她的与知识发生联系的深刻性，她的组成者对至善的追求等因素，决定了其自诞生之日起，就在承担着文化使命，只是与她的其他职能比较起来，未被充分认识而已。把文化的传承创新明确为大学的第四大功能，是胡锦涛同志对大学和高等教育规律新的重要认识，这对我们全面提高高等教育质量、建设世界一流大学具有十分重要的现实指导意义。

总之，对于大学的功能来说，人才培养是核心，科学研究是做好人才培养工作的前提条件，人才培养是服务社会、传承和创新文化的直接表现。科学研究、服务社会、文化传承创新应该围绕人才培养而开展，不能脱离人才培养，人才培养要通过科学研究、服务社会、文化传承创新来实现。人才培养、科学研究、服务社会、文化传承创新四者是一个有机整体，应该齐头并进，在学校内部只能有限程度地相对独立，不能人为制造割裂和对立。任何有意无意单独强调一个方面的做法都是狭隘和有害的。

## 二、大学对学生和家庭的作用

大学在现代已经逐渐发展成高等教育系统，由各种类型的高校组成，不同类型的高校的社会职能与社会定位、人才培养目标、对学生的要求、教育教学模式各不相同。就读不同的高校通常与不同的职业生涯发展有较为密切的联系。选择大学，应当是个人对大学意义与价值和自身发展设想充分认识基础上的理性判断。从一般意义上讲，选择某所大学和某个专业会对一个学生的职业道路和家庭生活产生重大影响。因此，学生和家长在高考前填报志愿时非常谨慎，把选大学和选专业与人生规划作为统筹考虑的因素。从同学和家长的视角

出发，仅考虑具有普遍意义的大学功能，今天的大学至少能为学习者提供以下服务，或者说从学生视角可以将大学功能归纳为以下几点。

### （一）学习知识，形成专业修养

#### 1. 学习知识

对于学生来说，最重要的事情就是学习知识。大学除了在课堂上的知识传授，庞大的图书馆、设备精良的实验室和网络系统也为大家提供了获取知识的途径。在以知识为核心竞争力的时代，无论未来想要或者能够从事什么职业，丰富的知识和专业修养都是一个人成功的基础。

#### 2. 形成专业修养

当学生在自己选择的领域或者专业积累知识，逐渐精于这个领域，便会形成某种专业的知识能力系统和素养，思维方式也受到所学专业的影响而发生相应的变化。然而，无论是知识的增加还是思维方式的变化，都说明在四年大学的潜移默化中已经形成了专业的修养。

#### 3. 准备人力资本

现代大学将越来越难以提供人们曾经期待的那种“社会地位配置”作用，而逐渐“回归”教育机构的本质。大学帮助学生获得知识与能力，而学生运用知识和能力寻求就业，并逐步获得自己的社会地位。大学不可能直接给学生工作和社会地位。一个人选择读大学，根本意义在于形成帮助自己发展的人力资本，或者说劳动能力，用这样的资本和能力谋取就业和持续进步。

### （二）获得学历文凭

#### 1. 获得能力信号

人们经常忘记大学的本质，把拿到文凭当成读大学的目的。就业市场需要一种“能力信号”——毕业证书来降低交易成本，没有这个信号，招聘者和应聘者达成交易就会很困难，交易成本会大大增加。高等教育文凭正是这样的“能力信号”。

#### 2. 准备人力资本

随着高等教育普及程度的迅速提高，与之伴生的社会现象和心理现象出现了：大学文凭在谋取好职业乃至较高社会地位中的作用不断降低，就读大学带来的价值感、荣耀感逐渐减退，个人接受高等教育的“机会成本”相应增加。换言之，大学文凭在“能力信号”之上的“社会溢价”正在消失。对此，每个选择上大学的人，的确该思考一下自己为什么要读大学，又期待从大学得到什么。其实，给文凭拥有者一个好工作和一定的社会地位，从来不是设立大学的本意。中世纪以来，大学从来就没有把给予学生某种功利回报作为追求，现代大学更是这样。大学帮助学生获得知识与能力，而学生运用知识和能力寻求就业，并逐步获得自己的社会地位。一个人选择读大学，根本意义在于形成帮助自己发展的人力资本，或者说劳动能力，用这样的资本和能力谋取就业和持续进步。

### （三）培养独立思考能力和完善正确的世界观和价值观

#### 1. 培养独立思考的能力

一方面，大学给了你提出问题、分析问题和解决问题的思考能力，对于学生未来跨入社会有极大的帮助；另一方面，面对社会公众问题时，不会人云亦云。

#### 2. 使学生成为更加优秀的人

大学值得读，对年轻人来说是实现个人理想的“机会之路”。最为重要的是，大学有助于个人的自我发展与完善。大学不仅能帮助学生“读书明理”，更帮助学生提升修养、品质、智慧。大学教育对于年轻人形成人生观、价值观，对于发现和理解生命的意义和人的社会价值有极大的作用，是人们的精神家园。

#### 3. 使学生有时间和空间反思自己、改进自己

学生在老师的引导下，有更多的时间思考热点问题，从网上、图书馆和社团活动了解更多相关知识，与同学交流，认识到社会的复杂性和多面性，从而培养自己的理性思维，升华和完善世界观和价值观。

### （四）提高素质，促进个人气质的变化

#### 1. 从一个中学生到一个职业人的素质准备

大学是很好的训练场，这会表现在学生的谈吐、衣着与沟通修养上的提升上。

#### 2. 实现学生身份到工作身份转化的必要预备

作为一名大学生，始终和有知识、有文化的人在一起听课、做教学实验，甚至在一起看音乐会、参观画展、读各种书籍，如果按照每月借阅 2 本书、每年 24 本书、4 年大学借阅近 100 本书阅读的话，学生就会读到各种书籍，这样艺术修养、人文修养、道德修养就会不断提高，在人文素养方面就会大大超过没有上过大学的人。

#### 3. 培养探究未知世界的科研意识

大学是探究未知世界的场所。具有好奇心的年轻人与致力于探究未知世界

的教师结成共同体，大家志同道合，在满足好奇中推动人的发展和社会发展，这样的职能是其他社会机构无法替代的。

### （五）建立有效的同学关系网

1. 大学是年轻人交往的地方

大学把四面八方并有着各种文化背景、生活体验与经历的学生汇集起来，让年轻人相互交往并且相互学习，为每一个学习者提供发现不同的交往伙伴的机会，这是一个人成长中难得的宝贵财富。

2. 建立友善的同学关系

对于大部分学生来说，大学时建立起来的同学关系要比中学期间的同学关系牢固得多。一方面，中学忙于高考，大部分时间和精力都在学习和竞争上；另一方面，大学是住校，学生们关系紧密，形成了一个不可分割的整体，这也就促成了大家友谊的形成。

3. 学习形式有利于建立紧密联系

在大学的实验室做实验需要大家配合完成，社会实践也需要团队才能完成，社团文化活动和担任学生干部时都需要团队配合和人际交往，这就形成了大学生班级、宿舍、专业和院系之间的各种联系，在各种活动的默契配合中大家会加深友谊。大学同学、朋友的友谊纯洁而长久，将是大学生宝贵的财富。

### （六）实现个人兴趣和职业发展的准备

1. 广泛的兴趣爱好得到发展

对于很多人来说，在进入大学之前有很多爱好，有的喜欢画画、打球、播音、电子、唱歌和朗诵……这些爱好都会在大学得到展示和发展，大学有丰富的第二课堂活动和学生社团，有足够的舞台和机会供同学们发挥，几乎每种兴趣都有相应的社团和组织，可以将爱好发展为一种能够让自己骄傲的技能。大学为大家提供了难得的机会，相信大学生都会珍惜。

2. 推动学生转型为“职业人”

大学在帮助学生形成工作所需要的专业能力的同时，帮助他们完成“工作准备”、形成个人就业的“配置能力”（个人在就业市场上发现机会、自我判断、抓住机会实现就业的能力）。大学对学生在心理、文化、人际交往、专业等方面的训练，正是为了培养这样的“配置能力”。这是推动学生转型为“职业人”的社会化过程。

综上所述，虽然大学与大学之间有很多不同，但是从大学存在的使命与价值来看，它的基本功能都是培养人才，都应该以培养人才为核心任务。《中华人民共和国高等教育法》第 31 条规定，高等学校应当以培养人才为中心，开展教学、科学研究和社会服务，保证教育教学质量达到国家规定的标准。

前面谈到大学的种种功能，都要有利于人才培养，假如不利于人才培养，只是为科学研究而科学研究，为社会服务而社会服务，那么就违背了大学功能的本意。因此，要理解大学功能的“普照之光”，要理解大学功能的“特殊的业态”，根本的就是围绕人才培养展开教学、科研、社会服务和文化引领等。而所有功能都不能单独割裂开来，它们是一个内在统一体。

## 三、大学功能的实现途径

大学要发挥四个功能，成为培育合格人才的摇篮和科研的前沿，为社会服务，为文化传承努力；大学生要认真把握大学能提供什么和自己需要什么，在大学里努力提升综合素质和专业能力，给自己的未来加注尽可能多的“能源”。我的大学我做主，切不可失去大学良机，做最好的自己。

### （一）要建立高校人才培养政策保障体系

要建立健全高校“招生—培养—就业”的教育教学体系，首先要从政策保障体系搞好顶层设计。顶层设计是指国家有关部委从全局和战略的高度，提高认识，统一思想，切实增强责任感、紧迫感和使命感，确立科学的人才培养新思路和教学、科研及社会服务政策保障体系。其次是学校层面要搞好制度设计和执行落实；高等学校作为大学生培养体系实施的基层单位要有与大学生培养体系相适应的队伍建设、后勤保障和学生管理制度，确保教学、科研、社会服务和文化传承体系的顺畅实施，同时还要有与之相适应的评价考核措施，确保实现顶层设计的目标。大力提倡和推进“以理想信念教育为核心，深入进行正确的世界观、人生观、价值观教育”；“以爱国主义教育为重点，深入进行弘扬和培育民族精神教育”；“以基本道德规范为基础，深入进行公民道德教育”；“以大学生全面发展为目标，深入进行素质教育”。随着时代的变迁，高校人才培养的内容也在不断扩充，不仅包括政治思想素质教育、文化教育、心理素质培育，还包括法纪素质教育、职业发展能力教育、历史传统教育、专业伦理道德教育等，构建学生全面发展的教育体系。

### （二）建立教学科研相辅相成的政策保障体系

大学要努力营造科研氛围，支持教师在较有余力的情况下推进科研工作，能够很好地解决高等教育与科学研究之间的衔接问题，坚持教育以人为本、全面协调可持续的科学发展观。

1. 科研促进人才培养目标的实现

高校教师要把科研成果转化为指导学生第一、二、三课堂的促进力量，使学校教学为科研提高动力需求与实验基地，形成教学科研互为基础、相互促进、相互依存的高等教育格局。没有规矩，不成方圆。要加强制定和完善高校科研管理工作的各项规章制度，用制度来保障科研的质量。紧紧抓住制度建设这个具有根本性、全局性、稳定性的重要环节，鼓励教师沉下心来搞科研、出成果、促教学。一是明确教师科研工作量；二是学校和院（系）都要建立学术委员会，明确职责，合理奖励；三是制订和完善教师带领指导学生参与社会服务和教学实践的量化指标，与教师升迁挂钩。

2. 建立发挥高校育人功能的队伍保障体系

发挥大学功能，队伍建设是保障。大学生培养必须通过教师的教学科研才能得到落实，作为学校实施人才培养目标的重要力量，他们是学生成长的教育者、文化传承的实施者、社会服务的带领者和科学研究的主力军，是发挥大学功能的重要人力资源。教育人的人首先要做到思想好、有干劲，才能实现人才培养目标。高校组织管理体系在整个高校四大功能体系中具有统率功能。因此，建立一支政治坚定、素质精良、作风过硬、勇于进取、不断探索的教育工作队伍至关重要。

教育体系构建的队伍保障要从四个层面予以完善。一是学校领导决策层面。决策层领导是教育体系建设中的领导力量，高素质的领导班子是加强教师队伍建设的最有效保障、最关键因素和前提条件。二是教师的理论水平和科研能力的不断提高。教师是高校大学精神和内涵的直接传播者，也是学生的灵魂导师，他们的一言一行对于学生的成长起着潜移默化的作用，是对大学生品德教育和知识传授的主渠道和主阵地，在培养大学生成为社会主义事业的建设者和接班人方面发挥着重要作用。三是高校管理工作队伍。包括教务处、学生处、科研处、人事处、各院（系部）等。他们是发挥高校功能的专业团队和骨干力量，他们自身的素质和能力直接影响学生的素质、行为和思想，是学生成长的引航者。四是进一步完善目标管理制度和评价考核办法，以调动学校教职员工的积极性、主动性和创造性，努力形成教书、管理、服务岗位各负其责、良性运转的局面。

### （三）建立高校与社会有效沟通的政策保障体系

各省（自治区、直辖市）教委要建立由主要负责人主抓高校社会服务的责任制，建立健全考核评价和奖励制度，形成加强和改进高校社会服务的长效体制和机制。各地教育行政部门要为高校服务社会活动提供信息、条件和反馈机制，在人力、物力、财力上对高校社会服务工作予以支持。各省市自治区教育部门要在所在省区市高等学校指导下探索建立教师与社会、大学生志愿者与社会、教师与家庭和高校与整个社会联系沟通的机制，大家都来关心大学生的成长，形成教育的合力。将现阶段高校社会服务纳入省（自治区、直辖市）的工作系统之中。各省（自治区、直辖市）教委的政策保障，为本省（自治区、直辖市）高校社会服务工作的开展和延续提供舞台、机会和方便，因地制宜开展社会服务工作，创新和完善体制机制。

（四）推进教学改革，优化人才培养方案体系

作为高校，为了实现人才培养目标，学校要贯彻“高素质、宽基础、重实践、多样化”的人才培养思路，改革人才培养模式，重新构建课程体系，不断修订人才培养方案。形成第一、二、三课堂相互衔接、相互作用、相互补充的教育体系构想，强化实践育人。建立“招生—培养—就业”联动机制，构建实现大学功能保障体系。

1. 构建通识教育课程体系

以女子学院为例，学校以培育人文精神、科学精神，倡导文化传承为目标，整合现有公共基础课程和通识课程，构建结构合理、基础性强、文理交融的通识教育课程体系，设置共同基础课程和博雅课程。所设置的共同基础课程包括“公民基本教育”（思想政治理论教育、公民教育、国防教育、性别教育、心理教育、体育教育）和“基础知识能力教育”（如大学英语、计算机基础、写作基础、女子礼仪与修养、大学生心理基础等课程）。

要打破学科专业界限，为学生提供多元化的认知视野和人文体验，启发和引导学生对不同学科、不同文化和不同思维模式应有的兴趣和尊重，增进学生对自身、社会、自然及其相互关系的了解，感悟自我存在和生命的意义，尊重不同文化与文明的价值，培育学生的人文情怀、生存智慧，提升学生综合素养，设置“文学与艺术”“历史与文化”“社会与哲学”“科技与自然”“性别与发展”五大类博雅课程体系。把第二课堂纳入通识教育课程体系中，发挥第二课堂在人才培养中的作用。

2. 改革共同基础课程

为了发挥公民基本教育和基础知识能力教育的作用，学校着力推进共同基础课程改革。从提高学生的思想道德与理论素质为目标，改革思想政治理论课程，强化理论与实践的结合，把思想政治理论课程建设成为学生真心喜爱、终身受益的精品课程；从提高学生国防意识出发，加强国防教育；进一步加强性别教育，帮助学生了解自身的性别特点，树立平等的价值观念，培养独立自主

的人格，提高社会适应能力；加强心理健康教育，培养学生良好的心理品质和自尊、自爱、自律、自强的优良品格，积极的心态和面对各种问题的能力；从培养学生兴趣，增强学生体质出发，改革体育教学，开展多种形式的强身健体活动，通过合理的体育教育和科学的体育锻炼，增进学生身心健康，培养学生体育运动能力和习惯，培养学生的勇敢、顽强和进取精神。

3. 加强基础知识能力教育课程的建设

教师要使知识的传授通过课堂和实践环节，使学生入脑、入心。突出课程的基础性和服务性，针对不同专业、不同学习能力的学生实施分类分级教学。加大基础课程的学时学分比例，全面提高学生的书面表达能力；改革英语教学模式，突出培养学生英语综合应用能力，特别是学生的听说能力；从培养学生信息素养、服务专业教学需要出发，改革计算机类课程教学内容和教学方法。

4. 构建应用型专业课程体系

学校根据不同类型人才的知识、能力、素质要求，实行分类指导，对以培养学术型人才为主的专业和培养应用型人才为主的专业提出了不同的课程体系构建要求。要求以培养应用型人才为主的专业则要关注学生知识的掌握和实践能力的养成，注重培养学生对理论的理解能力和运用能力。要求各专业要根据社会需求和学生个性发展需要设置方向性课程，给学生提供多样化的选择，满足学生不同的需要。

### （五）建立大学功能实现效果的评价反馈制度

大学生培养是一项系统工程，高校应结合自身实际情况制定一系列行之有效、科学规范、可操作性较强的规章制度，把培养目标要求分解落实到各级管理工作中，加强教育的过程管理，解决教育与管理脱节、措施不落实、职责不清晰、制度不配套、奖罚不分明等问题。通过总结、评价和反馈作出科学的价值判断，客观地衡量高校工作的实效。切实建立分层实施、分级管理、职责分明、配套联动、奖罚兑现的高校管理体系。构建完善有效的评估机制，运用一定的方法对其实际效果进行价值判断，收集有关工作质量方面的信息，科学分析其效果，对存在的问题及时纠正与调控。要建立健全与法律法规相协调、与高等教育全面发展相衔接、与大学生成长成才需要相适应的管理和评估制度，并将其纳入高校建设和发展评估体系。

1. 切实推进教师评价体系的构建

一个人只有对自己的思想和行为有一个正确的认识，才能进行自我教育，不断完善、提高自己。教师在日常工作中，与学生、家长、社会以及整个教师群体都有着广泛密切的联系和接触。在教师自我评价的基础上，再通过互评，使主客体双方意见得以沟通，逐步形成一致的价值取向。评价的过程就是教师思考判断、学习提高的过程，通过这一过程让教师学会自省，学会自我调节，学会自信。而客观评价过程，又是教师深化认识、学会理解、学会认同、学会修正、学会恰当评价的学习过程、提高过程。教师评价的根本目的在于：确立衡量一个教师的标准，充分发挥教育评价的导向、激励、改进的功能。通过评价过程反馈、调控的作用，促进每个教师不断总结、不断改进自己的工作，调动广大教师的工作积极性和创造性。

2. 科学构建中层干部述职评价体系

建立科学规范的学校中层干部管理、培养和评价制度，通过评价制度，使中层干部成为政治上靠得住、工作上有本事、作风上过硬的领导者。根据《党政领导干部选拔任用条例》，每年对中层干部履行岗位职责情况、业务水平、组织管理和指导教育教学能力以及在学生德育体系构建方面的履职能力，中层干部的年度考核分为上、下两个学期，两个学期为一个考核年度，进行一次年度考核，考核结果记入考核档案。每名被考核者要向全体教职员工述职，根据述职情况组织教职员工对其进行民主测评。凡民主测评不称职率超过20%的，经学校党组织考核确有问题的中层干部，校长可以在考核的基础上给予告诫，三年任期内告诫两次以上的，不得继续聘任。

3. 定期实施学生评课评教活动

各级各类学校必须认真贯彻党的教育方针，全面推进素质教育，把教书与育人紧密结合起来。《中华人民共和国教育法》第42条明确规定：受教育者享有“在学生成绩和品行上获得公正评价”的权利。为提高教学质量，不断深化课堂教学，真正落实以学生为本，高校应建立和完善教师教学质量评价系统，具备强大而高效的教学效果评价工具就成为保证和监督教学质量的关键条件之一，教务处每学期应组织学生对所学课程及教师进行网上评教，对于教学质量进行评价及分析，能够快速集中收集各方面的评教信息，为教务老师的相关决策提供支持。这对提高教学质量起着关键的作用。

4. 委托第三方专业咨询机构，做好统计分析

高校的根本任务是培养人才，而如何提高人才培养质量是高校面临的重要而紧迫的课题。用人单位和已经走上工作岗位的毕业生对高校的人才培养质量应该最具有发言权，他们的意见和建议对高校提升育人理念、完善育人方式、提高人才培养质量具有重要价值。高校委托第三方评估机构对离开高校3～5年的毕业生，根据对大学毕业生求职、择业、就业工作情况进行调研，了解到毕业生和用人单位对高校在人才培养方面的反馈意见。通过调研，既能够了解

学生对自身成长、成才的感受，也能够了解用人单位和社会对德育体系构建的要求。根据对调查结果的分析和反馈，使高校不断提升教育理念，采取切实有效措施加强大学生思想政治素质和综合素质的培养。

5. 定期收集校友意见、反馈信息，改进育人工作

高校要将收集和整理校友信息作为改进人才培养体系构建工作的重要方式和途径。校友工作要有计划、总结及相关制度，对校友来往信函要认真负责处理，建立、更新完善校友基本信息库，并妥善合理使用。特别是要建立和完善国内外的校友联系网络，组织形式多样的校友活动，走访省内外校友，加强校友之间、校友与学校的沟通和联系。收集和反馈校友对母校建设与发展的意见与建议，争取校友对功能体系构建与发展的更多的建议和支持。

## 第三节　大学的校训

校训，原本是学校校长讲话中的关键词语，因为既有底蕴又有实效，所以被一代一代的教师和学子传递下去，时间一长，就成了约定俗成的话语。校训既能用来激励和劝勉教师和学子们，同时也能体现学校的办学原则与目标。因此，大学一年级学生必须知道自己学校校训的内涵，从而指导自己的大学生涯，这也是在高考后重新出发，认识自己的大学，实现大学生涯与梦想起航的第一步。

### 一、校训的由来

#### （一）校训原本是由日本引进的舶来词

在《辞海》中没有对校训的解释。最早对“校训”概念进行解释的是舒新城主编、中华书局 1930 年出版的《中华百科辞典》。它对“校训”的解释是：“学校为训育之便利，选若干德育条目制成匾额，悬见于校中公见之地”，目的在于使个人随时注意而实践之。1988 年出版的《汉语大词典》的解释是：校训，即学校为了进行道德教育的方便，选择若干符合本校办学宗旨的醒目词语，作为学校全体人员的奋斗目标。校训原本也是学校校长讲话中的关键词语，因为既有底蕴又有实效，所以被一代一代的教师和学子们传递下去，时间一长，就成了约定俗成的话语，成为广大师生共同遵守的基本行为准则与道德规范。它既是一个学校办学理念、治校精神的反映，也是校园文化建设的重要内容，是一所学校教风、学风、校风的集中表现，体现大学文化内涵。

### （二）国内大学效仿清华，确立校训

校训凝聚大学精神和力量，对于造就和培养学者和学人有不可估量的重要作用。清华大学的校训“自强不息，厚德载物”，因为非常优秀，且已成清华办学历史的标志性话语，所以一直被今天国内其他大学奉为楷模，各个大学纷纷效仿以确立自己的校训。

### （三）校训体现一个学校办学的理念

校训是为了凝结一个大学的历史而立。为了全面、精练地反映一个学校的文化背景或创建历程，各个学校举全校智慧把自己的精神追求和文化积淀浓缩在校训里。好的校训多数采用格言警句的形式，短小精悍，一目了然，能让人感受一个学校的个性、气质。办好一所大学，不能缺少校训与校风。优良的校训与校风是规范和激励师生行为、凝聚人心、增强学校美誉度的重要精神载体，校训和校风集中体现了学校的办学理念和人才培养目标，是学校不断发展的强大精神动力和办学指导思想的高度凝练。

## 二、校训的特点

校训具有个性化特点，因为校训体现了一个大学的精神与追求，表现了一所学校的办学历史、传统，代表着校园文化和教育理念，是人文精神的高度凝练，是学校历史和文化的积淀。

### （一）体现文化积淀

一所老牌学校的校训，为我们打开其历史文化之门提供了一把金钥匙，为我们眺望其精神家园打开了一扇窗户。校训也能体现学校的办学原则与目标。例如，“自强不息，厚德载物”既是中国高等学府清华大学的校训，也是当代大学生应该具备的优秀品质和基本道德素养。它精辟地概括了中国文化对人与自然、人与社会、人与人的关系的深刻认识与辩证的处理方法，是中华民族的民族精神与民族性格的重要表征。作为一个高尚的人，在气节、操守、品德、治学等方面都应不屈不挠，战胜自我，永远向上，力争在事业与品行两个方面都达到最高境界。

### （二）体现行业特色

有些大学的校训突出行业特点也别有风味，如北京林业大学“养青松正气，法竹梅风骨”、北京舞蹈学院“文舞相融，德艺双馨”、北京服装学院“弘毅日新，衣锦天下”等校训就是体现行业特点的佳作。

（三）校训的创作别具一格

校训体现的也是一种文化，是一种面向社会的精神标志，能为学校起到一定的宣传作用。有些校训还对学校的创建历史或文化背景有所反映，包含着较多的信息。有个性的东西才有特色，校训的创作立足于自身特点往往能别具一格。

## 三、校训的作用

大学教育是人生在学校阶段最重要的教育，大学校训涵盖了一所大学的办学理念、内在灵魂和价值取向，也是学校“软件”建设的重要内容。校训是学校历史和文化的沉淀，是学校教学思想的集中体现，更是一所大学所特有的内涵的简练表达。校训在某种意义上来说影响着校风，往往凝结着一个学校的历史，反映一个学校的文化背景或创建历程，或者体现一个学校办学的宗旨，一种精神的追求。一般校训都是采用格言警句的形式，短小精悍，一目了然，能让人感受到一个学校的个性、气质。

1. 校训具有宣传学校的作用

全国有2000多所大学，而校训则成为宣传学校的个性化标签。校训能够帮助人们将某所大学与其名字联系在一起，从而使更多人记住学校。如“海纳百川，有容乃大”是四川大学的校训，这句话宣传了四川大学的精神文化，是指大学教育应该具有开放性、综合性、包容性与融合性，才能称其“大”，所谓有容乃大便是如此。学术大师的成长离不开海纳百川，大学生的成才也离不开海纳百川。

2. 校训是师生行为的一个标尺

校训是广大师生共同遵守的基本行为准则与道德规范，它既是学校办学理念、治校精神的反映，也是校园文化建设的重要内容，是一所学校教风、学风、校风的集中表现，体现大学文化精神的核心内容。简单来说，校训是学校为了树立良好校风而制定的，要求全体师生共同遵守的行为准则和规范。好的校训激励和劝勉在校的教师和学子们，即使是离开学校多年的人也会将校训时刻铭记在心。南开大学校训：“允公允能　日新月异”，提倡的是“公能”教育，一方面是培养青年“公而忘私”“舍己为人”的道德观念；另一方面则是训练青年“文武双全”“智勇兼备”，为国效劳的能力。这与美国普林斯顿大学的校训——“普林斯顿——为了给国家服务”如出一辙。

3. 校训对学生成长具有引领作用

校训是引领大学前进的风向标，良好校训的确立，成为办好一所大学的先决条件。古今中外世界著名大学都各自拥有其独特的校训，鲜明地体现出他们不同的办学理念和治学特点。而由此形成的校训文化则成为大学教育中一道靓丽的风景。例如，南京大学校训“诚朴雄伟　励学敦行”。“诚朴雄伟”是南京大学在中央大学时期的学风和校训；“励学敦行”是从中国古代前贤名句中选取而来，“励学”二字在古文中经常出现，“敦行”则取自《礼记·曲礼上》，“博闻强识而让，敦善行而不怠，谓之君子”。八字校训既反映了南京大学的优良传统和特点，又表明南京大学办学的追求和态度。在当今高等教育挑战和机遇并存的形势下，立足国情、校情，诚朴为本，追求卓越，苦干实干是南京大学全校师生的共识。

## 四、国内外著名大学校训给我们的启示

纵观古今中外的著名大学，都有自己的校训，并且都把确立一个好的校训看作引领学校前进的目标方向，作为办学指导思想的高度凝练，作为教育学生鼓舞学生的精神养料。在此，为了使大一年级的教师和新生更好地学习和借鉴，笔者收集了国内外不同大学、各具特色的校训，在此与同仁共同分享。由于篇幅所限，只选取有代表性的部分高校校训，以便于我们举一反三，学习借鉴。

### （一）国内综合类大学校训、校风集锦

1. 北京大学：爱国　进步　民主　科学
   北京大学精神：勤奋　严谨　求实　创新
2. 清华大学：自强不息　厚德载物
   清华大学校风：行胜于言
   清华大学学风：严谨　勤奋　求实　创新
3. 南开大学：允公允能　日新月异
4. 四川大学：海纳百川　有容乃大
5. 复旦大学：博学而笃志　切问而近思
   复旦大学校风：文明　团结　健康　奋发
   复旦大学学风：刻苦　严谨　求实　创新
6. 上海交通大学：饮水思源　爱国荣校
7. 武汉大学：自强　弘毅　求是　拓新
8. 中山大学：博学　审问　慎思　明辨　笃行
9. 南京大学：诚朴雄伟　励学敦行
10. 吉林大学：求实创新　励志图强

11. 厦门大学：自强不息　止于至善
12. 同济大学：严谨　求实　团结　创新
    同济大学精神：同舟共济　自强不息
13. 山东大学：气有浩然　学无止境
14. 云南大学：立一等品格　求一等学识　成一等事业
    云南大学精神：会泽百家　至公天下
    云南大学校风：高远　务实　勤勉　卓越
15. 中国科技大学：红专并进，理实交融

（二）国内师范类大学校训、校风集锦

1. 华南师范大学：艰苦奋斗　严谨治学　求实创新　为人师表
2. 东北师范大学：勤奋创新　为人师表
3. 华东师范大学：求实创造　为人师表
4. 北京师范大学：学为人师　行为世范
5. 四川师范大学：重德　博学　务实　尚美
6. 曲阜师范大学：学而不厌　诲人不倦
7. 山东师范大学：爱国爱校　为人师表　勤奋严谨　求实创新
8. 南京师范大学：正德厚生　笃学敏行
9. 华中师范大学：求实创新　立德树人

（三）国内地方或者行业大学校训集锦

1. 东北大学：自强不息　知行合一
   东北大学校风：献身　求实　团结　创新
2. 南华大学：明德博学　求实致远
3. 湘潭大学：博学笃行　盛德日新
4. 中国海洋大学：海纳百川　至人至德
5. 中国政法大学：厚德明法　格物致公
6. 西安交通大学：爱国爱校　追求真理　勤奋踏实　艰苦朴素
7. 哈尔滨工业大学：规格严格　功夫到家
8. 深圳大学：坚定信念　崇尚科学　团结进取　文明修身　奋发成才
9. 西安理工大学：博学之　审问之　慎思之　明辨之　笃行之

（四）国外知名大学校训集锦

1. 澳大利亚国家大学：重要的是弄清事物的本质
2. 宾夕法尼亚大学：毫无特性的学习将一事无成

3. 多伦多大学：像大树一样茁壮成长
4. 哈佛大学：让真理与你为友
5. 麻省理工学院：既学会动脑，也学会动手
6. 普林斯顿大学：为国家服务，为世界服务
7. 西点军校：职责　荣誉　国家
8. 悉尼大学：繁星纵变智慧永恒
9. 早稻田大学：学问独立　培养模范国民
10. 芝加哥大学：让知识充实你的人生

### （五）中华女子学院校训的内涵

#### 1. 中华女子学院的校训

中华好学院的校训为崇德、至爱、博学、尚美。

#### 2. 女院校训的内涵与期望

“崇德、至爱、博学、尚美”从四个方面说明了校训、校风的宣传作用、标尺作用和引领作用。一是崇德，就是要立德修身，成为品格高尚、具有社会责任感的大学生。鼓励同学们自觉把个人发展与祖国发展结合起来，把个人目标与社会目标结合起来，把个人前途与民族前途结合起来，坚持与时代同步伐，与祖国共命运。二是至爱，就是要大爱无疆，成为有良知、有公益意识的大学生。希望同学们学会爱自己、爱父母，更要有爱党、爱祖国、爱世界的情怀，在奉献中体会爱，体会生命的美好。三是博学，就是要勤奋学习，成为博文广识、富有才干的大学生。教导同学们努力将审问、慎思、明辨结合起来，以提升智慧和能力，最终落实到笃行，化入行动、融入生活、投入社会、贡献国家。四是尚美，就是要崇尚美好，成为青春向上、知性高雅的大学生。勉励同学们在大学的学习中全面提升自身品德修养、知识能力、意志品质、身体素质，经过系统的学习，最终成为知性高雅的人。

### （六）国内外大学校训给我们的启示

纵观古今中外著名大学，从收集到的大学校训不难发现，不同国家、地区，不同类别、不同功能的大学，其校训的构成和表述形式都有自己鲜明的特色，其词源生成形式和表述形式都不尽相同，但都内涵丰富。

#### 1. 我国大学校训给我们的启示

我国大学校训大部分体现了浓郁的传统文化，作为教育学生的格言警句，有的出自古代典籍，体现并继承了中华文明和历史文化传统。如清华大学的校训：“自强不息，厚德载物”，就来源于《周易》的两句话：“天行健，君子以

自强不息”，“地势坤，君子以厚德载物”。具有浓郁的中国传统文化色彩，体现了具有中国特色的教育理念。

2. 西方大学校训给我们的启示

西方大学校训的特点就是个性鲜明，突出对自由和真理的追求，大多数来自通俗易懂的生活用语。这与他们所信奉的价值观和教育理念有着密切联系。例如，哈佛大学的校训——“让真理与你为友”，就来自最早的格言“让你与柏拉图为友，让你与亚里士多德为友，重要的，让真理与你为友”。体现了哈佛的立校兴学宗旨——追求真理。正是在此校训鞭策下，哈佛培养了很多社会精英，堪称世界一流。

3. 中西方校训共同给我们的启示

校训的文化范畴必然根植于本国传统文化之中，校训的确立和发展与本国的教育思想和教育流派的发展密切相关，大学校训的确立和发展与其追求的价值取向关系密切，校训的背后代表和凝练着高校文化传统和办学理念。

# 第二章　最初感受：转变角色与适应环境

## ——尽快找到新的自我

有人打过这样一个比喻：上大学之前，大学是一盏很亮同时很远的灯，高中的学生们好像在黑夜里，除了这盏灯，周围的一切都看不清楚，只顾朝着灯跑。上了大学，好像天一下亮了，灯被淹没了，周围的东西却清晰了，才发现还有很多东西可学可比，与中学生活相比，大学生活发生了显著的变化。

一个“新”字生动反映了大学新生的特点。俗话说，初来乍到，入乡随俗。我们从一个熟悉的环境进入一个几乎完全陌生的环境，面临着生活自理、管理自治、目标自选、学习自觉、思想自我教育等一系列问题，所面临的压力和挑战都比较大，迅速适应这一转变，顺利完成从高中到大学的过渡，是每一个大学新生面临的第一个人生课题。

## 第一节　大学生活，从“新”开始

踏进大学校门，并不意味着我们就是一名合格的大学生，只是表明我们是一名有待考验的“大学在校生”。大学生活的显著特点是学生必须自主独立，不论衣食住行、学习、交友、认识社会和人生，都需要更多地依靠自己的知识、能力去思考、判断、选择和行动。了解大学生活有哪些不同，将有助于我们较快地适应大学生活。

### 一、大学与高中的不同

曾有人这样对比中学和大学：中学教师鼓励学生考上大学，大学教师鼓励学生走向社会；中学教师采取“填鸭式”教育，大学更注重“启发式”教育；中学教师“逼”着学生走，大学生“追”着老师走；中学学生是被控式学习，大学强调学生自主性学习；中学学习老师帮你掌握，大学学习要自己经常“反省”；中学大家忙一样的，大学大家不一样地忙；中学强调标准，大学鼓

励创新；中学学生学习问题越少越好，大学希望学生学习的问题越多越好；中学把学生当孩子看，大学把学生当成人看；中学靠别人管自己，大学靠自己来管自己；中学需要别人帮助规划，大学要学生自己规划自己。

（一）生活环境的不同

进入大学以后，同学们离开父母独立生活，许多同学还远离家乡，衣食住行等日常生活都要靠自己安排。同学们来自五湖四海，兴趣爱好、生活习惯可能存在差异，主动地加强沟通和交流，互相理解和关心成为一种需要。自理能力强的同学会很快适应，应对自如；自理能力弱的同学，则可能计划失当，顾此失彼。因此，同学们要尽快适应新的环境，既要学会过集体生活，又要学会独立处理学习生活中遇到的各种实际问题。

（二）学习状况的不同

从紧张的中学阶段过渡到自由度较高的大学阶段，大学新生面临的教学形式、学习内容、学习方法都有了很大的变化。大学阶段的学习，教学形式基本是在老师的指导下以自主学习为主，学生有更多的学习自主权，老师只是对难点、重点、国际前沿和实践应用等进行引导，不再照本宣科，课堂教学中有60%是课本之外的知识；学习知识的广度和深度大大增加，专业方向基本确定，需要大力发挥学习的主动性和创造性。大学主要实行的是学分制，除了公共科目、学科基础课和专业课之外，各专业还开设选修课，同学们可以根据个人兴趣和能力选修相关课程，自由支配的学习时间增多，学习的主动性大大增强。熟练利用图书馆和网络资源成了大学必备的学习技能，掌握科学的学习方法，培养自主学习和独立思考问题、分析问题、解决问题的能力，是大学阶段学习的重要特点。

（三）人际关系的不同

人际关系的变化主要体现在人际交往的对象、要求、层次等方面。从交往对象看，大学生来自五湖四海，性格迥异，北方与南方、东部与西部、城市与农村、省内与省外、校内与校外、内向与外向等，接触的人群比高中拓宽了。生活在一个班级、一个宿舍的同学，因为语言交流、脾气性格、生活习惯各不相同，常常难以适应，往往会出现矛盾，在这种情况下，大学生的人际交往呈现出前所未有的开放态势，考验着大学新生的交往能力。

（四）管理方式的不同

大学更多地强调学生的自我管理、自我教育、自我服务、自我约束，学校、老师对大学生的管理不同于高中老师的说教与严管。大学生的自主管理，就是全权安排自己的时间、金钱，决定自己的发展方向。但是，大学生有其特殊身份所规定的内涵，要当好自己的“老板”，必须有一种责任意识，对自己的行为和选择负责。

## 二、大学新生面对新环境容易出现的不适应问题

很多大一新生，到了大学以后，他们还活在高中的生活里，由于生活环境、学习方法、同学关系的改变，很久都不能适应大学生活。

### （一）目标不明确的空虚感

在中学时代，读书总是一个明确而具体的目标，即考上大学。进入大学后，面对新的环境，一些大学生还未树立目标，因而内心感到迷茫与彷徨。由于高考前的学习压力巨大，不少大学新生对学习产生一种厌倦情绪，迷失了求学的方向，难以重新找到学习的动力和支点，缺乏学习兴趣和动力，经常询问自己：为什么要读大学？我在大学能学些什么？我最应该学什么？大学新生要清醒地意识到，从进入大学的第一天起，高考的辉煌都已经画上句号。如果有人认为大学生活轻松，就大错特错了。同时，大学环境与中学环境有巨大差异，刚入学不久的大学生必定要花时间和精力去适应新环境，很容易在学习方面分散注意力。如果不能正确地分配自己的时间和精力去对待学习和生活，大学新生必然会失去目标，感到空虚。

### （二）相形见绌的自卑感

能够进入大学的学生，一般来说在高中阶段的成绩较好，受到老师和同学的肯定和关注较多。但进入大学后，学生们都站在同一起跑线上，其中有些同学原有的优势不复存在，为自己被录取的学校或专业不如别人感到自卑，为自己来自农村山区或家境不如别人感到自卑，为在知识、才艺、人际关系、身体容貌等方面不如别人感到自卑。这种地位的变化和心理落差产生了自我评价失衡，从自我感觉良好转向自我感到平庸，甚至产生自卑情绪。

### （三）幻想破灭的失落感

对于大学的现实生活，大学新生普遍缺乏必要的了解和心理准备，把大学想象得过于理想化，编织着一幅幅大学生活的美好图画，心中充满了对大学生活的好奇和向往，想象往往也融入了各种各样的诗情画意，认为“理想中的大学不得了”。一旦亲身感受大学生活后，就会发现理想与现实之间有着巨大的差距，从而产生了失落感。漫长的教室—宿舍—食堂“三点一线”的生活，与原来想象中的大学相去甚远。原以为个个是诙谐幽默、文明礼貌、口齿伶俐

的人中龙凤，实际并非如此，偶有自私、孤傲、偏执、好强、玩世不恭者。面对全新的学习内容，一部分大学新生没有及时调整自己的学习方法，学习上投入的时间与取得的成绩不成比例。这种理想与现实之间的矛盾，使一些大学新生感受到某种失落。

（四）知音难觅的孤独感

在全新的环境中，面对的都是一些生疏的面孔、陌生的身影，在多种情况下，虽然彼此都有新鲜感，也渴望交流、沟通，但最初阶段的交往还是处于礼貌、客气的范围内，过头的话不说，过分的玩笑不开，都在“试探”中交往，这使大学新生普遍感到孤独压抑。由于缺乏交往能力和防范心理，形成“广泛交友，谨慎交心”的现象，这在一定程度上影响了人与人之间的正常交往，对此，一些同学怀念过去的中学时代，宁愿把情感投向旧时同学、朋友和老师，而不愿意敞开心扉接受新同学、新朋友。

（五）竞争压力的恐惧感

很多大学生刚进入校园就闻到了竞争的火药味，校园里各类学生干部的竞聘、求职、招聘广告、考研、考级、考证等信息比比皆是，这种情况对于大一新生来说，可能是以前没有料到的。再加上学习环境、人际环境的不适应，他们往往会感到焦虑不安，可能会因竞争压力而产生恐慌。从进入大学第一天起，不管你曾经多么辉煌，不管你高考多少分，大家现在都站在同一起跑线上，从零开始，继续赛跑。速度和耐力是取胜的关键，因此，迅速起跑才有可能取胜。所以，大学新生应该尽快克服心理上的无目标、无兴趣、无动力、无意志现象。

（六）无所依赖的独立感

大学新生与高中生相比，独立意识更强，迫切希望社会承认他们的成人资格。同时，大学生活中很多事情需要他们独立处理，无形中进一步强化了他们的独立意识。他们经常用批判的眼光看待周围事物，不轻易被动地接受他人的“灌输”。他们要求独立自主地处理各种问题，不愿受到来自社会和他人的束缚和制约。大学新生追求独立的成人意识往往表现出矛盾的两方面：一方面，独立意识增强使大学新生表现出心理“断乳”的强烈愿望，不愿随波逐流，在思想言行各方面都表现出极大的独立性；另一方面，大学生的依赖性也十分明显，因为他们没有独立的经济基础，而且一些大学新生面对陌生或复杂的环境时，往往缺乏信心，难做决定。一旦这种独立性受到挑战，就易于感到沮丧，进而慢慢退缩到重新依赖他人的状态。

# 第二节 新生入学教育与自我调适

大学新生由于对新环境、新的同学关系的陌生，新的管理方法的改变，需要通过校方的新生入学教育指导和新生自我调节，尽快实现个人角色的转变和心理适应的转变，以新的面貌和状态迎接大学新生活。

## 一、搞好新生入学教育，帮助大学新生完成过渡

面对大学现实环境，尽快使大学新生转变角色，这是新生入学教育的重要任务。

### （一）抓住环境熟悉期，消除恐慌，走进大学

首先，学校和二级学院（系部）要将熟悉校园环境纳入新生入学教育工作中。通过教师引领和学姐学长引领帮助新生摆脱对大学所在城市的陌生感和大学校园环境的陌生感。新生大约用一周的时间去了解学校周边环境和所在城市的交通、文化设施状况，了解教学楼内教室、图书馆、礼堂、体育场地、宿舍楼、餐饮、银行（ATM 机）等位置。其次，要了解学校的历史，才能更好地融入校园文化，为自己以后的校园生活带来便利。再次，要了解学校资源，了解学校的专业设置、学科带头人、教授等，有利于今后的选课或有选择性地去听课。最后，要了解学校所在城市资源，这个城市有哪些资源可以利用，可以带来收益和便利，因为城市对学生的影响往往会超过校园对学生的影响，城市的信息远远大于学校的信息，如学校图书少，那就可以到城市的图书馆去看，学校的老师不够权威，那就可以到其他院校去取经等。

### （二）推进大学关系建立期，学会掌握人际沟通技巧

首先，要熟悉宿舍和班级情况，认识班内同学；系内同年级同学可通过公共课认识；系内学姐可通过参加系级活动认识。其次，要认识更多校友，可以通过参加学生会、社团、论坛或是听讲座等途径去认识更多不同专业、不同年级的同学，这样不仅可以找到志同道合的朋友，还可以拓宽关系网。其次，加强与老师的交流，多和任课老师建立联系，上课要认真听讲，经常发言，争取和老师在专业上有交流；要与辅导员、班主任经常谈心，将你近期的思想状况汇报给老师，使老师进一步了解你。最后，要学会寻找校外关系，结合自己的兴趣参加校外活动，如其他高校的英语角、社会实践，假如你是学校学生会成员，还可以通过参加其他高校学生活动来认识更多的人。

（三）进入学习、生活适应期，摸索适应大学学习、生活方法

第一，要学好基础课程，掌握必要能力。一定要好好学习当下所开设的所有课程，即使有些课程你认为没用或者是没兴趣，在进入大学的第一个学期一定要保持好学、上进、认真的态度，养成良好的学习态度和习惯是对大学四年都有益的。第二，要养成良好的个人习惯，一个好的大学在于有一种好的校园文化，同样一个优秀的大学生在于建立一个好的生活习惯。每一个新生都要在进入大学后在学习、生活、交往、休闲等各方面有意识地培养自己的风格，养成适合自身的习惯，就会更加有效地度过大学时光。

（四）深入专业、学科了解期

当收到教材和课表的时候，大学新生对所学专业还不是很了解，所以这个时候要做的是新生入学教育的专业和就业发展情况教育。首先，通过院系学生大会上由院长（系主任）和专业老师进行的专业和院系情况介绍，了解你就读的院系历史和未来专业发展方向。其次，通过本院系的学姐、学长或者院系网络、校园网等途径对所学专业进行了解，尽快了解院系专业和课程设置，包括专业课程、学习方法、目前发展、就业情况及日后趋势等。最后，经过初步了解后就是学习具体的专业课程了，这个时候就要制订详细的学习计划并执行。

（五）全力复习和诚信考试适应期

考试是大学新生再熟悉不过的“规定动作”了，同学们都是“久经考场”的“老手”，但是，第一个学期期末考试是同学们进入大学后的第一次期末考试，所以养成什么习惯、采取什么态度应对考试是非常重要的。首先，大学新生要全力认真复习、消化吸收课堂教学的内容及知识体系。其次，要树立诚信考试理念，切不可有任何侥幸心理，更不能出现作弊现象，否则因为作弊影响学位和毕业将遗憾终身。最后，要把复习考试不仅当成检验你学习成果的手段，也当成是检验你思想品质的有效形式，更当成形成你以后学习和考试态度的良好习惯的途径。

## 二、完成大学新生的自我调适

新生刚到大学，还存在懵懂、好奇、羞涩心理，对于学校、老师以及同学都很好奇，看哪儿都是新鲜的，上课时接触的完全是新的知识，眼神经常流露出迷茫。因为是初来乍到，对很多事情不了解，这就需要教师引领进行高质量的入学教育，新生自己也要排除失落和迷茫心理，尽快进行自我调适，把握各种关键点，尽快与老师、同学、舍友、环境建立良好畅快的关系。

（一）正确认识自己

人的一生，始终都在寻找自我，实践自我，完善自我，这是生命赋予每个人的使命。大学阶段，是自我意识迅速发展的关键时期，因此，正确地认识和发展自我，解决自我认同、自我确立的危机，是每个大学生应该面对的人生课题。健全的自我意识，是大学生塑造健康人格、培养良好情绪的基础，也是大学生全面发展的重要条件。

进入大学后，随着独立生活的开始，大学新生进入了自我发现的新时期，急于想认识自己、评价自己。由于大学新生认识能力还不成熟，因而在认识、评价自我时还缺乏必要的客观性和正确性，对自我的理解和判断也较肤浅。大学新生极易因把握不好对待自我的标准而表现出极度自信与极度自卑的矛盾心理。

（二）塑造健康的人格

完善的人格是大学生的必备素质。人的发展应该是自由和全面的，应该是身心与品德等得到全面、均衡的发展，在任何一个发展阶段，人都应该完整而均衡地发展。

大学生正处于身心发育的关键时刻，也是人格形成的重要时期。在此时期，由于身心的发展与成熟，大学生已基本具备人格自我完善的能力与全面接受人格教育的能力。同时，大学生需要具有开拓、创新、进取的精神，具有市场、效率、信息、人才等现代意识，还需要具备团结、协作、敬业、奉献等品质。因此，当代大学生的理想人格，应该是全面健康发展的人格。

（三）重构奋斗目标

一个人给自己确定一个什么样的目标很重要，应善于选择目标，并将长远目标具体化，由近至远、由低到高地逐步接近终极目标。从概念上看，目标是个人、部门或整个组织所期望的成果，更强调实践。

大学生应该有理想、有志向、有目标，随着年龄的增长，目标应该越来越具体，实现起来也越来越具有可操作性。大学生的理想和志向既不能高不可攀，也不应唾手可得，所确立的目标应该通过一定努力可以实现，应该符合个人的个性特点和实际能力水平。同时，这种目标又应符合社会发展方向，不可背其道而行之。因此，大学新生在进入大学后重新为自己确立奋斗目标，是大学生活成败的关键。

（四）保持乐观开朗的心态

人在任何时候都要保持乐观开朗的心态，良好的心态可以使我们更加积极地面对挫折与失败。乐观者能自如地面对困境，掌握自己的命运，乐观的人即使在事情变得糟糕时，也能迅速作出反应，找出解决办法，确定新方案。乐观开朗的心情能激发人的潜能，使其保持旺盛的体力和精力。

（五）不断超越自我

健全自我、塑造自我的修养过程，是一个超越自我的修养过程。人生是一条奔腾不息的河流，永远不会停留在一个地方，也不会停留在某一阶段，它需要不断地超越。超越，是升华，是突变，是人生不可缺少的阶段。没有这种超越，一个人就不可能成长为一个真正的人；没有这种超越，人类就不可能从远古走到今天。

对于大学生来说，自我的超越，要培养健康的独立感，是有自己的思想和头脑，能独立控制自己的言行举止；要培养竞争意识，大学的竞争是为了抓住有利于自己成功的机会；要培养个性品质，大学生应该努力克服中学阶段形成的弱点，塑造良好的个性品质和完美的大学生形象。

## 第三节 建立和谐人际关系，崇尚自律的大学生活

许多学生进入大学之后，发现现实中的大学与自己期待的大学差距很大，初次离开父母和熟悉的环境，由于人际交往的变化，大学生需要自己独立地去面对新的生活，独立处理生活中的问题，常常会感到孤单。有的往往采取逃避的方式，远离集体，很难融入群体中，这就要求在新生入学教育阶段加强人际沟通技巧的培养和训练，建立和谐的人际关系，培养自律的大学生活习惯。

### 一、人际交往

社会生活中的每一个人都生活在人际关系的网中，每一个人的成长和发展都依存于人际交往。交往是人健康成长的基本条件，无论是人生的哪个阶段，都离不开人际交往。每个人的成长与发展、成功与失败、快乐与烦恼、幸福与痛苦都与他人的交往相互联系。进入大学后，大学生们面临着新的环境与群体，处理好与交往对象的关系成为新的生活内容。良好的人际关系是大学生心理健康水平、社会适应能力的重要指标，如何建立和谐的人际关系、培养良好的交往能力、掌握交往的技巧，是每一位大学生必须学习的技能。

（一）人际交往的概念

人际交往也称人际关系，是人与人之间心理上的关系。人际交往表现为人与人之间的心理距离，反映着人们寻求满足需要的心理状态。从动态讲，人际交往是指人与人之间一切直接或间接的相互作用，但都超不出信息沟通与物质交换的范围；从静态讲，是指人与人之间通过动态的相互作用形成的情感联系。

人际关系好比心理上的桥梁和纽带，显示着人与人之间心理上的距离。它反映在群体活动中，就是人们相互之间的情感距离以及相互吸引或排斥的心理状态。主要由三种心理因素构成：认知、情感和行为。认知表现为人与人之间是相互肯定还是否定，是人际关系的前提条件；情感表现为人与人之间是相互喜欢还是厌倦，是人际关系的主要调节因素；行为表现为人与人之间是相互接近还是疏远，是人际关系的交往手段。肯定、接纳、友好、亲密的人际关系是良好的人际关系，它可以使人精神愉悦、心情舒畅，对工作、生活和学习有积极的促进作用；否定、排斥、敌对、紧张的人际关系则是不良的，它会使人烦恼压抑、心情苦闷，对人的工作、生活和学习有害无利。

（二）人际交往的意义

1. 良好的人际交往有助于个性的健康发展

每个人的个性除了受先天遗传因素影响之外，更重要的是受后天环境的影响。这是因为人们的交往不仅是认知上的相互沟通、情感的相互交流，而且也是性格、个性、情绪相互影响的过程。如果一个人长期生活在稳定、和谐、友好与信任的人际气氛中，其个性会在他人与环境的影响和自身的努力下，变得开朗、豁达、勇敢、热情、积极。相反，一个人如果生活在不稳定的、不和谐的人际关系中，则会变得悲观、脆弱、冷漠、粗暴、自私，更加促使人际关系恶劣。

2. 良好的人际交往有助于促进个体的身心健康

每个人都具有生理和心理两个方面，二者相互联系，相互影响，相互作用。心理方面在这个不可分割的统一体中居于主导地位，人的生理即身体状况在很大程度上取决于心理的状态，良好的人际交往主要是通过促进个体心理健康而达到促进身体健康。

3. 良好的人际交往有助于提升个体幸福感

日常生活中，有些人往往认为，人的幸福是建立在成功、金钱、名誉和地位基础上的，实际上对于人生的幸福来说，所有这些都远不如健康的交流与良

好的人际关系重要。自己的生活幸福与否，取决于自己同生活中其他人的关系是否良好，如果与别人有深刻的情感联系，就会感到生活幸福，反之，则会感到生活没有动力，缺乏目标，不幸福。

4. 良好的人际交往有助于个体获得信息与知识

在与人交往的过程中，人们随时可能通过与他人交流而获取对自己学业、事业与生活有意义、有价值的知识和信息，以他人的长处填补自己的短处，发展和更新已有的知识体系。良好的人际关系有助于人们不断增强竞争能力、沟通能力、开发创造能力，使自己的素质得到不断的发展、提升和完善。

### （三）大学生的人际交往

对于大学生而言，不论是在学校学习，还是毕业后的职业生涯，都不可能没有人际交往。在大学校园里，同学之间生活上的相互照顾、学习上的相互帮助、活动中的相互支持、感情上的相互交流、师生间的教学相长，都需要有思想、行为、情感的良好沟通。

1. 大学生人际交往的基本特点

（1）交往愿望的迫切性。迫切性是指大学生在人际交往的需求方面具有急切的特征。大学生自我意识逐渐成熟，对社会的参与意识增强，使其急于让他人了解和承认自己，期望得到他人的理解、关心和尊重。同时，大学生也急于了解社会和他人的强烈愿望，他们普遍希望通过交往获得友谊。特别是大学新生，由于环境的改变，首次离开家庭，很容易产生孤独感，所以他们急于与人交往。

（2）交往内容的丰富性。随着社会变革、环境变化和经济生活的提高，各种载体不断出现，渠道不断拓展，大学生交往内容也随之丰富和多样。当代大学生交往的内容已经突破了专业知识的局限，扩展到文学、艺术、体育、政治、外交、人生、理想、爱情等各方面，涉及学术探讨、艺术创作、才能展示、技能培训、社会服务等各层面。同时，大学生交往频率提高，由偶尔的相聚、互访发展到较为经常的聊天、社团活动、体育运动、娱乐、出游等集体活动。大学生交往内容日益丰富有助于提高自身素质，帮助学生实现全面发展。

（3）交往意识的独立性。随着年龄的增长、知识的增多和社会经验的丰富，大学生在交往中都表现出较强的自主性和独立性。一方面，由于大学生价值观已基本形成，心理日渐成熟，在人际交往中有了自己的主见，交往活动表现出较强的独立意识和认知能力。另一方面，大学生的交往很少受外界的影响，强迫或被动的成分少，主动成分多，往往是由兴趣爱好所致，主观意愿所驱使，力求达到个人目标。由此可见，大学生在自我意识和社会关系相互协调的基础上开始形成自我的个性，更多地支持自己的主张，以独立的人格和态度处世，积极自主地开展人际交往活动。

（4）交往媒介的现代化。随着高科技的发展，网络技术的广泛应用，大学生除了直接面对面的交流方式外，电话、QQ、微博、微信等方式已成为他们联络感情的主要形式。在大学校园里，手机、电脑等现代交往媒介已经普及，大学生通过网络等媒介传递信息越来越普遍，成为人们之间的一种新型人际互动方式。

（5）交往过程的不平衡性。当代大学生自我意识强，独立自尊的要求高。他们期待交往的双方彼此尊重，相互容纳。有的学生拼命挤进学生会组织，就是为了多一些人脉，盲目参加社团，可是因为能力有限或者根本就没想着去工作，进入社团后，三分钟热度，却无所事事。

2. 大学生人际交往的能力培养

针对目前个别大学生存在的不愿交往、不会交往和功利交往的问题，有必要在新生入学教育阶段加强大学生人际交往动机和能力的培养，使他们树立健康的人际交往理念，指导他们主动、积极地参与校园文化活动，建立和谐人际关系。

（1）把握成功交往的原则。正确认识自己，克服自卑心理。要想协调好人际关系，让别人接纳和喜欢自己，首先要正确认识自己，接纳自己。一个人自卑、缺乏自信往往与对自己没有形成正确的认识和评价有紧密的关系。我们与他人进行比较时要客观，不能以己之短去比别人的长处，要善于发现自己的优点和长处。

平等真诚待人，尊重他人。交往中的平等主要是指精神和人格上的平等，要把握平等交往就要一视同仁，不能以貌取人，以势取人，以才取人，以物取人，以家境取人，以成绩取人；同时要平等待己，不要自视低人一等。尊重他人是人际交往中的“绿灯”，每个人都有自己的人格尊严，并期望在各种场合中得到尊重。尊重能够引起他人的信任、坦诚等情感，缩短交往的心理距离。大学生在人际交往中尤其要注意在态度和人格上尊重同学，不损害他人的名誉和人格，承认、肯定他人的能力与成绩。

讲究诚信。大学生在人际交往中要说真话，言必行，行必果。答应做到的事情不管有多难，也要办到，如果经过努力没有实现，要诚恳说明原因，不能有应付的思想。守信用的人能交到真朋友、好朋友，不守信用的人只能结交一时的朋友。大学生在交往中要真诚待人，真诚是一个人对待另一个人的态度，是一个人发自内心而不是虚假地对他人的关心和尊重。

宽容大度。人际交往中往往会产生误解和矛盾。大学生个性较强，相互接

触密切，不可避免地会产生矛盾，这就要求大学生在交往中不要斤斤计较，要谦让大度、克制忍让，不计较对方的态度和言辞，并勇于承担自己的责任。宽容克制并不是胆怯的表现，相反，它是有修养的表现，是建立良好人际关系的润滑剂，可以赢得更多的朋友。

（2）学会与不同的人交往。学会与父母交往。大学生同父母的关系是人际交往的第一关系。它有普遍意义，并且这种关系一旦确定，它将始终存在并伴随一生，具有稳定性。在大学阶段，这种关系一个很重要的特点就是不平衡性，一方的感情明显偏向于另一方。也就是说父母的感情重心放在离家在外的孩子身上，而大学生对家庭离开倾向显著增强。父母的知识经验难以给予子女思想上的帮助，对社会与人生的看法存在较大的差距，大学生的迫切独立和在父母眼里始终是一个长不大的孩子等现象，造成了大学生与父母的共同语言越来越少。要改善这种关系，就要学会与父母相处。首先，理解父母，尊重父母。父母看着自己的孩子慢慢长大，挣脱自己的保护，心里肯定充满不舍和担心，并且随着你的知识和社会经验的增加，父母的思想可能跟时代有点脱节，这就更加要求大学生理解、尊重他们。其次，允许父母犯错误，父母是人不是神。把问题诚恳地跟他们解释清楚，不要不去沟通就报怨父母的错误或者对你的不理解。最后，脚踏实地，用自己的实际行动赢得父母的信任。更多的时候，我们需要用自己的行动而不是言语向父母证明自己的成长、独立。

学会与老师交往。老师是大学生人际交往的重要对象，师生关系是大学生人际交往的重要内容。大学，接触的是两种类型的老师，一是从事教学的老师，一是从事管理的老师，接触最多的是学生辅导员。进入大学前的师生关系一直是老师采取主动，学生呼应，而在大学，更多的是要学生采取主动。相对来说，老师在能力、水平、知识、经历、经验等方面都胜学生一筹，学生总能从老师那里学到一些有用的东西，因此，大学生应该以尊重、谦虚、诚恳的态度与老师相处，而无原则的奉承、虚情假意只会换来老师、同学们的反感。

学会与同学交往。同学是大学生人际交往的主要对象，同学关系是大学生人际交往的主要内容。大学生往往根据各自的兴趣、爱好结成一个个或松或紧的交往圈，这种关系总体来说是和谐友好的。在一个来自不同省市、不同家境、不同性格的大家庭里，要想和同学们平等和谐相处。首先，要提高自身的能力和素养，要坚持平等和真诚，要多加宽容和理解，要多肯定他人的优点长处，要尊重他人。其次，和同学交往要注意把握好度，也就是交往的时间与程度适当。最后，要保持一定的距离，把握一定的交往频率，不刻意追求。每一名大学生都希望自己能有好的人际交往能力，而良好的人际交往关系，和谐的人际交往环境，是在学习、生活中自然而然地形成和发展起来的，把握好交往的程度，使得自己在今后的人际关系的发展上进退自如。

学会与异性交往。大学生与异性交往关键要掌握适度原则，如与异性交往不适度，则会带来非议，影响自我发展。异性交往要做到“空间距离有度、交流时间有度、举止姿态有度、言谈话语有度、表情达意有度”。理性控制“青春冲动”。大学生在异性交往中，把握不好“度”，往往来自青春冲动。如因喜欢某人，而在言谈举止中流露出非同一般的表现，如在大众场合，对异性长久的凝视，把手放在异性身上，说话使用过于亲密的语言等。原本是要获得对方的好感，结果反而引来对你的不尊重。其实，因为喜欢更要表现出尊重，与异性交往时应控制自己的原始本能，展示作为文明人的修养内涵，男同学要绅士，女同学要淑女。主动清除“性别障碍”。大学生在与异性交往中把握不好“度”，还来自性别障碍，一个是避嫌式相斥意识的影响，一个是挑剔式敏感作用。有的大学生拒绝与异性交往或者交往中过于拘谨，要清除这种障碍，做到端正认识，出发点正确，没有人会猜疑你的行为；要多参加各种活动，接触异性，了解异性，掌握与异性交往的方法。

（3）人际交往的基本技巧。努力建立良好的第一印象。个体在初次交往中给对象留下的印象很深刻，个体会不自觉地依据第一印象去评价交往对象，同时，今后交往中的印象都被个体用来印证第一印象。如果第一印象是积极的，则会促使个体在今后的交往中更倾向于挖掘交往对象好的质量，反之，则会导致发现交往对象不好的质量。我们在与人交往时，应该怎样表现才能给别人留下良好的第一印象？卡耐基在其《怎样赢得朋友，怎样影响别人》一书中总结了六条途径：真诚地对别人感兴趣；微笑；多提别人的名字；做耐心的听者，鼓励别人谈自己；谈适合别人兴趣的话题；以真诚的方式让别人感到他很重要。

积极主动地与人交往。心理学家研究发现，在人际交往过程中，许多人不是主动去接纳别人，而是被动地等待别人的接纳。现实生活中也发现，许多同学之所以缺乏成功的交往或出现交往困难，很多情况下，是因为他们在交往中总是采取消极被动的退缩方式，时时扮演的是交往响应者而不是发起者。根据人际交往的互动性特征，如果要与别人建立良好的人际关系，就必须主动与人交往，如经常与同学朋友保持联系，在与陌生人初次见面时要主动介绍自己，遇到熟人要先打招呼等。

学会微笑示人、赞美他人。微笑是一种最简单、最直接表示对他人友好的

一种方式。微笑本身就是人际交往成功的一大秘诀，为此，有人把微笑称为人际交往的魔力开关。面对他人，只要你轻轻一展笑容，就胜过千言万语。

美国心理学家威廉·詹姆士指出：“渴望被人赏识是人最基本的天性。”回忆自己成长的经历，你是否有过热切地渴望师长、家长的赞美？既然渴望赞美是人的一种天性，我们在人际交往中最好要真诚、恰当、积极地赞美别人。

善于表达自己的感受。在与人交往时，常常会伴随积极或消极的情绪体验，如果能准确并恰当地表达出来，有助于增进彼此之间的情感交流，缩短双方的心理距离。要正确运用语言，表达清楚准确。语音、语调、语速要恰当。假如你跟别人相处愉快时，你可以向对方表达“跟你在一起，我感到很愉快”。

理性处理矛盾与误会。大学生基本每天过着三点一线的生活，人与人之间有矛盾是在所难免的。如果同学双方有过矛盾，不要采取消极的躲避办法，如果不积极主动地化解矛盾，则可能会使误会加深，背后相互攻击、诋毁，形成交际中的恶性循环。

大学生人际交往的一个重要内容就是要善于消除误会。如果受到误解，先要冷静对待，想想自己有没有责任，错了就坦率承认，表示歉意；如果自己没错，同样要冷静分析，对于那些小事不妨一笑了之；有不同的看法，可以保留自己的意见，不要强求别人接受己见。

（4）提升人际交往的能力。迈出主动交往第一步。人际交往本质上是一个互动的过程，但许多时候互动的运行需要有人激发。事实上，许多交往成功的人往往会主动激发，向别人发出友好的信号，主动关心别人，主动与人打招呼等。

对于大学生来说，在人际交往中做到主动似乎很难，他们要么缺乏自信，担心被拒绝，要么存在误解，认为先同别人打招呼低人一等，要么懒得去交友，觉得那些善于交友的人世故圆滑等。

培养良好的交往品质。良好的交往品质包括平等、尊重、真诚、理解、宽容、关怀、诚信等。作为当代大学生，我们可能在以往的学习中很少有机会真正去了解和体会这些品质的内涵，如果从现在开始，你愿意努力去发展自己的这些品质，那么良好的人际关系的建立将不会是特别困难的。

提高人际交往魅力。首先，提高自己的仪表魄力。它不仅是外貌的美丑，更包括人的穿着、体态、风度等因素，它们对人际吸引力都有影响。风度是一个人的先天素质和后天文化教养的结合，是从言谈举止中表露出来的。大学生是有文化教养的年轻人，其风度应当得体，谈吐应当儒雅，举止应当得当，言行应当有礼，且要热情开朗、宽厚容忍等。其次，提高自己的人格魄力。大学生要使自己在人际交往中具有魄力，就应该培养真诚、信任、克制、自信、没有偏见的人格。最后，提高自己的才能魅力。大学生的主要职责是学习和增长才能，因此大学生应当有过硬的专业知识，要不断学习新知识、新信息，要适当展示自己的才华，要形成“学然后知不足”的谦虚学习风气。

克服人际交往的障碍。在与不同的人交往过程中，人际交往障碍给大学生的学习、生活、心理健康等各个方面带来不良的影响，要学会克服孤僻、嫉妒、自卑、害羞的障碍，适当调整自己的心态，客观冷静地分析自己，努力去调适人际关系。

善于接受不同事物。世界上没有完全相同的人，作为复杂的、不断变化的个体，在交往中，对于兴趣爱好等非原则性的问题，不妨求同存异，减少与他人之间的距离，更有利于扩大交往，大同而小异，既不违背做人的原则，又不失去友谊。

大学阶段是我们大学生人性品质形成和发展的极为重要的时期。在此期间，我们与父母、领导、老师、同学、朋友保持良好人际交往，就会感到被人理解、被人接受，感到安全、温暖、有价值，从而形成良好的个性品质。

## 二、时间管理

时间是一种重要的资源，具有不可变性、无贮存性、无替代性，却可以对其进行有效的管理与使用。科学合理地使用时间是现代人社会性格的一个重要标志。对大学生而言，如何管理时间是直接影响学业成绩及大学生活质量的重要因素。

### （一）时间管理概述

#### 1. 时间管理的概念

时间管理是指通过事先规划和运用一定的技巧、方法与工具实现对时间的有效运用，从而实现个人或组织的既定目标，EMBA、MBA 等主流商业管理教育均将时间管理能力作为一项对企业管理者的基本要求。

时间管理是自我管理的核心。它是指在同样的时间消耗下，为提高时间的利用率和有效性而进行的一系列控制工作，是由于每个人在社会生产中所处的地位不同而赋予自己的一种内在管理素质。时间的管理是大学生必须掌握的一个技巧，也是大学生活成功的一个基本因素。

#### 2. 时间管理的特征及原则

（1）时间管理的特征。

不可逆转性——时间是一维矢量，在宏观上具有无限性。

不可贮存性——时间是客观存在且无法贮存，在微观上具有有限性。

公正平等性——时间对于每一个人都一视同仁、公正、平等。

（2）时间管理的原则。

积极能动原则——主动选择和确立自己的人生价值。

计划控制原则——根据个人或组织的目标和使命，合理分配时间。

实践发展原则——人们不断学习新的时间管理方法和技术，并在实践中加以运用、创造和完善。

### （二）时间管理的方法

（1）有计划地使用时间。不会计划时间的人，等于计划失败。

（2）目标明确。目标要具体，具有可实现性。

（3）将要做的事情根据优先程度分先后顺序。80%的事情只需要20%的努力。而20%的事情是值得做的，应当享有优先权。因此要善于区分这20%有价值的事情，然后根据价值大小，分配时间。

（4）将一天从早到晚要做的事情进行罗列。

（5）具有灵活性。一般来说，只将时间的50%计划好，其余的50%应当属于灵活时间，用来应对各种打扰和无法预期的事情。

（6）遵循你的生物钟。你办事效率最佳的时间是什么时候？将优先办的事情放在最佳时间里。

（7）做好的事情要比把事情做好更重要。做好的事情，是有效果；把事情做好仅仅是有效率。首先考虑效果，然后才考虑效率。

（8）区分紧急事务与重要事务。紧急事往往是短期性的，重要事往往是长期性的。给所有罗列出来的事情定一个完成期限。

（9）对所有没有意义的事情采用有意忽略的技巧。将罗列的事情中没有任何意义的事情删除掉。

（10）不要想成为完美主义者。不要追求完美，而要追求办事效果。

（11）巧妙地拖延。如果一件事情，你不想做，可以将这件事情细分为很小的部分，只做其中一个小的部分就可以了，或者对其中最主要的部分最多花费15分钟去做。

（12）学会说“不”。一旦确定了哪些事情是重要的，对那些不重要的事情就应当说“不”。

（13）奖赏自己。即使一个小小的成功，也应该庆祝一下。可以事先给自己许下一个奖赏诺言，事情成功之后一定要履行诺言。

### (三)大学生时间管理

时间是一种重要的资源，作为当代大学生，在进行生涯规划的同时我们也应注意培养有效的时间管理能力。只有珍惜自己宝贵的大学时间，找到自己感兴趣的方向，做一些有意义的事，才能为踏入社会奠定良好的基础。

1. 大学生时间管理的特点

(1)大学生时间管理计划性弱。大学生的时间监控感不够高，尤其是计划安排、目标设置和反馈性的水平较低。没有适合自己的计划是导致大学生时间管理不善的主观因素，而有效的计划可以成为有效利用时间的基础，有些大学生没有时间制订计划，以长远的眼光来看，他们根本没办法节省时间，更别想得到预期的效果。

(2)大学生时间管理满意度低。这主要体现在时间利用效率、零碎时间和闲暇时间的利用上。在零碎时间的利用方面，时间是分秒积成的，善于利用零碎时间的人才会做出更大的成绩。闲暇是一种宝贵的财富，闲暇时间的利用很大程度上决定人的生活质量和事业成败。但目前大部分大学生还不会使用这种资源，而是以无意义、无价值、无目的、无功能的方式度过，闲暇时间的计划性差，盲目性大，利用效率也不高。

(3)时间意识缺乏，监控能力较弱，时间分配不合理。经历了紧张奋斗的中学学习生活，进入相对自由的大学，大部分大学生表示对如何管理时间很茫然。主要是没有很好地完成中学生到大学生的角色转变，这在大学低年级学生中比较突出。

(4)计划效率偏低。很多大学生仅仅把计划停留在纸面甚至头脑中，在执行上比较僵化，这就导致36.5%的大学生表示计划不会去执行，56%的大学生在计划的执行过程中不能针对自身的具体情况做出适当的调整。

2. 大学生时间管理对策

(1)引导大学生生涯规划，强化时间管理意识。高校需引导大学生树立积极的人生态度和正确的价值观，强化大学生的时间管理观念。如可以通过借鉴成功人士的时间管理方法、营造良好的时间管理氛围、体验有效的时间利用方式等来强化时间观念，提高时间的使用效率。

(2)对自己在近期内的活动有一个理智的分析。首先，要制订好近期目标和长远目标，分析好各种活动对自己的发展意义。然后，做出合理的时间安排，并且在实行计划的过程中不断修正和发展。最后，不能将计划只停留在书面上，还应在做出计划后积极实施。

(3)灵活运用技能，提高个人时间利用率。大学生应自觉灵活运用时间

管理技能，制订适合自己的计划，并注重计划实施过程中的自我监督和自我检查。建议大学生根据个人习惯和生活节律，确定好事情的优先顺序，把最难办的事情放在自己精力旺盛、思维活跃的时段去做，而把一般性的任务，放在精力一般的时段去做，做到有张有弛、劳逸结合。

（4）养成良好的习惯。要在每天固定的时间进行学习，让大脑在特定的时间适应学习，以提高学习效率。在学习的同时，也不能忘记要进行体育锻炼和各种有益于身心健康的活动。

3. 大学生时间管理技能

（1）要有明确的方向（目标）。如果你没有明确的方向，那时间是无法管理的；要有好的习惯，这是高效利用时间的前提，所以做好时间管理的第一步是要有目标、有好的习惯。

（2）必须要有一个明确的个人计划。这是根据目标来的，也就是你必须要把每年、每学期、每月、每天、每小时要做的每一件事情都列出来。这些时间管理的制订是由粗到细的，在时间上是由长到短的。

（3）计划的调整和修改。在一些特定的情况下，你的计划是需要依据客观情况进行调整的，适时做好计划的调整又叫作与时俱进。但是计划的调整是有原则的，计划修改的原则是刷新和升级，是不能降低原来的标准，不能改变原有的目标。

（4）做事要有技巧。把事情分出轻重缓急，有主有次，按照工作衔接的内在顺序和规律去顺序完成。确定优先次序，先做最有价值的事情。把主要的时间和精力放在自己最重要的事情上，适当兼顾他人的要求，这样能保持个人较好的情绪，做起事来效率会高一些。

（5）做事认真。任何事情，争取一开始就要把它做对做好；能一次做完的事情一定要一次做完，绝不拖拉，重复和反复做同一件事情是浪费时间。每天给自己一个不被干扰的时间，专心做自己的事，想想自己该做的事情，这个时间应该是质量最好的时间。这样安排时间是比较合理的。

（6）能够控制时间和节奏。除了不果断、办事拖拉是明显的浪费时间的现象外，还必须控制你的电话时间、上网时间，这是不经意之中最容易浪费的时间。

## 三、大学生要学会理性消费

### （一）消费的概念

消费是人类通过消费品满足自身欲望的一种经济行为。具体说来，消费包括消费者的消费需求产生的原因、消费者满足自己的消费需求的方式、影响消费者选择的有关因素。在经济学中，消费是指家庭除购买新住房之外用于物品与劳务的支出。

理性消费是指消费者在消费能力允许的条件下，按照追求效用最大化原则进行的消费。从心理学的角度看，理性消费是消费者根据自己的学习和知觉做出的合理购买决策，当物质还不充裕时的理性消费者心理追求的商品是价廉物美经久耐用。从经济学的角度看，理性消费通常指“消费者严格遵守边际效用理论，能够通过仔细分配自己的资源达到追求效用最大化和满足最大化的消费行为”。

### （二）消费的行为

第一，消费行为可以表述为寻找、选择、购买、使用、评价商品和劳务的活动。这些活动的本身都是手段，满足消费者的需求才是它们的目的。

第二，消费行为是一种复杂的过程。无论在什么情况下，任何一个阶段即便是最重要的购买阶段，也不能等同于消费行为的全过程。消费行为必须包括购买前、购买中和购买后的心理历程。

第三，消费者扮演着不同的角色。在某种情况下，一个人可能只充当一种角色；在另一种情形下，一个人则可能充当多种角色。

### （三）大学生消费的基本状况

大学生是当代社会的生力军，是富有活力的一个特殊群体。他们既是当前消费的主体之一，也是未来消费潮流的引导者。目前绝大多数大学生的经济来源都依靠父母，经济独立性差，大部分是第一次走出家门，走向独立生活，自控能力不强。因此，关注大学生消费，特别是培养和引导大学生形成科学、理性、文明、负责任的消费观，在当前经济环境下显得尤为重要。

#### 1. 大学生理性消费的含义及重要意义

大学生理性消费是大学生这个特殊群体根据其经济条件，在进行物质产品和精神产品消费过程中，坚持中华民族艰苦朴素、勤俭节约的优良传统，不依赖任何惯性或心理上的因素，不形成攀比消费等盲目行为，对消费过程能够准确认知和预测，其消费水平与国家经济状况相适应，以达到物有所值的一种消费方式。

大学生理性消费对于国家经济发展、民族文化传承、大学生思想教育成效的提升，以及大学生自身素质提高有着重要意义。

（1）大学生理性消费会影响消费的未来发展方向。大学生作为未来社会

的主人翁，在国家振兴与民族富强的道路上将发挥重要作用。他们作为社会精英，将活跃在国家经济建设的各个领域并发挥重要的作用，不但其自身拥有很强的消费能力，而且是未来社会消费的重要主体，同时，其消费特征也对未来社会的生产发展和企业经营以及消费市场变动等有很重要的导向作用。因此大学生能否理性消费，将对国家未来的经济健康发展产生影响。

（2）大学生理性消费关系到我国传统美德的继承与发扬。一个民族要富强，离不开艰苦奋斗、自强不息的精神。勤俭节约历来是中华民族的传统美德。大学生作为国家的栋梁之材，绝不能贪图享受，需要不断创造财富，坚持科学、理性消费，继承和发扬勤俭节约、艰苦奋斗的优良民族文化传统，为我国国民经济可持续发展做出应有的贡献。

（3）大学生理性消费也可能影响社会的消费风尚。大学生作为一个青年消费群体，他们的消费观念、消费状况、消费模式，不仅影响个人的生活满意度和幸福感，也影响到自身家庭的生活水平，还会让同龄人学习和效仿而影响消费潮流的走向。因此大学生进行消费之时需要认真思考，积极努力完善自身消费结构，反对奢侈浪费、盲目攀比等不良消费风气，崇尚科学理性消费观念，引领健康和谐消费时尚。

2. 当代大学生消费的特点

（1）实用性特点。实用是当代大学生消费的基本特点。不论基本生活消费中的衣食住行消费，还是学习消费中的学费、书费、材料费等，不论是休闲娱乐消费，还是人际交往消费，都带有浓厚的实用色彩。

（2）多样性特点。多样是当代大学生消费的重要特征。大众文化消费市场是影响大学生消费文化多样性的重要因素。大众文化被称为“通俗的、一次性的、消费的、廉价的、大批生产的、年轻的、诙谐的、机智而有魄力的”。这种解释描述了大众文化的某些特征离不开大学生的参与、烘托。青年人总是引领消费市场的最新潮流。

（3）个性化特点。大学生的个性化消费是一种新观念的表达。大学生在属于自己的私人空间和时间内不太喜欢参加集体活动，多元化发展源于个性化的彰显。这种个性化也可以理解为时尚化和风格化，而不仅仅是传统的对个性和自我的追求和表现。

（4）差异性特点。根据家庭经济状况的不同，大学生的来源分为大富、小康、工薪、困难、特困几类，呈现两端小、中间大的椭圆形。而我国贫富分化加剧的现实决定了大学生的消费水平差异很大，在校园内产生了一个庞大的贫困生群体，他们的消费水平低，有些同学甚至连支付基本生活费都困难。

（5）前卫性特点。前卫是大学生对时尚的选择。大学生消费前卫的特征表现在追求名牌，崇尚权威，追求新潮，体现个性，理性成熟几方面。品牌商品不仅仅蕴含经济价值，更多地体现了质量、价格以及品牌文化的权威，体现消费者的身份、地位。大学生正处于追求个性发展、自我意识增强、乐于接受新鲜事物的年龄阶段，面对纷繁复杂、物质极大丰富的消费市场，大学生的消费心理也在发生着改变，更趋理性化，在购买之前会冷静对比、合理比价。

3. 当代大学生消费误区

（1）盲目消费，缺乏科学理性消费观念。有些大学生的消费有攀比、虚荣趋势。有少数同学为了换最流行的手机或者时尚服装，情愿节衣缩食，甚至向同学借钱以满足自己的愿望，这反映出一些学生的消费行为因为虚荣心不能量入为出，而虚荣心的驱使又容易引起消费攀比心理的升级。

有些大学生存在无计划消费的倾向。随着网上购物、电视购物等时尚消费模式的普及，以及各类银行信用卡、消费卡进入大学校园，越来越多的大学生逐渐成为"网购一族"。有的同学不仅是"月光族"，甚至存在提前预支后几个月生活费的情况，做不到合理安排生活支出。当生活费不够时，就找各种名目向家里要钱。

有些大学生存在享乐消费的倾向。节约意识较为淡薄，追求享乐，突出地表现在人际交往方面。现在大学校园里流行"人际关系投资"，无论是过生日、入选学生干部、比赛获奖、拿奖学金等都得请客，否则便被视为不够交情，无论是朋友来了或是同学聚会都免不了请客吃饭或者赠送礼物，这样的一种人际关系投资在大学校园里已经蔚然成风。

（2）经济独立性差，经济独立意识较为薄弱。当代大学生已经习惯了依赖父母，目前大学生生活费用主要来源于父母，其他来源是做社会兼职获得的报酬以及奖学金等。由于绝大多数同学的生活费来自父母，生活费收入相对固定，使得他们形成了一种依赖心理，往往消费时没有太大的顾忌，而"透支"后经济上又处于被动。

（3）理财意识淡薄，缺乏理财技能。部分同学对日常消费缺乏有效的控制和计划，会出现经常向别人借钱的情况。对自己可支配的生活费用没有合理安排，透支就会预支下个月的生活费用，如果有结余也不会存起来用于理财，而是去购买物品或吃大餐。可见，部分学生的理财意识较为淡薄，理财技能较为薄弱，日常消费计划性不强，消费表现出一定的不理性。

4. 树立健康消费观念

（1）加强对大学生理性消费观的教育。作为青年一代，必须养成正确的

消费习惯，培养正常的消费方式，以适应当今社会的经济活动需要。培养科学理性的消费观念，需把握好消费的“度”，明白理性消费对个人、对家庭、对学校、对社会的意义之所在，力戒攀比消费心理以及享乐消费倾向，树立适应时代潮流的、正确的、科学的理性消费观。

（2）加强大学生经济独立意识和能力的培养。在对学生的经济供给上，家长要变“无私奉献”为“适度供给”，家长对子女的消费观念态度要明确：凡是子女学习生活所必需的合理开支，即使钱再多，也应尽全力给予支持；凡是非理性的消费，即使钱再少，也应严格控制。同时把自己勤俭持家的行为言传身教给子女，让子女明白父母挣钱不易，摆脱依赖心理，增强学生的家庭责任感和社会责任感。

（3）树立正确的金钱观。只有正确地对待金钱，在人生的道路上才能不迷失方向。追求金钱是在物质文明不发达的条件下，人们从事经济活动的主要动力和直接目的。金钱是满足人们需要的基本手段和衡量一个人对社会贡献大小的一种价值尺度。在市场经济条件下，人们对金钱的追求方式和手段多种多样，但这种追求是有边界和规范的，必须合法。人不能只为金钱活着，应该合法合理地赚钱，科学地支配金钱，成为金钱的主人，而不是奴隶。

（4）培养良好的消费方式。大学生树立健康文明的消费方式，应当从两方面去努力。一是要根据客观实际，充分发挥每一分钱的最大效益，做到精打细算，量入为出；二是要协调好物质消费和精神消费之间的关系，大学生正处于吸取知识的时期，最重要的任务就是学习，精神文化消费占重要比重，当自己尚有经济余力时，再考虑其他的物质消费和文化娱乐开支。

（5）正视贫困，积极参加勤工助学活动。贫困大学生作为高校中的一个特殊群体，其经济贫困问题已经引起社会和学校的广泛关注，社会和学校采取了一系列政策和措施，以确保贫困生安心学习。贫困生要积极面对现实，要以正常的心态与同学、朋友交往，不要让沉重的经济负担带来精神方面的压力。

## 四、体味情感

爱情是一个古老而常新的话题，它牵动着无数人的心。对爱情的认识、观点至今仍引发人们去争论和思索。爱情观是一个人世界观、价值观、人生观在恋爱情感问题上的具体体现，正确的爱情观会引导人走向健康、幸福和美好的生活。

### （一）爱情的概念

《现代汉语词典》中将“爱情”解释为：“男女相爱的情感。”从本质上讲，爱情是一对男女基于一定的客观物质基础和共同的生活理想，在各自内心形成对对方最真挚的仰慕，并渴望对方成为自己终身伴侣最强烈的、稳定的、专一的感情。爱情的本质，是人的社会属性与人的自然属性相结合的异性间的崇高感情。

爱情是由三个要素构成的特殊感情系统。性欲：这是爱情的生理基础和自然前提；理想：这是爱情的社会基础及理性向导；责任：这是爱情的社会要求，主要体现在自觉负责的感情态度上。这三个要素缺一不可，缺乏性爱的爱情是畸形的，但只有性欲而没有感情升华的爱情也不是真正的爱情；没有共同理想，爱情就无所依附；没有自觉负责的感情态度，爱情难以维系。

**（二）恋爱的概念**

《现代汉语词典》中将“恋爱”解释为：“男女相互爱慕；男女相互爱慕的行为表现。”大学教科书《思想道德与法律基础》提出：“男女双方培养爱情的过程或者爱情基础上进行的相互交往活动，就是人们日常所说的恋爱。”

**（三）大学时期的爱情**

在任何时候爱情都是象牙塔中一个引人关注的话题，刚踏入大学的新生群体，有的是带着中学恋爱的问题走进大学校园，有的是入学后不久遇到了情感新问题。

1. 现代大学生恋爱的特点

（1）恋爱普遍化。在大学生中流传一句话：恋爱是大学的必修课，没有谈过恋爱的大学生不是合格的大学生。可见大学生恋爱已成为大学的客观存在，也是校园中普遍存在的现象，随着现代大学生性心理成熟的提前，网络资讯的发达以及从众行为的影响，有的大学生一入学就开始物色恋爱对象，恋爱人数逐渐上升。

（2）行为公开化。以前的大学生由于社会、学校的压力，不敢公开恋情，随着社会的发展，学校方对这种现象不再明文禁止，于是部分热恋的学生抛开矜持，在校园、社会等公众场合出现亲昵言语及行为。

（3）态度轻率性。在恋爱过程中，有的同学态度轻率，重过程，轻结果，恋爱情绪化，见异思迁，频繁更换恋爱对象，只追求恋爱的浪漫，满足于精神享受，认为恋爱与婚姻无关，忽视了爱情的义务和责任。

（4）性观念开放。随着时代的发展，当代大学生受西方思想和社会不良风气的影响，传统道德观念淡化，对婚前同居、婚前性行为持开放、理解、宽容的态度，甚至有的大学生在大学期间出现未婚怀孕等现象，可见大学生的性观念日益开放。

（5）承受力较弱。大学中的“有情人”虽多，但“终成眷属”者较少，大学中存在一批失恋大军，部分学生无法摆脱失恋的情感危机，认为一切都失去了意义，悲观厌世，学习、生活、人生观、心理等方面受到严重影响。

2. 大学生恋爱的误区

（1）重虚化、轻实际的恋爱动机。现在很多大学生的恋爱不是出自爱情本身，而是随大流的从众心理，也就是别人有对象我也要有，甚至部分大学生选择对象不是出于是否与自己合得来，而是因金钱、外貌去选择，只看重恋爱的过程而不看重恋爱的结果。

（2）重感情、轻理智的恋爱行为。大学生由于年龄特征决定了其轻率冲动、容易感情用事的心理特点。在恋爱行为上，受西方性解放的影响，不少大学生一味追求感官刺激，传统性道德与性规范意识薄弱，错误地认为，只要彼此真心相爱，就可以发生两性关系，追求所谓的“灵与肉”的结合，不需要过多地考虑将来。

（3）重外表、轻内在的恋爱对象。恋爱之风盛行的一个重要原因就是大学生们往往容易被对方漂亮的容貌、迷人的风度、殷实的家业等外在因素吸引而产生倾慕之心，加之偶像剧、网络小说的影响，大学生们择偶标准理想化、实惠性，忽视对方的个性、品德等内在品质。事实上，爱情的忠贞与长久，取决于内在品质，外在美只是一时的。

（4）重享受、轻追求的恋爱过程。部分大学生把时间都消磨在花前月下，当前的大学生谈恋爱似乎更重视物质上的享受，为使对方更加喜欢自己而去购买化妆品、服装服饰等，两人在一起吃饭、看电影、唱歌、游玩等，较少在一起讨论学习上的问题，二人世界的甜蜜使他们淡化了对知识的追求和理想的渴望。

（5）重爱情、轻友情的恋爱心理。从广义上讲，恋爱只是异性交往的一个特殊形式，异性交往还应包括异性之间的非恋爱交往，即友情。但由于各方面因素影响，大学生们异性交往常常只局限于谈情说爱，而缺乏友谊互动。

3. 大学生恋爱的利与弊

恋爱作为一种社会现象，对于大学生来说是一种重要的人生体验，对于大学生的发展具有重要的心理意义，但爱情也是一把“双刃剑”，既能催人奋进，也能让人一蹶不振。大学生恋爱可以促进心理走向成熟，强化自我意识，促进人际关系的适应，加强责任意识，成为一种学习动力，更好地完成学业。大学生恋爱还有一些消极影响，如理智下降，社交圈变小，烦恼增多，精力分散等。

4. 树立正确的爱情观，培养爱的能力

（1）恋爱态度要认真。真正的爱情是限于异性之间的爱慕关系。爱情是神圣的，具有特有的责任和义务，只能存在于两者之间，不容许第三者介入。爱情是自私、专一、排他的，忠贞的爱情只能献给一个人，这就需要双方严肃认真、真诚相待。

（2）清晰认识，正确处理恋爱与学业。当前，大学生主张“爱情至上”的人越来越多，他们将大学当作“爱的天堂”，纵情于恋爱而荒废学业。大学生的正业是学习，处于恋爱的大学生势必面临最直接的问题就是爱情与学业的平衡。大学生应把学业放在首位，摆正爱情与学业的关系，不能把宝贵的时间都用于谈情说爱而放松学习，因为学业是大学生价值感的主要支柱，要把爱情变为学业的动力。爱情只有在共同理想的追求中、学业上的相互帮助中、精神上的相互安慰中才有坚实的基础，持久的生命力。

（3）树立正确的恋爱观。把心灵美好、情操高尚作为恋爱的第一标准。随着市场经济的发展和完善，物欲观念的发展和流行，大学生的择偶标准发生了深刻的变化，新一代大学生更为注重个人幸福与自我价值的实现。一部分大学生以外貌、金钱作为恋爱的第一标准，事实证明，建立在这种基础上的爱情，是经不起现实考验的。爱情应该是两个人彼此欣赏、相互倾慕、心有灵犀、嘘寒问暖、关心嘱托、宽容大度，这样才能够长久厮守，共同进退。

以志同道合为前提。恋爱双方有着共同的理想、兴趣、爱好，也就是彼此具有相似或相近的三观，看待事物方式方法相近，这是促成恋爱以及确保爱情常青的前提。

以自由恋爱为基础。恋爱双方互相尊重，享受权利与义务，爱一个人是你的权利，但是不能强迫对方做不愿意做的事情，要给予对方一定的空间和自由，同时要承担相应的责任。

以忠诚专一为原则。爱情的一个特性就是要求专一以及排他性，因此，对彼此的忠诚专一就是恋爱的基本原则，确定恋爱关系后，就要把感情重点放在对方身上，要经得起时间、空间和各种条件变化的考验。

（4）培养正确的恋爱能力。巴尔扎克指出：爱是一种艺术，更是一种能力。为了有能力爱别人，我们首先要培养爱的能力和责任，然后我们才有能力给人以爱，有资格被人所爱。

给予爱的能力。一个人心中有了爱，在理智分析之后，要敢于给予，一个没有爱心的人是自私自利的人。

接受爱的能力。在面对别人的爱时，能及时做出准确判断，了解自己喜欢

什么、需要什么、适合什么，并做出接受的选择。

拒绝爱的能力。大学生要学会正确拒绝不合适的感情，自己不愿或不值得接受的爱应有勇气加以拒绝，并要在行动上落实。

表达爱的能力。要敢于表达，善于表达，只有经过表达的爱情才是具有生命力的。

鉴别爱的能力。能将爱情与其他情感区别，学会分辨好感、友谊与爱情的本质不同。用爱情促进学业，比翼双飞促进步。

发展爱的能力。发展爱的能力，并不是非要具体到对某一异性的爱，可以是更广泛意义上的爱。我们的亲人、同学、朋友，都值得我们去爱。

# 第三章　坚定信念：追求理想与政治进步

## ——寻找精神家园

大学是传承文化、传播知识、追求真理的圣殿，学习是大学生的主要任务，大学生应该把主要精力放在学习上，并通过自己的努力，取得优异的成绩，向着自己的理想迈近。然而，大学生活，不仅仅是学习，应该还有政治追求，应该是五彩缤纷、丰富多彩、富有朝气的。所以，大学生应该树立科学的世界观、正确的人生观和价值观，每一个大学生都应该有积极向上的政治追求、丰富多彩的文化熏陶、五彩斑斓的感情生活、共同理想信念的精神家园。

## 第一节　大学生要树立正确的价值观

中共中央总书记习近平在 2012 年 11 月 29 日带领新一届中央领导参观“复兴之路”展览时指出：“中国梦——实现伟大复兴就是中华民族近代史以来最伟大的梦想。”我国现阶段的共同理想信念就是在马克思主义的指导下，走中国特色社会主义道路，实现中华民族伟大复兴。共同理想信念是指在一定社会发展阶段，人们坚信不疑并愿意为之追求和奋斗的共同价值目标。对于我国社会主义事业具有不可替代的激励、导向和凝聚作用。作为我国未来现代化建设的重要生力军，90 后大学生不仅要拥有扎实的专业知识，更要树立崇高的共同理想信念，不断寻求精神家园。大学生只有树立正确的价值观，才能努力学习科学文化知识，不断增强报效祖国和实现自我的本领，才能在科教兴国的大旗下，迎风起舞，展翅翱翔。

### 一、价值观解读

作为 21 世纪的大学生，尤其是刚刚步入大学校园的新同学，在一定程度上讲，其价值观的基础并不十分稳固和成熟，具有极大的可塑性。特别是在面对当今社会多元文化价值观相互碰撞的现象时，往往会显得束手无策，不知道

该如何坚持社会主义文化的一元价值导向，甚至有些同学表现出一定的困惑乃至误选不正确的价值观作为指导，最终给人生留下遗憾。

大学生价值观是大学生对价值和价值关系的一种判断与追求，大学生树立怎样的价值观，就会决定其采取怎样的行为目标，选择何种行为方式，同时，培育和构建当代大学生的价值观也是对其进行思想道德建设与科学文化建设的重要突破口。鉴于此，当代大学生要树立正确的价值观，首先要以科学的态度搞清楚价值观的基本内涵。

### （一）价值观内涵

价值观是一个非常复杂的问题，同样也是一个古老而恒新的哲学话题。价值观包括诸多内容。要搞清楚价值观的内涵，首先就要对价值这一范畴有一个清晰的认识。

#### 1. 价值

从不同的学科角度、不同的层次对价值范畴可以进行多种内涵的界定。从最一般意义上来讲，亦即从哲学意义上来讲，按照马克思主义的观点，“价值就是处在一定社会关系中的人在同外界发生具体联系的过程中，事物能够满足人的需要、对人有意义的客观属性”[1]。换言之，价值揭示的是人们在认识和实践活动中所发生的主客体之间的相互关系。因此，价值从其本质来讲，是一种关系范畴。在众多价值关系范畴中，人的价值是最为特殊的一种形态。因为在人的价值关系中，反映的是人与人之间的关系，即主体与客体都是人。人之所以有价值，就在于人能够通过自己的劳动或行为，来满足自身、他人以及社会的物质需要和精神需要。

#### 2. 价值观范畴

价值观与世界观、人生观是内在一致的，它是人们关于生活中价值本质的认识以及对任何事物的评价标准、评价原则和评价方法等观点的体系。它产生于人们思想层次的内部，是人们在实践的基础上形成的对周围事物价值所持有的根本看法和态度。因此，价值观反映了主体的需要和利益，并且体现了主体的精神追求、精神支柱和动力所在。一般来说，大学生价值观的形成渗透于其德、智、体、美、劳等各个领域中，包括政治价值观、社会公德观、法律价值观、职业价值观、生活价值观、人生价值观、学习价值观、婚恋价值观、自我价值观。

---

[1] 夏伟东：《思想道德修养》，中国人民大学出版社，2003 年版，第 237 页。

3. 人生价值观

人生价值观是主体关于人生价值的各种观点和看法的总和，是人们对人生目的、人生意义及其实践活动进行认识和评价时所持有的基本观点和总的看法，是对一定的人生经验的提炼。一方面，人生价值观表现为对理想的追求，人生的价值目标，即“人生是什么”；另一方面，人生价值观表现为判断人生价值的尺度和标准，即“人生应当是什么”。

（二）核心价值观的内涵

核心价值观是在一个社会的价值观体系中居于统治地位、起支配作用的核心价值理念。

1. 社会主义核心价值体系

社会主义核心价值体系是社会主义制度的内在精神和生命之魂，是社会主义制度在价值层面的本质规定。中国共产党的十六届六中全会明确提出了我国社会主义核心价值体系四个方面的基本内容：一是以马克思主义为指导思想；二是以中国特色社会主义共同理想为主题；三是以爱国主义为核心的民族精神和以改革创新为核心的时代精神为精髓；四是“以热爱祖国为荣，以危害祖国为耻；以服务人民为荣，以背离人民为耻；以崇尚科学为荣，以愚昧无知为耻；以辛勤劳动为荣，以好逸恶劳为耻；以团结互助为荣，以损人利己为耻；以诚实守信为荣，以见利忘义为耻；以遵纪守法为荣，以违法乱纪为耻；以艰苦奋斗为荣，以骄奢淫逸为耻”的社会主义荣辱观。

2. 社会主义核心价值观

社会主义核心价值观是指那些在社会主义价值体系中居于统治地位、起主要指导作用、在马克思主义科学理论体系中占据核心地位的价值理念，也是社会主义核心价值体系的高度凝练和集中表达。党的十八大报告中明确提出了“倡导富强、民主、文明、和谐，倡导自由、平等、公正、法治，倡导爱国、敬业、诚信、友善，积极培育社会主义核心价值观”。

## 二、价值观的作用

“价值观不是一般的观念，它是人们关于是非曲直的观念，是人们心目中用以衡量事物的轻重、权衡得失的天平和尺子，它对人类的生存和发展至关重要。”[1] 同样对于处于大学阶段的当代大学生而言，科学的价值观在其个人成长的黄金时期里发挥着重要的作用。

---

[1] 杨亚华：《当代中国大学生核心价值观研究》，人民出版社，2011 年版。

### （一）科学的价值观有利于当代大学生健康成长

当代大学生正处于世界观、人生观和价值观迅速成长与定型的最佳时期，而价值观又是世界观的重要内容，并且渗透于世界观、人生观以及人类生活的方方面面，是人类精神世界的灵魂。尤其是树立科学的价值观构成了个人成才和幸福的基础与前提，正确积极的价值观能够促进大学生身心健康发展，可以让大学生从容面对很多人生课题。当前，大学生处于文化多元格局下，面临多种社会思潮以及思想文化的冲击，在这种背景下，究竟如何选择正确的道德行为，就需要依靠科学价值观的引领。特别是需要加强对当代大学生社会主义核心价值观的培育、弘扬和践行力度，提高其辨别是非的能力，自觉抵制不良思想的侵蚀，主动远离享乐主义价值观以及实用主义价值观，确保自身健康成长和发展。因此，积极培育当代大学生践行社会主义核心价值观，在大学新生思想政治教育工作中起着枢纽的作用。

### （二）科学的价值观对当代大学生的行为起着规范的作用

“价值观是一定社会群体中人们所共同具有的对于区分好与坏、正确与错误、符合与违背人们愿望的观念，是人们基于生存、享受和发展的需要对什么是好的或者什么是不好的根本看法，对于某类事物具有价值以及具有何种价值的根本看法，是人们所特有的应该希望什么和应该避免什么的规范性见解，表示主体对客体的一种态度。”[1] 由此可见，价值观作为一种隐形的规范性准则，也构成了当代大学生道德体系的核心，因此对于当代大学生的行为具有很强的约束力。任何人都自觉或不自觉地以自己的价值观为调节器来规范和约束自己的社会行为以及活动方式。在生活实践中，大学生通过内化价值观念来规范自己的行为，并且促使其不断调整自己的行为，积极合理地应对并解决人与自然、人与社会以及人与人之间的各种矛盾，从而调整自己价值活动的方向和价值追求的目标。

### （三）科学的价值观对当代大学生的行为起着导向的作用

价值观不同的人们，行为的取向也会不同。科学的价值观是当代大学生实践活动的定向器，引导着大学生的行为活动不断朝着有利于国家、社会和人民利益的方向发展，从而把大学生的目标和行为引导到符合社会发展要求的正确方向上来，始终保持其行为的政治性方向。同时，科学的价值观对大学生行为活动的导向性还表现在它的驱动性上，价值观构成了大学生日常行为及思想的

---

[1] 袁贵仁：《价值观的理论与实践》，北京师范大学出版社，2006 年版，第 130 页。

内在动力源泉。价值观通过人们的行为取向及对事物的评价和态度反映出来，是世界观的核心，是驱使人们行为的内部动力。换言之，大学生的一切内在思想及外化的行为表现都是在一定的观念和意识的调节和支配下进行的，特别是在其价值观的直接驱动下实施的。所以一个人树立怎样的价值观就会选择怎样的价值行为。

（四）科学的价值观对大学生价值形成的凝聚功能

一个人的价值观决定一个人的自我认识，也直接影响和决定着一个人的理想、信念、生活目标和追求方向的性质。同样，一个社会共同且主流的价值观会得到社会上全体人民的普遍认同，因此它就能够形成一种强大的向心力和凝聚力，不断引导大学生在价值认识上达成共识，并把他们吸引团结起来，引领大学生为着一个共同的理想信念而努力奋斗。像我们国家提出的社会主义核心价值观就是如此，它发挥着强大的精神引导和凝聚功能。

## 三、大学生应该树立正确的价值观

"对一个国家而言，有什么样的价值观就会建设什么样的社会；对一个人而言，有什么样的价值观就会有什么样的人生。"毫无疑问，这对于当代大学生而言同样适用。当代大学生作为青年人中的优秀知识分子，是国家最宝贵的人才资源，更是建设中国特色社会主义事业的主力军和接班人。他们的价值观正确与否，直接关系到党和国家的前途与命运。在复杂多变的国际形势大背景下，在我国改革开放深入之时，在全面建成小康社会的又一个战略机遇期，加强大学生的价值观教育，引导大学生树立正确的价值观，对于国家和社会的发展以及大学生本人的成长成才具有深远意义。

从一定意义上讲，青年兴则国家兴，青年强则国家强，青年有希望，未来的发展就有希望。由此可见，青年大学生的价值取向决定了未来整个社会的价值取向。然而当前大学生正处于价值观形成和确立的关键时期，如何确保大学生养成和树立正确的价值观就好比是穿衣服扣扣子一样，如果第一粒扣子扣错了，剩余的扣子都会出错。所以，树立正确的价值观对于当代大学生而言至关重要。

（一）要牢固树立和培育社会主义核心价值观

当前，社会主义核心价值观是我国主流价值观念，承载着中华民族的精神追求，体现着全社会评判是非曲直的价值标准，并且得到了社会高度认可，在全社会价值体系中居于核心和主导地位。它对于当前影响大学生的各种不良风

气和思想有强大的抑制作用，也可以帮助当代大学生有效辨析社会上的多元价值观念并应对价值冲突，确保前进的方向。因此，大学生要树立正确的价值观在当前就是要从现在做起，从自己做起，使社会主义核心价值观成为自己遵循的日常行为准则，并且身体力行地将其推广到全社会中去。大学生自觉主动地树立和培养自己的社会主义核心价值观，必须旗帜鲜明地坚持和巩固社会主义核心价值观的引领带头作用，将其融入自己的日常生活和学习中去，始终坚持理论自信、制度自信和道路自信。

（二）要树立正确的世界观和人生观

通常我们会说，大学生要树立正确的世界观、人生观和价值观，其实，价值观取决于人的世界观和人生观，并且构成了世界观的核心。世界观是人们认识世界和改造世界的过程中形成的对整个世界的根本看法和观点的总和。它不仅包括自然观、社会历史观、人生观，还包括价值观，而且其总体内容普遍具有价值观的意义。同样，价值观与人生观本身也是内在有机地统一和联系在一起的，构成了人生价值观。鉴于此，我们说，大学生要确保其价值观正确积极，首先就要确保其世界观和人生观同样正确，否则就会出现“一着不慎满盘皆输”的现象。

（三）要认识到一个人的价值观养成是一个过程

一个人的价值观并不是天然形成的，也绝非一日之功，而是有一定过程的。是在其出生后伴随其生活环境以及受教育情况等，在家庭和社会的共同作用下，通过个人努力而逐步确立的。正是基于这一点，我们说一个人在形成其价值观时，一定要不断从历史和传统文化中汲取丰富营养，不断彰显自身价值的生命力和影响力。

（四）要树立正确的价值观，形成正确的社会责任感

理想信念是人生的精神支柱，是社会责任感的源泉和精神动力，社会责任感是实现理想的条件。树立远大的共产主义理想信念，能激励我们自觉承担应尽的社会责任。增强自己的社会责任感，拥有感恩之心，这也是当代大学生成长成才的必备素质和必要条件。当代大学生要用爱国主义情怀与民族精神激发自己的社会责任感，树立起对自己、对他人、对集体、对祖国的责任意识，树立起主人翁的使命感和责任感。把振兴祖国、强国富民作为自己的奋斗目标，在利国利民的前提下，实现个人的最大价值，把实现中华民族的伟大复兴作为我们共同的使命。充分发挥自己的聪明才智，把力量用在中华民族伟大复兴的事业上，建设祖国，报效祖国。

此外，当代大学生要树立正确的价值观，尤其是弘扬和培育自己的社会主义核心价值观还要在以下几个具体方面做出努力。

1. 要勤学，下得苦功夫，求得真学问

知识是树立核心价值观的重要基础。大学的青春时光，人生只有一次，应该好好珍惜。为学之要贵在勤奋，贵在钻研，贵在有恒。要勤于学习，敏于求知，注重把所学知识内化于心，形成自己的见解，既要专攻博览，又要关心国家，关心人民，关心世界，学会担当社会责任。勤学最主要的一点就是要不断提高自己的认知水平与构建价值观的能力，要明白为什么要树立价值观，怎样树立价值观，还要明白何为正确的价值观，提高自身的思想自觉与行动自觉。

2. 要修德，加强道德修养，注重道德实践

道德之于个人、之于社会，都具有基础性意义，做人做事第一位的是崇德修身。这就是我们的用人标准为什么是德才兼备、以德为先，因为德是首要素质，是方向，一个人只有明大德、守公德、严私德，其才方能用得其所。修德，既要立意高远，又要立足平实。要立志报效祖国，服务人民，这是大德，养大德者方可成大业。同时，还得从做好小事、管好小节开始起步，“见善则迁，有过则改”，踏踏实实修好公德、私德，学会劳动，学会勤俭，学会感恩，学会助人，学会谦让，学会宽容，学会自省，学会自律。

3. 要明辨，善于明辨是非，善于决断选择

是非明，方向清，路子正，人们付出的辛劳才能结出果实。面对世界的深刻复杂变化，面对信息时代各种思潮的相互激荡，面对纷繁多变、鱼龙混杂、泥沙俱下的社会现象，面对学业、情感、职业选择等多方面的考量，一时有些疑惑、彷徨、失落，是正常的人生经历。关键是要学会思考，善于分析，正确抉择，做到稳重自持，从容自信，坚定自励。要树立正确的世界观、人生观、价值观，掌握了这把总钥匙，再来看看社会万象、人生历程，一切是非、正误、主次，一切真假、善恶、美丑，自然就洞若观火，清澈明了，自然就能做出正确判断，做出正确选择。

4. 要笃实，扎扎实实干事，踏踏实实做人

于实处用力，从知行合一上下功夫，核心价值观才能内化为人们的精神追求，外化为人们的自觉行动。当代大学生有着大好机遇，关键是要迈稳步子，夯实根基，久久为功。心浮气躁、朝三暮四、学一门丢一门、干一行弃一行，无论为学还是创业，都是最忌讳的。成功的背后，永远是艰辛努力。大学生要把艰苦环境作为磨炼自己的机遇，把小事当作大事干，一步一个脚印往前走。只要坚韧不拔、百折不挠，成功就一定在前方等你。

# 第二节　做有理想的优秀大学生

## 一、大学生的理想与道德解读

崇高的理想与道德对于一个大学生的全面发展至关重要，人生如大海航行，而理想和道德犹如引航的灯塔和助其前行的风帆。简言之，理想道德是大学生的安身立命之本。习近平总书记在2013年五四青年节座谈会上对广大青年提出了五点希望，即广大青年一定要坚定理想信念、练就过硬本领、勇于创新创造、矢志艰苦奋斗、锤炼高尚品格。这五点希望中，其中第一条就是鼓励青年大学生坚持理想。由此可见，理想信念对于当代大学生成长成才的重要性。

### （一）何谓理想？——了解理想的内涵

理想作为人类特有的一种精神现象，既是大学生的世界观、人生观和价值观的核心与集中体现，又是一道分水岭，把人和一般动物从本质上区别开来，而且还把高尚充实的人生与庸俗空虚的人生区别开来。理想对于大学生而言绝不是可有可无的东西，任何一名当代大学生，要使自己的大学生涯乃至整个人生变得完美，必须要有理想这一明确的追求和奋斗目标。崇高的理想对于每一位大学生而言，是其整个人生的奋斗目标，也是其前进动力和精神支柱。

大学生要想确立起崇高的理想，首先就要对理想本身有一个清晰而明确的认识。所谓理想，就是人们在实践中形成的具有现实可能性的对未来的向往和追求，是人们世界观、人生观和价值观在奋斗目标上的集中体现。[1]

理想具有如下几个方面的特点：

1. 超越性

这一特征主要是对比现实而得出的，所谓理想来源于现实又高于现实，说的就是这个意思。即理想是对现实生活的一种超越。正是基于对现实的科学超越，才使得理想成为一种巨大的感召力，不断促使人们在改造客观世界与主观世界的过程中，积极地根据自己的需要和对世界的认识去设想和追求更加美好的未来。

2. 现实可能性

理想虽然是对现实的一种超越，但这种超越绝对不是一种飘飘然和狭隘的

[1] 夏伟东：《思想道德修养》，中国人民大学出版社，2003年版，第276页。

超越，而是一种在一定的客观条件下经过人们的刻苦努力能够在不久的将来得以实现即变为现实的某种合乎规律的想象。反之，就会变为主观臆想、幻想和空想。

3. 实践性

理想不仅是一种精神现象，更是一种隐藏和彰显在人们现实行为背后的精神力量。这种精神力量一旦与实践相结合，就会变为一种强大的实践力量，化为人们行动的热情和意志，不断推动着人们实践努力，从而创造美好的生活。

4. 多样性

不同的社会历史发展阶段，由于人们所处的时代不同，理想的多样性也表现突出。即理想是随着社会的发展而不断发展的，不同时代的人们会有不同的理想，处在不同社会阶段和生活状态的人们也会有不同的理想。一般说来，人们对理想的现实追求涵盖了社会生活的所有领域和方面，大体上分为生活领域的理想信念即生活理想、职业领域的理想信念即职业理想、道德领域的理想信念即道德理想、社会领域的理想信念即社会理想。其中，道德理想就是人们在道德生活中对于做人方面所追求和希望达到的目标。一个人希望自己具有什么样的道德品质，便会要求自己有相应的人格形象。当代大学生所向往的理想人格便是做有德之人和有为之人。

### （二）何谓道德？——了解道德的内涵

俗话说，没有规矩不成方圆。生活于社会中的每一个人，既要对自己有严格要求，又要遵守社会政治、法律、伦理和道德等对自己的约束。当代大学生为了使自己能够真正成长为符合社会和时代需要的高素质人才，就必须有道德的自觉规范。换言之，道德对于当代大学生而言，不仅是规范自己行为的一种准则，更是对自己提出的一种崇高的精神追求和内在要求。因此，当代大学生要树立明确的道德理想，自觉主动地锤炼自己的道德品质，增强自身道德责任感，提高自身道德境界，恪守德行规范，做一个有高尚道德素质的人。

所谓道德，从字面来看，由“道”和“德”二字构成。“道”一般指自然运行与人世共通的真理；“德”一般指人世的德性、品行和王道。道德组合成一个范畴，就其实质而言，它是人类社会中的一种特殊且重要的社会意识形态。道德是社会生活对于处于一定社会、时代和阶级中的人们所提出的一种要求，指调节人自身、人与人、人与自然之间关系的行为原则和规范的总和。此外，道德也指一个人的思想品德、情操修养以及风俗习惯等。道德作为一种特殊的调节规范体系，具有以下几个特点。

1. 道德是一种由经济基础所决定的社会意识形态

一定的社会具有相应的经济关系，因此处在不同社会中的人们由于其所处的社会地位、阶级和所属的利益集团不同，因而决定了其所奉行的道德规范和要求也各有不同。换言之，不同时代、不同社会和阶级的道德是不同的，从历史上看，道德的内容和原则也在不断发生变化，体现出了道德的时代性和发展性。

2. 道德以善恶为评价形式和判断标准

通常人们会根据善恶来判断和衡量人们的道德行为和品质。善良的行为就是道德的，反之就是不道德的。

3. 道德是一种非强制性的规范

尽管人们通过善恶来评价一个人的言行举止，但道德的作用归根到底是不具有强制性的。道德依靠非强制性的手段如社会舆论、传统习俗以及人们的内心信念来维系和发生作用。

4. 道德是一种需要内化的规范

只有当一种道德规范被人们所真心接受，才能内化于心，外化于行，这样道德的作用才能得以实现。

因此，当代大学生在进行社会交往的过程中，要身体力行，积极投身到社会实践中去，才能真正理解社会主义社会道德规范的丰富内涵，然后将其内化为自身的意志和情感，再外化为行为和习惯，最终形成持久稳定的价值观。进而通过实践这面镜子反思、反省、客观评价自身的价值目标、价值选择和价值取向。

## 二、寻求精神家园，追求完美人生

精神家园是以人生意义、理想信念和精神信仰为核心要素而构成的价值观念体系，是人们的世界观、人生观、价值观以及理想信仰高度整合的结果，对于大学生而言，犹如其生命力的根本所在。简言之，一个人的精神家园指的就是这个人在精神和思想上的寄托、归宿与支撑点。大学生有了精神家园，也就有了人生的追求和期望。因此，寻求精神家园是大学生的内在需求，也是人的本质属性之一。

当代大学生作为祖国的希望和民族的未来，肩负着建设祖国、实现中华民族伟大复兴的艰巨任务。然而当前由于受到市场经济带来的拜金主义、享乐主义、极端个人主义等消极思想的影响，以及各种社会思潮与价值观多元化的冲击，加之西方发达资本主义国家不断向我国进行文化渗透等影响，一些大学生注重追求物质享受而忽视自身精神家园建设，不肯花时间和精力去提升自身精神境界，从而导致精神世界的贫瘠和羸弱。有的大学生失去政治信仰和精神追求，缺乏对崇高理想和信念的追求，认为共产主义的实现太遥远与现实不符合；还有的大学生世俗气重，把个人利益始终放在第一位，以自我为中心，集体意识淡薄，社会责任感缺失，诚信意识淡化，奉献精神欠缺；还有一些大学生怀疑党“为人民服务”的宗旨，缺乏艰苦奋斗的精神，经受不起任何挫折和磨难等。当然导致出现这些现象还有一定的学校原因、家庭原因及个人原因等。但无论是何种原因所致，究其根本而言，当代大学生的精神家园都亟须共同建设和维护，因此，我们要积极引导大学生重视且主动提高个人精神家园的建设。

1. 坚持科学理论指导，提高自身综合素质

当代大学生要重视提高自身素质，包括理论素养、政治素质、思想道德素质、人文素养等。要系统学习马克思主义科学理论以及共产主义理论知识，积极获取关于人生意义、理想信仰等方面的人生修养知识。不断用社会主义核心价值观来引领自己的成长，提升自身人文精神和人文素养，使自己全面发展。

2. 加强自身道德建设，确保自身健全人格

良好的道德人格是引导人、激励人、鼓舞人前进的一种内在动力，也是展示自己形象的一面旗帜。当代大学生一定要主动发挥自身主体作用，充分认识到精神家园对于提升自己生命价值的重要意义，增强自身建设精神家园的信心和毅力。采取实际行动，真正做到“孝敬父母、尊重师长；谦虚礼让、团结和睦；勤奋学习、学会学习；律己宽人、诚实守信；公正无私、见义勇为”。特别是诚实守信，这对于当代大学生而言，不仅是一种崇高的人格力量，更是一种内在的道德品质和道德信念。大学生只有养成诚实守信的道德品质，才能真正忠诚于国家和民族的事业，牢固确立在中国共产党领导下走中国特色社会主义道路、为实现中华民族伟大复兴终生奋斗的理想信念。

3. 树立和坚持明确的理想信念

习近平同志在十八届中央政治局第一次集体学习时提出理想信念是共产党人精神上的“钙”。没有理想信念或理想信念不坚定，精神上就会“缺钙”，就会得“软骨病”。这句比喻形象地揭示出理想信念对人的精神世界的决定性作用。我们党 90 多年的历史中，一代又一代共产党人不惜流血牺牲，靠的就是对共产主义的坚定信仰，为的就是实现国家富强、民族振兴、人民幸福的伟大理想。这个伟大理想也就是中华民族最伟大的梦想，即“中国梦”就是一个理想，是一个全民族的理想。对马克思主义的信仰，对社会主义和共产主义的信念是共产党人的政治灵魂，是共产党经受住任何考验的精神支柱。因此，

当代大学生一定要始终保持正确的精神世界建设方向，必须倍加珍惜我们确立的崇高信仰、共同理想，心中要永远有共产主义这盏明灯，不断坚定自己的政治立场和政治信仰。

4. 将个人价值的实现融入社会理想的追求中，牢记为人民服务的宗旨

当代大学生要寻求精神家园，就要时刻保持积极性，将个人价值的实现包括自己的权利、义务、才智等充分投入实现社会理想的过程中。在这个过程中不断向党组织看齐，忠诚于党，树立为人民服务的意识，并让这一宗旨意识转变为实现自己理想的巨大能量，从而使自己的人生显得愈加亮丽和完美。

总之，大学生只有拥有了积极健康的精神家园，才能拥有正确的人生观、世界观，才能迸发出符合时代发展的正能量，才能肩负起兴旺民族和国家的重任，成为一个高尚的人、一个纯粹的人、一个有道德的人、一个有益于人民的人，最终实现自己的完美人生。

## 三、脚踏实地，让理想照进现实

“中国梦”需要不断增强硬实力，提高软实力。梁启超曾经说“少年强则国强”。作为当代大学生，理所当然要负有时代赋予的这种神圣使命，大学生在实现理想的过程中，要努力做到以下几点。

### （一）将个人理想与社会理想统一起来

当代大学生总体上具有理性的政治情感和政治态度，政治立场坚定，充分肯定马克思主义、社会主义及共产主义的正确方向，对我国成功建设社会主义和实现民族复兴抱有很大的信心和希望。这一点是值得肯定的，但同时也要继续强调，当代大学生在实现理想的过程中，须将个人的命运与国家和人民的命运结合在一起，把个人价值的实现融入社会价值的实现过程中，将个人的向往和理想追求与社会的需要、人民的利益保持一致，胸怀祖国，服务人民，始终确保正确的政治方向，这是大学生实现自己理想的根本前提。

### （二）志存高远，将远大理想与坚定信念结合起来

大学阶段是大学生确立理想信念和树立宏大志向的关键时期，大学生一定要抓住这个“战略机遇期”。在大学阶段确立远大的志向，这就要求当代中国的大学生，一定要自觉确立起崇高的理想和坚定的信念，将明确的目标与执着的态度紧密结合。在立志时，一定要放开眼界，把自己的眼光放得长远一些，不要斤斤计较个人的得失。同时更重要的是立志须躬行，即立志之后，一定要亲自付诸实际行动，即在追求理想的道路上需要我们一点一滴辛勤付出与努力

奋斗。此外，理想和信念是相辅相成的统一体，理想是人们追求的目标，信念是人们朝着这个目标前进的意志和定力。理想崇高，才能坚定信念；信念坚定，才能坚守理想。因此，当代大学生一定要把握理想的可贵，体会信念的力量，形成坚定的信念和坚强的意志。这一点是很重要的。

（三）认清实现理想的长期性、艰巨性与曲折性

诚然，实现理想往往是一个艰苦的、坚持的且充满挑战的过程，而不是轻而易举、一步到位、立竿见影的。无疑每一个大学生都有自己的理想，有些人不乏实现理想的具体目标与可行计划。但实现理想不仅是要肯做，更需要锲而不舍地坚持去做。古人云："锲而舍之，朽木不折；锲而不舍，金石可镂。"因此，只有瞄准了大方向，坚持不懈地做下去，才能扫除阻挡在理想道路上的障碍，实现美好灿烂的人生蓝图。此外，在追求理想的道路上往往还会遇到挫折与坎坷，因此，大学生一定要有正确的认识和态度，明白理想实现过程的曲折性，既要学会在顺境和逆境中成长，也要明白只有不断完善自己，强大自己的内心，接受磨难的洗礼，才能化逆境为顺境。

（四）脚踏实地，培养自己艰苦奋斗的品质

理想是美好的，也是在实践中形成的，也只有在实践中才能得以实现。肩负着建设和发展中国特色社会主义历史重任的当代大学生，应该认识到追求理想是一种全身心的投入，也是一个艰苦奋斗的过程，需要自己脚踏实地地奋斗，否则，美好的理想只是停留在头脑中和口头上，它只能是一种不结果实的花朵。因此，当代大学生要自觉培养自己坚持"以艰苦奋斗为荣、以骄奢淫逸为耻"的品质。在追求理想的过程中，大学生会遇到各种困难和艰苦的环境，不可避免地会吃苦，如果没有吃苦耐劳的精神，没有在艰苦的环境下不懈奋斗的精神，理想的实现是不可能的。在追求理想的过程中，人的理想和信念经受了考验与磨炼，从而变得更加坚定。只有这样，才有实现理想的希望，才能脚踏实地、一步一个脚印向着自己理想的彼岸勇往直前。

总之，当代大学生在自己的发展过程中，有的确实看到了理想的曙光与希望，并且通过合理地设定理想目标而不断地提升自己，有的常常无限放大理想与现实之间的差距和矛盾，因找不到顺利实现理想的有效途径而困惑，甚至怀疑自己。面对这种情况，我们一定要清醒地认识到大学并非只是诗情画意的象牙塔，而是充满挑战和历练的现实社会。因此，面对美好的理想，大学生要想更好地实现自己的理想，只有怀揣坚定的信念、执着地追求以及不懈地奋斗，才能让丰满的理想不断照进骨感的现实中。

# 第三节　坚定信念　政治进步

## 一、坚定信念，不断追求思想进步

信念是一个人思想政治素质的核心与灵魂之所在，更是一个人的精神支柱，因此，信念是与一个人的奋斗目标以及精神追求紧密相连的一种特殊的自我意识。这种自我意识的产生既要基于对对象的真理性确认，即首先要从科学真理的角度有发自内心的坚信；同时还要对对象本身有价值上的认同，这两个基础缺一不可。换言之，信念就是在信心、信任的基础上坚信其正确并且始终相信其必然能够产生良好结果的一种稳定且持久的观念。信念具有重要的导向功能、凝聚功能和调控功能，对大学生的发展至关重要。

中国共产党作为我国的领导核心，始终带领全国各族人民团结一心，奋勇向前，不断朝着建设民主、富强、文明、和谐的现代化国家的目标前进。

### （一）坚定跟党走的信念

大学生要始终相信、衷心拥护、完全信赖中国共产党。历史实践表明，只有中国共产党才能救中国，没有中国共产党就没有新中国。现实生活同样印证，当前国家的统一、社会的安定、民主的发展、人民的团结、中国特色社会主义事业的建设，都必须靠中国共产党来领导才能不断实现，这个原则是要必须坚持、毫不动摇的。因此，当前大学生要进一步增强对党和政府的信任，在党的领导下，勇做走在时代前列的奋进者、开拓者和奉献者，以执着的信念、优良的品德、丰富的知识、过硬的本领，同全国各族人民一道，担负起历史重任。这也是爱国主义对大学生提出的内在要求。

### （二）坚定对党的信念

#### 1. 跟党走就意味着高度认同党的指导思想

马克思主义、毛泽东思想以及中国特色社会主义理论体系是一脉相承的科学理论，也是指导我们实现现代化最有力的思想武器，是我们必须长期坚持的指导思想。高度认同党的指导思想，其实就是要坚定对马克思主义的信仰，这是我国社会主义理想信念体系中的最高层次，同时也是当代大学生坚定对党的信念在世界观层面上的高度体现。要做到这一点，就要不断学习马克思主义理论和党的基本知识、基本理论，提升自己的理论素养和政治素质，将自己对党的信念建立在科学理论的基础之上，并且时刻都要用这一先进的理论来武装自己的头脑，指导自己的行动。

2. 坚定对党的信念，要做到高度认同党在现阶段所提出的路线、方针和政策

这一点集中体现了坚定对党的信念的实践追求。我国当前最大的国情就是我们现在处于并将长时期处于社会主义初级阶段，在这个特殊阶段里，党提出了许多适合中国国情并带有中国特色的路线、方针、政策，这些大政方针无疑都是为了早日实现“两个一百年”的奋斗目标。因此，当代大学生要坚定对党的信念，就要不断在日常生活中积极学习党在现阶段所提出的基本路线、方针和政策以及各种决议，并在实际行动中增强贯彻落实党的路线、方针和政策的自觉性和坚定性，从而不断增强对社会主义理想的信念和追求，增强对社会主义制度优越性取代资本主义的必然性的信念。

3. 坚定对党的信念，还表现在充分肯定和高度评价党的执政能力与执政成就，不断增强对我国社会主义现代化建设事业的信心

我们党执政以来特别是改革开放以来，领导全国各族人民在物质文明、精神文明、政治文明、生态文明以及社会文明建设方面取得了巨大的成就，综合国力迅速提升并跃居为世界第二位，人民生活水平显著改善，这些都是党的执政能力和执政成就的重要体现。在此基础上，可以说，当前阶段，是我国比历史上任何发展阶段都更要接近并且更有信心和能力实现中国梦即实现中华民族伟大复兴这一目标的时期。因此，当代大学生有充分的理由相信，在党的领导下我国社会主义现代化建设事业一定会不断取得新的胜利，把我国建设成为富强、民主、文明、和谐的社会主义现代化国家的共同理想一定能够如期实现，即两个百年奋斗目标一定会早日实现。

总之，当代大学生坚定了对党的信念，就意味着要不断追求思想进步，确立马克思主义以及中国特色社会主义的价值取向，树立明确的前进方向。只有这样，才不会在错综复杂的社会生活中，遇到一点困难和挫折就在政治上迷失方向。同时，当代大学生坚定了对党的信念，就意味着他们能够始终团结在党的周围，听从党的召唤，更意味着能够时刻调整自己的思想和行动，自觉排斥与社会主义核心价值观相悖的各种不健康的思想及言论，做社会主义现代化建设事业的合格建设者和接班人，致力于党所领导的社会主义现代化建设事业。

## 二、践行核心价值观，爱党爱国爱人民

以“富强、民主、文明、和谐，自由、平等、公正、法治，爱国、敬业、诚信、友善”为内容的社会主义核心价值观把涉及国家、社会和公民的价值

要求有机融合为一体，传承着中华民族五千年灿烂文明的优秀基因，寄托着近代以来全国各族人民历经千难万苦所确立的理想和信念，同时也承载着我们每一个中国人的美好愿景。当代大学生积极培育和践行社会主义核心价值观对于其成长成才具有不可替代的重要意义。当前，在全社会践行社会主义核心价值观的大背景下，同样也对当代大学生提出了明确要求，要践行社会主义核心价值观，就要做到爱党、爱国、爱人民。

通常我们都用"伟大的母亲"来形容祖国，其实祖国也是我们每个大学生最初认识和熟悉的那方土地。我们曾经生存生活于其中的故土家园，以及这片土地上勤劳、勇敢、善良、智慧的各族人民等共同构成了祖国的要素。因此，爱祖国本身就体现为爱党、爱国、爱人民三者的辩证统一。换言之，在当代中国现实社会中，爱国与爱党、爱人民是必然地紧密联系在一起、不可分离的。也可以说，爱国主义这一强大的精神力量在当代中国是作为一个整体而存在并发挥着其巨大作用的。一切真诚的爱国者都是热爱中国共产党的，更是热爱人民的。

（一）当代大学生践行社会主义核心价值观的精髓就是要爱党

所谓爱党，就是要坚决拥护中国共产党，热爱中国共产党。在阶级社会中，爱党既是维护社会政治稳定和国家统一的需要，也是保障国家繁荣富强、人民幸福安康的需要。实践证明，只有中国共产党才能领导人民实现民族独立和国家富强。因此，热爱中国共产党不仅与爱祖国、爱中国特色社会主义事业、爱人民是高度一致的，而且是新时期对当代大学生提出的必然政治要求，同样也是新时代的大学生必须具备的思想品德和政治素养。热爱中国共产党不只是一种主观的情感和精神寄托，更重要的是付诸坚定和执着的行为，特别是能够为党所带领全国各族人民努力实现的中国特色社会主义伟大事业全力以赴甚至不惜牺牲自己的生命。值得一提的是，大学生把对党的那份忠诚与热爱落实到自己的日常行为中，从自己做起，从细微处做起，刻苦学习，踏实奋进，报效祖国，服务人民。

（二）社会主义核心价值观的核心内容之一就是爱国

毫无疑问，爱国不是抽象的概念，它有着鲜明的科学内涵和时代要求，同时也是当代大学生的责任、义务和美德。爱国不仅指对祖国的那份深厚情感、厚重思想与科学行为，而且包含着对祖国、对民族、对人民的那份热爱和眷恋之情，同样也离不开对国家、社会、学校、家庭以及他人的热爱。当代大学生更要认清新时代爱国主义的科学内涵，立志做坚定的爱国者，在实现中国梦的伟大实践中实现自己的人生价值。结合当前的现状，大学生高尚的爱国之情突出地表现为其日常学习和生活中的种种表现。学习是大学生的本职工作，具体到大学生所处的特定发展阶段，爱国之情应当首先表现为热爱学习，敬爱自己的专业，学以致用，踏踏实实地提高自己的综合素质，不断为将来更好地履行社会责任、担当时代重任夯实基础。

### （三）当代大学生积极践行社会主义核心价值观，还要做到爱人民

我国是工人阶级领导的、以工农联盟为基础的人民民主专政的社会主义国家，是人民自己当家做主的国家。正是全国各族人民生生不息、不断发展壮大，共同创造了祖国灿烂悠久的历史文化，才形成了支撑、凝聚我们这个民族共同朝着同一目标前进的伟大民族精神，并且使得我们的祖国源远流长、不断繁荣昌盛。因此，热爱中国共产党、热爱祖国与热爱人民是统一的，也可以说，爱人民既是爱党、爱国家的根本要求，也是爱国主义的集中体现。没有人民的祖国是不存在的，离开人民谈爱党、爱国之情也是不切实际、毫无意义的。具体到现实中，当代大学生要展现爱人民之情，就要首先尊敬师长，爱身边的同学，既要团结同学，互帮互助，也要诚信待人，真诚交往，这些都是当代大学生践行社会主义核心价值观的内在要求。

事实证明，一个大学生只有让爱国主义的思想传统融入自己的思想灵魂深处，做到坚定地爱党爱国爱人民，才能成长为有生命力的、始终沿着正确的政治方向奋发图强并最终成长为有前途的并对国家、民族和人民有用的人。

## 三、争取入党，不怕挫折与考验

《中国共产党章程》中明确规定，中国共产党是中国工人阶级的先锋队，同时是中国人民和中华民族的先锋队，是中国特色社会主义事业的领导核心，代表中国先进生产力的发展要求，代表中国先进文化的前进方向，代表中国最广大人民的根本利益。不论是在什么时期，中国共产党都是中国革命和建设的领导核心，发挥着不可替代的决定性作用。在校期间大学生要积极参加学校里的各种党团组织，全面提升自己各方面的能力和综合素质，积极向党组织靠拢，争取早日加入中国共产党。

大学生申请加入中国共产党，是一件极为严肃、认真的事情。自然要有很高的标准和条件，既要有较高的思想觉悟和政治理论要求，也要有严谨的办事风格和良好的群众基础。新时期发展党员工作的方针是："坚持标准、保证质量、改善结构、慎重发展。"一般而言，入党条件是：年满 18 周岁的中国工人、农民、军人、知识分子和其他社会阶层的先进分子，承认党的纲领和章

程，愿意参加党的一个组织并在其中积极工作、执行党的决议和按期缴纳党费的，可以申请加入中国共产党。28 周岁以下青年入党，一般应经过团组织推荐。具体来说，入党分为四个阶段，分别是：确定入党积极分子阶段、培养考察阶段、履行发展阶段（预备党员发展阶段）、预备党员转为正式党员。

### （一）确定入党积极分子阶段

（1）要求入党的申请人，自愿向党组织递交入党申请书之后，成为入党申请人。党支部应从政治上关心、帮助他们，并加以教育引导。

（2）党支部派人与入党申请人进行考察、谈话，根据谈话情况选送入党申请人参加业余党校初级班学习。

（3）对表现突出的入党申请人，党支部经过征求意见、民主测评、公示等程序后，可以将其列为入党积极分子，填写《入党积极分子培养考察表》，并指派 2 名正式党员作为培养人负责对其进行培养教育，每季度填写一次《入党积极分子培养考察表》，并向党支部汇报。

### （二）培养考察阶段

（1）履行团组织推优程序。党支部根据团组织推荐意见进行讨论，经过民意测验、综合素质测评、谈话、公示等程序的综合考察后，条件成熟的可以确定为重点培养对象，列入发展计划，并报党支部审批。条件尚不成熟的，可以继续培养。①各班团支部召开团员大会，由团支部委员会介绍申请入党的团员的情况，团员进行民主评议，提出推荐对象，经班主任或辅导员同意后上报系团总支。②各系团总支对推荐对象进行认真考察、排序，确定推荐名单后，报校团委。③校团委在征求学生工作部及各系党支部意见的基础上，确定推荐名单，并向全体团员进行公示。④符合推荐条件的团员填写《优秀团员作为党的发展对象推荐表》，校团委签署推荐意见后，报党委组织部审查、备案。

（2）经党组织一年以上的培养教育，党支部讨论同意后，可以确定为重点发展对象。党支部应让其参加业余党校学习，并对其进行政审。同时，重点发展对象应写出详细的个人自传。

（3）征求党内外群众意见，并详细记录，形成书面材料。

（4）整理好发展对象入党材料，经党总支预审、公示后，报党委组织部审查备案。

（5）党委组织部审查备案后，符合入党要求、材料没有问题者就可以发放《入党志愿书》。

### （三）履行发展手续阶段

（1）发展对象在入党介绍人指导下填写完《入党志愿书》后，经党支部委员会审查手续齐备后，即可提交党支部大会讨论。

（2）党支部召开接受新党员大会，讨论通过并形成决议，对其既要肯定成绩，也要写明存在的不足。

（3）党支部将入党材料上报党总支审批，由党总支安排谈话，并在《入党志愿书》相应栏内填写谈话人意见。

（4）党总支审批后，填写批复通知书，同时报党委组织部，加盖授权章，并下发预备党员考察表。

（5）党支部接到批复通知书，及时向党内外群众宣布新党员名单，将其编入党小组参加党内活动。

（6）党总支要适时组织预备党员进行入党宣誓。

### （四）预备党员的考察教育与转正阶段

（1）党支部、培养人对预备党员继续进行培养教育和考察，注意听取党内外群众意见，半年做一次考察鉴定。预备党员应定期向党组织汇报思想。预备期满由预备党员本人向党支部提出书面转正申请。

（2）履行公示程序：各党总支、党支部要严格把好预审、公示关。

（3）党支部广泛征求党内外群众意见后，召开预备党员转正支部大会，讨论通过并形成决议，将转正材料上报党总支。

（4）党总支审批后，填写批复通知书，同时报党委组织部备案，加盖授权章。政审及有关材料不全或不符合要求的不批。

### （五）发展党员的要求

（1）列为入党积极分子培养考察要满一年，要经过业余党校学习培训，要经过推优、公示程序。支部大会必须按照党章要求“坚持个别吸收的原则”，成熟一个，发展一个。对新党员进行审查，要让党员充分发表意见，认真听取群众意见，使支部大会真正起到审查、教育新党员的作用。应杜绝一次支部大会发展过多的现象。

（2）介绍人意见和支部大会决议必须实事求是，肯定成绩，明确指出缺点。

（3）在毕业生离校前一个月内，一般不办理接收为预备党员的手续。

（4）在预备党员转正决议中，应说明该同志在预备期间对原有缺点的改正情况。[1]

---

[1] 华坚：《大学生入学教育》，苏州大学出版社，2015 年版，第 161 页。

概括起来，大学生在校期间入党程序主要是：个人申请、党支部和校团委推优、老党员推荐、组织考察、党员大会讨论通过、党支部审核通过、上报学校党委审批等方面。最重要的一点是，大学生要以实际行动争取入党，以自身的实际行动来表现自己，证明自己不怕挫折和党组织的严格考验。具体要做到以下几点。

首先，大学生在实际入党过程中要树立坚定的政治信仰，端正入党动机，思想上坚定共产主义信仰。在接受党组织检验和考察的过程中要真正体会到信仰的力量，感悟且明白党纲、党章、党的宗旨在任何时候都是要坚持的。

其次，大学生要严格按照党员标准要求自己，认真对照党章规定的党员标准找准自己的差距，努力进取，积极创造条件尽快缩小这些差距。

再次，大学生要在专业技能学习上刻苦钻研，既要提高自己的政治素质，也要掌握良好的专业技能，不允许挂科。通过各种方式和途径全面锻炼和成长自己。要关心同学，服务他人，有集体观念，将自己深沉的意志和炽热的感情投入党组织中，不断接受党组织对自己的考验。

最后，自觉在思想和实践上接受党组织的培养教育和考察。积极参加党组织的活动，在党内生活中经受锻炼和考验。认真向党组织汇报，要身体力行共产主义道德，自重、自省、自警、自励，以实际行动接受党组织考验。此外，大学生在纪律上还要遵守学校的各项规章制度。

总之，在大学阶段，大学生应该不断学习，追求思想进步，不断让自己成长，保持共产党员的先进性，做到思想好、行为良、学习成绩优，争做青年先锋，积极向党组织靠拢，进而在党组织的怀抱中向着自己的理想目标迈进，让自己的人生旅程从这里成功起航。

# 第四章　国防教育：使命担当与军事训练

## ——大学新生第一课

大学生接受国防教育是全民国防教育的重要基础，国防教育的核心是爱国主义。国家明确要求高等学校要把国防教育纳入教学计划，不但要开设国防教育、军事理论课程，还要认真组织大学生参加军事训练，并辅之以国防教育沙龙、征兵入伍的宣传等一系列的国防教育活动，使大学生通过国防教育瞩目国防。而参加军事训练是国防教育的重要组成部分，是大学新生的第一课，是加强国防后备力量建设的战略措施，是全面推进素质教育不可替代的环节。

## 第一节　国防教育概述

国防教育是国家整体教育事业的组成部分，是以增强国防观念和履行国防义务为目的，以教育为手段的一种全民活动。对大学生进行国防教育是依据《中华人民共和国国防教育法》（以下简称《国防教育法》），是我国第一部全面调整和规范国防教育活动的重要法律。这部法律对于普及和加强国防教育、发扬爱国主义精神、促进国防教育和社会主义精神文明建设都具有十分重要的意义。所以，对大学生进行国防教育，反映了国防与高等教育的有机联系，在国家发展中占有重要的战略地位。

### 一、国防教育的目的

国防教育的核心就是培养国民的爱国主义思想情感、民族责任心和革命英雄主义精神。高校是培养未来的建设者和接班人的场所，国防教育是由大学所承担的培养人才的特殊历史使命决定的。国防教育是建设和巩固国防的基础，是增强民族凝聚力，提高全民素质的重要途径。

#### （一）增强国防观念

国家通过开展国防教育，增强公民国防观念，高校国防教育就是要把在大

学生中形成自觉支持国防建设的共识作为高校国防教育的首要课题。增强国防观念，首先要认清“有国无防国将亡”的历史规律，确立把国家主权和安全放在首位的观念。二是认清“国家富裕不等于国防强大”的辩证法则，确立国防建设和经济建设统筹兼顾、协调发展的观念。三是认清“安全威胁无时不在”的客观现实，树立常备不懈的观念。

（二）激发爱国热情，自觉履行国防义务

国防教育要承担起凝聚民族精神的使命，引导大学生以支持国防建设、维护国家安全为己任的使命，帮助大学生提高思想认识，把在大学生中树立强烈的忧患意识作为高校国防教育的紧迫任务。在以和平与发展为时代主题的当今世界，增强全民的忧患意识，既是实现国家安全战略的固有要求，也是激发强国兴军内在动力的实际步骤，更是开展国防教育的逻辑起点。

（三）学习必要的军事技能

通过国防教育，使公民了解与国防活动有关的政治、经济、历史、文化、科技、法律等方面的知识，学习和掌握基本的国防知识，具备相应的军事技能。国防教育贯彻全民参与、长期坚持、讲求实效的方针，实行经常教育与集中教育相结合、普及教育与重点教育相结合、理论教育与行为教育相结合的原则，针对不同对象确定相应的教育内容分类组织实施。

## 二、国防教育的主体和组织机构

国防教育的主体是国家。一切国家机关和武装力量、各政党和各社会团体、各企业事业组织以及基层群众性自治组织，都应当根据各自的实际情况组织本地区、本部门、本单位开展国防教育工作。公民都有接受国防教育的权利和义务。

第一，国务院领导全国的国防教育工作。中央军事委员会协同国务院开展全民国防教育。地方各级人民政府领导本行政区域内的国防教育工作。驻地军事机关协助和支持地方人民政府开展国防教育。

首先，国家国防教育工作机构规划、组织、指导和协调全国的国防教育工作，县级以上地方负责国防教育工作的机构组织、指导、协调和检查本行政区域内的国防教育工作。

其次，教育、民政、文化宣传等部门，在各自职责范围内负责国防教育工作。

再次，征兵、国防科研生产、国民经济动员、人民防空、国防交通、军事设施保护等工作的主管部门，依照有关法律、法规的规定，负责国防教育工作。

第二，工会、共产主义青年团、妇女联合会以及其他有关社会团体，协助人民政府开展国防教育。

首先，国家支持、鼓励社会组织和个人开展有益于国防教育的活动。

其次，国家和社会对在国防教育工作中做出突出贡献的组织和个人，采取各种形式给予表彰和奖励。

第三，中国人民解放军、中国人民武装警察部队按照中央军事委员会的有关规定开展国防教育。

第四，普及和加强国防教育是全社会的共同责任，国家设立全民国防教育日，每年9月的第3个星期六定为全民国防教育日。

## 三、学校国防教育

学校的国防教育是全民国防教育的基础，是实施素质教育的重要内容。教育行政部门应当将国防教育列入工作计划，加强对学校国防教育的组织、指导和监督，并对学校国防教育工作定期进行考核。

### （一）小学和初级中学的国防教育

中小学校应当将国防教育的内容纳入有关课程，将课堂教学与课外活动相结合，对学生进行国防教育。有条件的小学和初级中学可以组织学生开展以国防教育为主题的少年军校活动。教育行政部门、共产主义青年团组织和其他有关部门应当加强对少年军校活动的指导与管理。小学和初级中学可以根据需要聘请校外辅导员，协助学校开展多种形式的国防教育活动。

### （二）高中和大学的国防教育

第一，高等学校、高级中学和相当于高级中学的学校应当将课堂教学与军事训练相结合，对学生进行国防教育。高等学校应当设置适当的国防教育课程，高级中学和相当于高级中学的学校应当在有关课程中安排专门的国防教育内容，并在学生中开展形式多样的国防教育活动。

第二，高等学校、高级中学和相当于高级中学的学校学生的军事训练，由学校负责军事训练的机构或者军事教员按照国家有关规定组织实施。军事机关应当协助学校组织学生的军事训练。

第三，学校应当将国防教育列入学校的工作和教学计划，采取有效措施，保证国防教育的质量和效果。

第四，学校组织军事训练活动，应当采取措施，加强安全保障。

### （三）其他培训机构的国防教育

第一，负责培训国家工作人员的各类教育机构，应当将国防教育纳入培训

计划，设置适当的国防教育课程。

第二，国家根据需要选送地方和部门的负责人到有关军事院校接受培训，学习和掌握履行领导职责所必需的国防知识。

（四）国家机关和社会团体的国防教育

国家机关应当根据各自的工作性质和特点，采取多种形式对工作人员进行国防教育。

第一，国家机关工作人员应当具备基本的国防知识。从事国防建设事业的国家机关工作人员，必须学习和掌握履行职责所必需的国防知识。

第二，各地区、各部门的领导人员应当依法履行组织、领导本地区、本部门开展国防教育的职责。

第三，企业事业组织应当将国防教育列入职工教育计划，结合政治教育、业务培训、文化体育等活动，对职工进行国防教育。

第四，承担国防科研生产、国防设施建设、国防交通保障等任务的企业事业组织，应当根据所担负的任务，制订相应的国防教育计划，有针对性地对职工进行国防教育。

第五，社会团体应当根据各自的活动特点开展国防教育。

第六，军区、省军区（卫戍区、警备区）、军分区（警备区）和县、自治县、市、市辖区的人民武装部按照国家和军队的有关规定，结合政治教育、组织整顿、军事训练、执行勤务、征兵工作以及重大节日、纪念日活动，对民兵、预备役人员进行国防教育。

第七，民兵、预备役人员的国防教育，应当以基干民兵、第一类预备役人员和担任领导职务的民兵、预备役人员为重点，建立和完善制度，保证受教育的人员、教育时间和教育内容的落实。

第八，城市居民委员会、农村村民委员会应当将国防教育纳入社区、农村社会主义精神文明建设的内容，结合征兵工作、拥军优属以及重大节日、纪念日活动，对居民、村民进行国防教育。城市居民委员会、农村村民委员会可以聘请退役军人协助开展国防教育。

第九，文化、新闻、出版、广播、电影、电视等部门和单位应当根据形势和任务的要求，采取多种形式开展国防教育。

第十，中央和省、自治区、直辖市以及设区的市的广播电台、电视台、报刊应当开设国防教育节目或者栏目，普及国防知识。

第十一，烈士陵园、革命遗址和其他具有国防教育功能的博物馆、纪念馆、科技馆、文化馆、青少年宫等场所，应当为公民接受国防教育提供便利，对有组织的国防教育活动实行优惠或者免费；被命名为国防教育基地的，应当对有组织的中小学生免费开放；在全民国防教育日向社会免费开放。

## 第二节 高校国防教育的意义和内容

高等学校作为人才培养、社会服务、科学研究、文化传承的基地，也承担着国防教育的使命。国防教育从军事的独特视角加强大学生思想政治素质，既体现国防教育的特色，又能达到思想政治教育的目的。拥有什么样的价值取向和人才培养观，这些都体现了高校国防教育的根本要求和历史使命。《中华人民共和国教育法》（以下简称《教育法》）第5条规定："教育必须为社会主义现代化建设服务，必须与生产劳动相结合，培养德、智、体等方面全面发展的社会主义事业的建设者和接班人。"按照《教育法》，高校国防教育意义归纳起来是"铸魂、精武、尚谋"3个基本要素，这也构成了高校国防教育的基本价值取向。

### 一、高校国防教育的意义

通过国防教育，有助于促进大学生思想道德素质、科学文化素质、身体素质、心理素质等方面的不断提高，成为"会做一切工作的人""具有尽可能广泛需要的人"以及"高度文明的人"。实践证明，国防教育不仅是加强我国国防后备力量建设、提高全民国防意识的重要途径，也是加强高校思想政治工作的有效措施。高等学校实施国防教育，不仅是法律赋予的一项任务，也是学校实施学生素质教育的重要内容和形式，是大学生磨炼自己、提升自己、证明自己、成长进步的重要机遇和平台，高等院校作为国家人才培养的基地，开展国防教育对于国家发展经济、发展后备军事力量具有重要作用。

#### （一）对提高大学生国家安全意识、增强国防观念具有重要意义

国防教育的实质是国防精神教育。国防精神是在国防实践中形成的与维护国家安全和发展利益相适应的意识、思维和心理状态，是适应国防需要的强大精神力量和锐利的思想武器。时任中共中央总书记胡锦涛强调指出，要加强国防教育，大力弘扬爱国主义精神，增强民族自尊心、自豪感，形成全党全国关心国防、支持国防、建设国防的浓厚氛围。高校国防教育是提高大学生政治素质的重要载体，以军事训练和军事理论教育为主要内容的国防教育，对于学生的爱国主义教育具有其他学科无法替代的重要作用。高校国防教育的直接目的

是培养公民的国防意识，增强国防观念，而国防意识是以爱国主义为精髓，以国家防卫问题为中心的理性意识，是民族精神中最重要的精神支柱，是国防赖以确立的精神根基。国防教育的内容是有关国家的安全防卫问题，它与国家的安危和人民的根本利益密切相关，能够在大学生中引起强烈的共鸣，激发大学生的爱国热情，增强国防观念，在维护国家统一、抵御外来侵略和推动社会进步中，发挥重要的作用。

### （二）对于大学生树立正确的世界观、人生观、价值观具有“铸魂”的作用

#### 1. 铸魂，在于树立正确的价值观，培养大学生以爱国主义为核心的民族精神

民族精神和爱国主义是国防教育价值的核心或灵魂，是国防教育永恒的主题，是学校思想政治工作的重要组成部分，是增强我国综合国力的必然要求。在军训中普遍开展解放军优良传统教育，集中体现在坚持党对军队的绝对领导、全心全意为人民服务的宗旨和人民解放军的政治思想工作等方面，这些对大学生的思想政治教育起到了很好的促进作用。通过国防教育培养大学生全心全意为人民服务，把自己的理想、前途、命运同国家、民族、人民的前途命运紧密地联系起来的奉献精神。

#### 2. 铸魂，从军事角度就是民族精神的培养

民族精神是一个民族赖以生存和发展的精神支柱，是民族存续的精神血脉、民族团结的精神纽带，民族兴旺的精神资源，对任何一个民族的生存与发展都具有极其重要的意义。对学生进行民族精神培养是一个国家和民族发展壮大的坚实基础。国防教育教学中，通过中国国防、军事思想等内容的讲授，让学生了解爱国主义伴随着中华民族的发展历程，了解中国人民解放军的光荣历史和优良传统。

#### 3. 铸魂，就是继承英雄传统

继承中国革命和建设过程中涌现出的英雄模范人物为祖国为人民不怕牺牲、敢于奉献的革命英雄主义精神，如“井冈山精神”“长征精神”“延安精神”“西柏坡精神”等民族精神；了解古代国防的兴衰、近代国防的羸弱、现代国防的振兴，用惨痛的历史和强烈的对比，教育大学生要继承革命传统，继承先烈遗志，不让英雄的血白流。

#### 4. 铸魂，就是要有忧患意识

通过国防教育唤起学生强烈的自尊心、自信心，激发爱国热情，让学生了解国际形势，了解国际霸权主义、强权政治、军国主义、右翼势力毁我之心，维护国家主权不受侵犯，从而自觉地把个人的前途和国家的命运紧紧联系起

来，珍惜来之不易的和平生活。因此要增强学生爱国意识、强化国防观念，培养学生艰苦奋斗、团结协作、国际主义等重要精神，让学生学会权衡个人利益与国家利益、个人价值与社会价值、个人主义与集体主义之间的关系，从而树立和巩固“有国有家”“卫国保家”“舍小家为大家”的思想。

### （三）对培养大学生勇敢顽强、坚忍不拔、吃苦耐劳的品质具有积极作用

1. 国防教育对增强大学生体质及促进其全面发展具有重要的意义

国防教育对受教育者的身体素质具有直接的促进作用，没有一个良好的身体和强健的体魄，就不是一个合格的社会主义“四有”新人；没有健康的身体，思想品德和智力的发展就失去了意义。军事课教学中的一部分军事技能训练科目，不仅要开动脑筋去理解，还要消耗大量的体力去实践。强健的体魄是承受军事活动中精神和体质重负的前提，是赢得未来战争胜利的先决条件。

2. 高校的军事教育是以严格的训练、严格的要求、严格的管理、铁的纪律为基础开展的一系列军事项目活动

其目的是磨炼意志，增强体质，战胜困难，锻造出一批批建设和保卫祖国的强者。军事教学不仅能增强学生的体质，而且能够传授一定的军事知识和技能，能进一步培养学生良好健康的形体和高尚的道德修养，从而达到全面育人的目的。

3. 谋略知识教育是国防军事教育的重要内容之一

培养大学生的谋略意识，是国家实施素质教育的重要举措与要求，是高校国防教育的价值取向之一。在高校国防教育价值体系中，尚谋是对其他教育价值的延伸与发展。军事谋略就是在军事对抗活动中以巧制胜的计谋策略。是从事战争的人们运用智慧解决军事对抗策略、方法的结果。军事谋略思想是妙算之学、修心之学、智慧之学。国防教育，通过军事理论教学对中外军事思想、中国古代军事思想、现当代军事思想的讲述，充分展现了自古以来我国具有的面对和应对战争的智慧。和平时期对大学生进行军事谋略思想教育，一方面可以增加他们的知识储备，增长智慧，另一方面，有助于他们思维方式的创新、改进，思路的拓宽，思维结构的完善。

### （四）增强对国际形势的认识和关注能力

世事沧桑，源自观念之变。20 世纪的国际风云变幻证明了这一点。在全球化波涛汹涌的今天，国际战略领域的理念问题上升到哲学高度，不容忽视。国防教育教学从国际战略环境、我国安全环境的角度出发，引领学生变革国际战略理念。这一变革，首先基于对我国自身国际地位的辩证认识。中国的国际

地位逐渐攀升，以区域性为基点，兼具国际性特征，这一特征为学生进行国际战略展望奠定基础。其次，这一变革基于对世界大势——包括对时代主题、多极化发展趋势、拥护和平反对霸权等问题的认识与把握。中国的崛起必然引发国民特别是中国“精英”的国际认同，如此，才能够与国际接轨。最后，这一变革基于对国家主权利益认识的深化。学生对国家主权的界定及其范畴要有清晰的认识，传统的主权观念正接受挑战，例如主权相互让渡问题的出现，与此同时，经济全球化的发展又使得维护国家主权成为更为迫切的任务和目标。要教育学生学会用国际的视野、战略的眼光来理解和分析问题。

（五）培养学生的集体主义精神

高校国防教育以军事理论教育和军事训练为主要形式，军事活动的团体性和军事斗争的对抗性是军事领域的显著特点。团体性有利于培养集体意识、协作精神，激发集体荣誉感和强化集体主义精神；对抗性有利于培养大学生的革命英雄主义精神和团体互助精神，激发竞争意识。要这些精神和意识内化到学生的思想中并外化到学生日常生活行为中，使学生在学习和日常生活中养成良好的行为习惯和严谨、细致、有序的良好作风。同时，也培养了学生拼搏奋斗、吃苦耐劳、善于竞争、敢于挑战的良好品质，进而使他们养成大公无私、先人后己的共产主义道德风尚。国防教育可以成为对大学生进行以全面发展为目标的素质教育的有效载体。国防教育所依托的学科体系是军事科学。现代军事科学是一门范围广博、内容丰富的综合性科学。学生学习军事科学，不仅有利于开阔眼界，扩大知识面，而且有利于打破专业学习的思维定式，拓展思维空间，进一步提高创造力和综合思维能力，促进科学素质的提高。

总之，按照《国防教育法》的规定和要求，以国防教育为载体，组织大学生参加军事训练，对于增强大学生的国防观念，树立科学的世界观、人生观、价值观，激发他们的爱国报国热情，全面提高素质，促进校风校纪建设，具有十分重要的意义，是进一步加强和改进大学生思想政治教育的有效途径。所以说，学校的国防教育是全民国防教育的基础，是实施学生素质教育的重要内容。在高等教育全面深化改革的新的历史时期，高校国防教育只能加强不能削弱。

## 二、国防教育的基本内容

当前，高校大学生国防教育的内容主要包括理论教学、军事训练和社会实践活动。

（一）理论教学

通过军事理论系统教学和专题讲座，实施军事理论教学，使大学生掌握一定的军事理论常识，了解世界和中国军事历史和形势。通过国防知识教育，使大学生了解现代军事知识、现代武器知识和现代防护知识。通过国防精神教育，使大学生树立爱国精神、奉献精神、革命英雄主义和牺牲精神。

依照《普通高等学校军事课教学大纲》规定，把普通高校国防教育分为必修课、选修课和经常性国防教育活动 3 部分内容来开展，内容之间相互联系，相互促进，有机结合，融为一体。具体内容及实施形式见下表。

**普通高校国防教育三位一体教育模式**

| 名称 | 教学内容 | 教学形式 | 教学时间 |
|---|---|---|---|
| 必修课 | 军事理论课：中国国防、军事思想、世界军事、军事高技术、高技术战争等 | 分散教学：安排在一年级第一或第二学期；根据地区特点采用不同模式，如校内模式（邀请部队官兵进校帮训或在校内依靠自身力量施训）、校外模式（到部队驻训或到基地轮训） | 32 学时 |
| | 集中军事技能训练：解放军条令、条例教育与训练、轻武器射击、战术、军事地形学、综合训练等 | | 新生入学时进行，一般一周时间 |
| 选修课 | 《孙子兵法》《台海局势》《现代兵器》《新军事变革》《国际军事形势分析》《野外生存》等 | 根据学校和学生情况选择性地安排，面向全校学生 | 每课内容一般讲授 16～32 学时 |
| 经常性国防教育活动 | 开展时事报告、英模报告会；<br>开展丰富多彩的“双拥共建”活动；<br>阅读国防科普读物和军事文学作品活动；<br>利用英雄塑像、纪念碑、纪念馆、烈士陵园进行传统教育；<br>开展军事体育、定向越野、歌咏比赛、知识竞赛、演讲比赛等活动；<br>运用报刊、广播、电影、电视等进行宣传教育 | 讲座、各种比赛、联欢、演出、宣传、参观等 | 制订详细计划，定期进行 |

构建以军事理论必修课为主体、选修课和第二课堂为补充的一体两翼的国防教育课程体系。

1. *要加强必修课的课程建设*

军事理论课是高校实施国防教育最主要的载体，其主要内容包括以下几点：①以爱国主义、集体主义和革命英雄主义为核心的观念教育；②关于国防理论、国防历史、国防法规等方面的知识教育；③以轻武器射击、军事地形学和三防演练为主的技能教育；④以《中国人民解放军内务条令》《中国人民解放军队列条

令》和《中国人民解放军纪律条令》为主的行为养成教育。这些内容和形式决定了军事理论课课程建设是一个复杂的系统工程。因此，它的课程设置必须以《中华人民共和国国防法》《中华人民共和国国防教育法》为指导，按照《普通高等学校军事课教学大纲》规定，配备高素质的专职教师，采用小班分散教学的形式，按照集中教育与分散教育相结合的原则，把军事技能训练和军事理论教学结合起来，高质量、高要求地对学生实施全面、系统的国防教育。

2. 要开设选修课

结合目前我国周边面临的安全热点问题，如中印边境划界谈判、中日钓鱼岛争端、南沙诸岛等问题广泛开设军事选修课，以引起大学生对国防安全的重视，扩大国防教育的知识面，激发他们学习国防知识的兴趣，促进高校国防教育的发展。

3. 充分利用第二课堂开展国防教育活动

课堂教学的内容只是课程静态的一面，要达成国防教育的最终目标，还需要把军事理论教学和军事技能训练内化为学生的国防观念。第二课堂教育方法灵活，可以广泛开展各种形式的课外实践活动，充分发挥大学生的主观能动性，促使课堂知识转化为学生自觉的思想意识，实现国防教育思想性、知识性和技术性三位一体综合育人的目标。第二课堂的开展形式有多种多样，主要结合大学生不同的兴趣爱好，开展不同形式的各种活动，如成立国防教育协会、举办国防纪念日活动、参加军事夏令营等。最终实现课堂理论教学、技能训练和校外实践考察相结合的动态课程建设。

### （二）军事训练

实施军事技能训练。使大学生具备一定的军事技能，并形成良好的组织纪律；通过亲身体验军营生活，对学生进行国防观念教育，使大学生认识军队的作用，热爱人民解放军，并建立正确的国防形势观、国防义务观、国防光荣观和国防法纪观。军事技能训练是大学生国防教育的重要环节，是加强思想政治教育、全面推行素质教育的有效形式，是贯彻党的教育方针，培养德、智、体、美全面发展的社会主义的建设者和接班人的重要措施，是学生掌握基本军事技能、履行兵役义务、接受国防教育的基本形式。在高校实施军事技能训练，是一种以实际训练为主的教学方法，它通过一系列的实践活动，例如解放军条令条例教育与训练、轻武器射击、战术、军事地形学和综合训练等内容，使大学生的认识向高层次发展，把技能变为技巧。现有大纲规定的教学内容已充分体现了动作技能与心智技能训练的融合，不仅达到了增强学生组织纪律观念、培养顽强拼搏和集体主义精神，养成良好的军事素质的目的，而且也是通过 15 天左右的时间对学生进行集中强化素质训练的有效手段。

根据训练内容的属性区分，大学生军事技能训练可概括为行为规范、操作技能、综合能力3个方面的训练。

1. 行为规范训练

学生军训中的行为规范训练，是指按照大学生军事训练大纲的标准，对学生实施的单个或群体的基本动作训练。训练目的是：统一行为动作，养成良好习惯，培养严格的组织纪律性。行为规范训练是最基本的训练，对条件环境要求不严格，有必要的场地和合格的教员即可组织训练。

2. 操作技能训练

操作技能训练是指对于使用武器装备或器械等技术性较强的科目进行的训练。操作技能训练需要把知识、技术和操作经验结合起来。目的是使学生掌握武器装备性能和操作要领，熟悉技术动作，如轻武器射击、单兵战术训练、识图用图知识的学习、战场救护技能训练、三防训练等。

3. 综合能力训练

综合能力训练是指在单项训练的基础上，把知识、技能、个人与群体结合起来，形成处理简单军事科目能力的训练过程。个人如何融入群体，并在群体中发挥积极能动作用，军事技能训练中的阅兵式、分列式、分队行进等，都是靠整体合力实现的。具体来讲，可分为以下几个方面。

第一类训练项目：队列训练。

（1）立正、稍息；

（2）停止间转法；

（3）蹲下、起立；

（4）坐下、起立；

（5）敬礼、礼毕；

（6）跨立、立正；

（7）齐步行进与立定；

（8）正步行进与立定；

（9）跑步行进与立定。

第二类训练项目：方队训练。

（1）男、女子队列表演方队；

（2）男子刺杀操表演方队；

（3）男、女子军体拳术表演方队；

（4）男子应急棍表演方队；

（5）男、女子擒敌拳术表演方队；

（6）男子警棍盾牌术表演方队；

（7）女子（防卫术）匕首操表演方队；

（8）女子旗语表演方队；

（9）阅兵式方队训练；

（10）分列式方队训练。

第三类训练项目：专业课程讲座。

（1）国防教育课；

（2）消防知识；

（3）战伤医疗救护知识；

（4）应急逃生知识。

### （三）开展形式多样的国防宣传教育活动

这些教育活动内容基本上由国防教育协会或者学生社团组织承办，发挥学生第二课堂的作用，采取沙龙或者参观、辩论、征文等形式，形式灵活，实践性强，其目的就是增强大学生国防观念，提高大学生国防意识，促进学生整体素质的提高，强化高校综合育人功能。

## 三、搞好军训在大学生养成教育中的重要意义

大学生军训在整个学校教育体系中属于公民基本素质教育范畴，不仅具有“增强国防观念，提高军事素质”的“练兵”功能，而且具有提高综合素质、促进个人全面发展的“育人”功能。当前，具有鲜明时代特征的90后开始成为大学生的主流，时代的变革发展既为大学生提供了广阔的发展空间，也使他们面临着更加严峻的考验。高校应从培养社会主义合格建设者和可靠接班人的高度出发，紧密结合学校实际以及90后大学新生的思想特征和心理特点，高度重视和加强对新生的养成教育。军事技能训练是大学生入学以后接受的一次特殊教育，借助人民军队的育人优势，对学生实施严格的军事训练，是对大学新生进行理想教育和培养学生道德素质的有效手段和途径。在我国普通高等学校开展学生军训工作具有重要的战略意义。

### 1. 以军事技能训练为契机，提高大学生的思想政治觉悟，激发爱国热情，增强国防观念和国家安全意识

军事训练是培养大学生树立科学的世界观、人生观、价值观的有效途径。军训期间，通过独特的军事技能训练、军事化管理、军队文化和环境熏陶，开展“比思想、比训练、比纪律、比团结、比作风、比成绩”等系列竞赛活动，可以引导学生正确处理和对待个人与集体、局部与全局的关系，从而迸发出催

人向上的巨大力量，提高大学生政治思想素质、道德素质、文明素质、身体素质、心理素质、文化素质、专业素质和自我管理能力。通过国际战略环境、中国国防的学习，使学生意识到不稳定的因素和威胁国家安全的因素仍然存在，从而肩负起天下兴亡匹夫有责、效国为荣的历史责任感和使命感。使参训学生重新思索人生的价值，进一步认清时代赋予当代大学生的历史重任，树立并坚定正确的人生观、价值观、世界观和全心全意为人民服务的思想。

2. 以军事技能训练为契机，对大学生进行爱国主义、集体主义和革命英雄主义教育，提高学生的综合素质

90 后大学生很大一部分都是独生子女，基本处于“6 + 1”的家庭模式，是家庭生活的绝对中心，深受父母及长辈的宠爱，形成了以自我为中心或从家庭及社会索取的习惯，而缺少给予或分享的品质。具体表现为过于重视个体体验而缺乏尊重他人的行为及心理，自我意识过强，团队忠诚度与责任感缺失。这种“以自我为中心”的价值观，会导致他们在团队活动中为追求自我表现和自我心理的满足感，而无视团队他人的利益和情感。在新生入学进行的严格的军事训练中，火热的军营生活、艰苦的军事技能训练和军事知识的学习，正是他们步入大学面临的新挑战。在烈日下，站军姿，一站数小时；走队列，要求踏出规定的高度，迈出规定的幅度，走出规定的速度，饱尝了汗流浃背的滋味。在训练之余，还要整内务洗军衣、叠被子、练军歌等。正是军训教会了学生不怕吃苦、克服困难的乐观和积极向上的态度来面对生活；严格的军事训练培养了大学生团结协作的精神和集体荣誉感。

3. 以军事技能训练为契机，培养大学生组织纪律观念和艰苦奋斗的作风，为国家培养社会主义事业的建设者和接班人打好基础

伴随着网络时代成长的 90 后大学生，信息接收量大，智力发达，易于接受新事物，在行为上表现出很高的自主性，他们渴望独立也表现出过早成熟。90 后大学生视野广、才艺多，知识体系丰富，也使他们形成了自信、开朗的性格，思维活跃，敢于挑战权威，但由于理想信念的缺乏，使得他们逆反心理强，容易产生心理问题。所以新生军训可以使他们在艰苦的军营接受训练，这些问题可以得到淡化或解决。

## 第三节　军训管理与注意事项

为了在新生阶段打好思想基础，使新生们通过火热的军营生活、艰苦的军事技能训练学习提高政治思想素质，纠正散漫的生活作风，培养自我约束意

识，增强组织纪律观念，培养艰苦奋斗、吃苦耐劳的精神，就要在军事训练过程中加强管理。

## 一、高校军事技能训练的管理规定

1. 着装

（1）军训期间必须按规定着装。训练时统一着军服、穿胶鞋并佩戴徽章；课外活动时间按军训团规定着装。

（2）在军训团规定的换洗时间内可着便服；在室外不能穿高跟鞋和拖鞋；不能披衣、敞怀、挽袖、卷裤角、歪戴帽。

（3）着军装时，不能戴耳环、项链、戒指、领（胸）饰；不能描眉、涂口红、染指甲；除工作需要和患眼疾外，不能戴有色眼镜；不能佩戴非统一指定的徽章、标志。

2. 礼节、军容

（1）军训团各级领导为参训学生的直接首长。见到首长时应敬礼。在听到首长叫自己名字时，应立即答“到”；在领受首长命令或指示后，应回答“是”。进入首长室内前，要喊“报告”或敲门。

（2）卫兵交接班时应互相敬礼。

（3）参加集会当场上奏起国歌、军歌和升国旗时，应当自行立正、行注目礼，着军装时应敬礼。

（4）参加集会时必须按规定时间整队顺序入场，按指定位置就座，遵守会场秩序，不得迟到早退；不得喧哗嬉闹；散会时，待领导嘉宾离席后再依次退场。

（5）参训人员必须举止端正，精神振作，姿态良好。平时不能袖手、背手和将手插入衣袋，不能边走边吃东西，不能搭肩挽臂。

3. 军训营区管理

（1）参训人员未经批准不得擅自离开营区；参训人员的亲朋好友在军训期间不得到营区探望；与军训无关的人员及车辆不得进入营区。

（2）搞好营区内环境卫生，不随地吐痰，不乱扔果皮纸屑及废弃物。

（3）严格遵守公共场所的各项规则，做到有秩序，守纪律；讲文明，有礼貌；不起哄，不鼓倒掌。

（4）训练期间禁止携带手机等通信、娱乐工具。

4. 请、销假制度

（1）军训期间，原则上参训学生不得请假，有特殊情况需请假者，应逐级请示，按规定权限批假；请假未获准者不得离开营区。

（2）学生在操课时间内，非伤病员不能请假。病假必须由医生开具病假条。

（3）学生离开营区必须由军训团政委批准，请假准予后，必须持学生证及请假批准条，由所在连队领导交代注意事项，明确归队时间。其他级别的领导无权批准学生外出。

（4）请假人员必须按规定时间归队，请假人员归队后要及时销假，并将外出情况向领导汇报。因特殊情况需延长请假者，必须提前得到军训团领导的批准。

5. 安全管理

（1）加强训练安全管理。军训团要科学制订训练计划，按纲施训，安全施训。积极做好训练场上的思想政治工作，调动参训学生的积极性。针对天气变化特点做好预防工作并适时停止训练或者调整训练时间、进度和强度，防止发生训练伤害。

（2）做好食品卫生安全工作。军训团检查、督促军训基地科学调剂，合理膳食，保证营养；严禁采购“三无”产品，严禁采购伪劣变质食品；餐饮用具和容器每餐前洗净消毒，生熟食品分开，确保食品卫生安全。

（3）加强武器安全管理。组织训练、实弹射击时，军训团要严密组织程序。学生训练时严格按照要求操作，禁止持枪嬉笑玩闹；爱护手中武器，防止损坏丢失。

（4）加强交通安全管理。开、结训中，后勤管理处组织军训人员输送时，必须选用有客运资质企业的车辆，并签订安全责任书。对驾驶人员提出要求，提前做好车辆检查。行进前军训团对车辆进行指挥编组，并对乘车人员提出注意事项，严禁车辆超员行驶。

（5）做好消防与自然灾害的预防工作。学生入驻军训基地前，军训团要和基地一起检查各种设施、机械、水电气、避雷、防火器材。做好夏季用电安全工作，杜绝违章用电现象发生。及时了解天气预报和汛情通报，加强洪涝灾害的预测、预警和防范工作。

（6）做好安全应急处理工作。军训期间，每日军训团政委、副政委轮流带班，设立安全巡视员。发生重大安全或突发事件后，要在做好应急处理后，按照“先口头，再书面”的程序立即报告。

## 二、高校军训注意事项

军事技能训练是大学生国防教育的重要环节，是一种以实际训练为主的教

学方法，它通过一系列的实践活动如解放军条令条例教育与训练、轻武器射击、战术、军事地形学和综合训练等内容，使大学生的认识向高层次发展，把技能变为技巧。为了达到军训效果，高校要选派带队老师和军训团政委、参谋，组成军训管理机构（军训团），代表学校实施国防教育之军训工作，时间紧，任务重，要从严要求，力求实效。

（一）严格要求，努力实现军事技能训练中的综合教育

军训期间，一是坚持严格要求，严格训练，实行军事化管理。对参训学生的要求要和在军营带新兵一样，做到一切按照条令的规定去做，并积极创造条件，加大训练强度。

（二）健全各项规章制度，不断规范训练工作

训练中要严格执行一日生活制度、请销假制度、会操讲评制度、评比表彰制度、内务评比制度，使各项管理工作不断制度化，营造浓厚的训练氛围。

（三）根据素质教育的要求，改革军事技能训练的考核方式

军事技能训练是一门实践性很强的课程，要根据其特点，将军事训练科目考核成绩与学生在军训中的表现相结合，进行综合评定。对学生在训练中的综合表现，采取学生自评、互评、教师和教官联合评定的方式进行，以调动学生训练的积极性；同时，通过组织观看以爱国主义、革命英雄主义为题材的影片，举行升国旗仪式，开展军歌比赛，参观国防教育基地等丰富多彩的教育活动，对大学生起到潜移默化的教育作用，使军事教育的综合教育作用得到充分的体现。普通高等学校开展军训工作已多年，特别是通过加强和改进军事技能训练的思想政治教育，不仅使大学生学习和掌握了一定的军事知识与技能，而且提高了思想，磨炼了意志，培养了作风，为全面提高学生的综合素质打下了坚实的基础。

（四）拓展军事技能训练的形式、内容多样化，适应新形势的发展

拓展军事技能训练，重点要改变现有将队列训练作为军事技能训练主要内容的做法，加入其他训练内容，组织开展丰富多彩的军事活动，进行素质拓展训练，同时让学生感知这些训练内容与时代的结合，与生活实际的结合，使学生感知其时代性、实际性、时尚性，更要使学生感知到他们的责任感、使命感，大学生内心的强烈情感被激发后，会大大调动积极性，形成互动局面，真正达到军训的目的。

1. 加入紧急措施的训练和演习

在和平年代紧急防险抢险训练尤为重要，但被大多数人忽视。在军事技能

训练中加入此项训练，使大学生在防险抢险方面达到较高的水平，可有效避免人民生命财产的重大损失。如在“5·12”汶川大地震中，四川安县桑枣中学2300名师生在地震发生时实施紧急疏散，无一伤亡，这一奇迹来自该校平时的演习。因此，当今的高校军训应加强对大学生进行消防、地震、洪水、空袭与反空袭以及其他突发危险事件的紧急疏散、躲避危险、医疗自救与互救的训练和演习。另外，对学生进行相关知识的理论培训和思想教育使其认识到此项训练的重要性。

2. 加入定向越野运动的训练

定向越野运动要求依靠一张详细的地图和一个指北针，按顺序到达地图上所指示的各个点标，以最短时间到达所有点标者为胜。由于这项运动集群众性、趣味性、知识性、竞争性和军事性为一体，受到了学生的喜爱。目前高校军训也有将其纳入的趋势，这是非常可行和必要的。它是综合知识和身体素质的体现，对于拓宽学生的知识面，加强国防观念，锻炼学生的毅力、体力、智力等都有着重要的意义。另外，学生在参加定向越野的时候，要进行长距离的奔跑，顺利通过设置的障碍，还要以最快的时间到达目的地，所以定向越野训练不但可以提高学生的耐力，而且能提高其综合素质。在心理素质方面，由于要求学生自己独立地找到各个点标，往往在找不到点标的时候，容易产生焦虑、怀疑等不良的心理反应，可以使学生形成沉着冷静、果断勇敢的心理素质，遇到问题独立思考、独立解决问题的能力，还能提高学生的创造性、主动性及适应环境的能力，对个人素质的全面发展是可行的、有益的。

总之，军训是大学生国防教育的重要环节，高校领导和武装部要精心设计、周密准备、全力保障，使学校军训团和承训部队、军训基地建立良好的相互支持、协作配合、有效沟通的良好机制。我们要把军训作为加强大一学生思想政治教育、全面推行素质教育的起跑线，抓好“军训计划、人员配备、实施军训、总结提升”四个阶段的工作，为大一新生成功起航上好第一课。

# 第五章　专业指导：培养方案与教学管理

## ——大学的教与学

做好大学生专业教育，使大学新生树立稳定的专业思想、培养浓厚的专业兴趣，是新生入学教育的重要任务。而大学的人才培养方案是培养专业思想和技能，达到专业要求的前提和保障。大学教学管理的全部工作都应该围绕人才培养这个中心，大学生的学习也是围绕人才培养方案这个轴心运作。因此，对于大学新生的专业指导，应该包括对专业的认识和对人才培养方案的了解。通过新生入学的专业指导，使大学新生积极主动地适应大学的教与学，使之相辅相成，教学相长。

## 第一节　大学新生的专业教育

大学新生在收到大学录取通知书那一刻，不管是学生本人还是家长、亲朋好友，都会询问录取的是哪个学校、什么专业、所学专业都有哪些课程，要达到什么要求、提高什么能力。由此可见，对于大学新生进行专业教育是入学教育非常重要的一项内容。

### 一、大学新生专业教育的内容

大学阶段是一个专业性较强的学业阶段，也是大学生专业发展的重要积累阶段，新生入学后的专业教育十分重要。

#### （一）了解专业，改变不合理认知

大学生对所学专业不感兴趣是普遍存在的现象。绝大部分新生入校时对所学专业缺乏客观、正确的认识，甚至一时感到迷茫，很多人入校后，立即着手转专业。其实，他们中的很多人并没有十分明确的目标，而是在各个专业间摇摆，这山望着那山高。所以大学新生阶段有必要进行专业教育，改变不合理的

认知。

1. 专业思想教育

专业思想教育的目的是使大学新生对自己的专业有更深入的了解，对自己今后的奋斗目标以及学习生活规划有初步的认识。专业思想教育包括各个专业的特点、发展前景、就业状况等。专业思想教育是稳定新生适应大学新生活的关键，是大学生安心学习的必要前提。就目前新生入学教育的工作而言，稳定学生专业思想，是工作的难点之一。步入大学是同学们人生的一个转折点，会面对很多以前没有经历过的事情，大学就是个社会，专业学习就是学习知识和学习做人的结合。专业和职业有很大不同，并不是说你学的不是热门专业就意味着你失去了在热门行业发展的机会，因为热门行业同样有着不同类型的工作，需要不同专业的人才。例如，IT 业不但需要计算机应用的专业人才，同时也需要会计、人力资源、英语、学前教育、金融等专业人才。

2. 专业认同感教育

很多大学新生存在对专业认同感不强的问题，对本专业学习不感兴趣，缺乏动力，怨天尤人，存在消极怠学的状况，针对这种情况，大一学生所在院系领导、辅导员和任课教师，自身首先要加强学习，在专业设置、课程体系、培养目标和就业前景等方面给予新生初步的指导，帮助学生了解所学专业，稳定新生专业思想，提高认同感。

3. 专业与就业前景教育

专业教育对大学生未来就业与工作发展有着重要影响，这种影响的发挥不仅仅需要专业化的知识与技能，更离不开其他拓展性能力与素质的培养，专业教育可以为大学生今后主动学习和更广阔的就业选择奠定坚实基础。基于大学生的现实背景，重新审视高校专业教育的内涵与作用，重点分析大学专业教育对大学生未来产生的积极影响。高校教师要从人才培养方和需求方，即高校和用人单位两个角度调查“大学生初次就业时用人单位看重的因素”。

学校要结合所学专业、学习成绩、社会实践、目前掌握的专业知识与技能这些要素为学生进行相应分析，同时分析用人单位基于自身所属行业领域、特点及长远发展需要，在录用大学毕业生时特别看重的素质或能力等，如毕业院校、专业学习的成果与项目经验。通过请历届大学毕业生对在校大学生进行专业教育，让学生认识到专业知识是大学生就业的一个重要因素，专业知识是高等学校实施专业教育的具体内容，是凸显大学自身价值的重要载体，同时又是能力形成和发展的重要基础。在这个教育环节中要调动用人单位、历届毕业

生、高校就业指导教师的积极性，通过加强专业教育方式，促进大学生思想政治教育，无疑是有效的手段和有益的尝试。

### （二）从高中阶段统一化教育，过渡到大学新生的专业兴趣教育

由于大学新生在上大学之前是统一化地为了高考而战。学校、教师的教育目标都统一到高考升学一个目标；家长的要求和学生的学习目标也是为了高考。学生在来到大学之前填报志愿时就已经确定了专业，但是，高考填报志愿时对专业并不十分了解，大多数高中生在填报高考志愿时不甚了解，基本上是靠“听说”、靠“分数段”、靠“感觉”、靠“家长经验”填报志愿，因此，高考志愿的填报不可避免地带有盲目性。每一名大学生只有在认识专业的基础上，才能做到自觉主动学习，学有所成。

#### 1. 发挥榜样和示范作用

大一年级辅导员和班主任一方面可以跟同学们分享自己从高考到硕士专业选择和学习的经验、教训和体会感悟；另一方面也可以邀请高年级成绩优秀的学姐、学长和已经毕业的成功校友现身说法，请他们向新生介绍学习经验和学习方法，畅谈工作后的体会，回答学生的疑问和其他关心的问题，为在校生起到释疑、示范、引路的作用；同时可以公布近几年本专业毕业生的去向，例如考研率和就业率，扩大学生对专业就业面的认知和信心，鼓励学生提高自身能力和素质。

#### 2. 兴趣是最好的老师

专业思想主要是指学生对待自己所学专业的观点和态度。学生一旦进入带有职业志向的高等学校某专业学习，就意味着将来很可能从事这方面的职业。学生对所学专业是否热爱、有没有浓厚的兴趣和献身专业的精神，这不仅关系到整个专业学风好坏、教学工作的成效，而且关系到学生在校期间的学业成就，乃至将来的工作贡献。在新形势新情况下，要从学生进校直至毕业不间断地进行专业思想教育。

#### 3. 采取多种途径和方法进行交流

要改变开大会、做报告、学文件等单一枯燥的方式，既要学校党政团部门紧密配合，齐抓共管，又要调动每位教师的积极性，大家都能把培养学生热爱专业的思想作为工作目标之一，使学生的专业思想在受到每位教师潜移默化的影响中慢慢确立起来。在具体教育方法上，要尽量采用形式多样、生动活泼、易于被学生接受的新方法，如请一些在学生中既有威望又有专业成就的教师畅谈诸如人生理想与追求、个人志趣与社会需要、环境与成才、万众创新与建功立业等学生普遍关注的话题，以提高学生对人生价值的认识。

### （三）在教育内容上要实现三个懂得

一是教育学生懂得个人志趣与国家需要的关系。把握正确合理的价值取向。正确认识和对待理想前途问题，教育学生培养历史责任意识。

二是教育学生懂得专业分工与社会需要的关系。提高学生对各个行业工作的社会价值的认识。职业是社会分工的结果，也是人生奋斗的重要支点，在强调个人志愿应服从社会需要的同时，注意引导学生实事求是地理解和对待将从事的职业，帮助他们树立敬业思想，把立足本职与实现成才和个人价值的愿望结合起来。

三是教育学生懂得我国各类行业现实与专业对口关系。努力提高自身的整体素质，把握良好的发展机遇，自觉走创业的成才道路。

## 二、了解大学的专业设置

新生入校后，要了解专业设置与内涵，了解国家教育部对专业设置的规范要求，了解学校的人才培养目标和院系的课程体系建设情况，增强学习专业知识和技能的自觉性与主动性。从公共基础课到专业基础课，再到专业水准和实践能力的提升，步步递进，从大学一年级到大学四年级逐步完成专业培养任务。这个任务的完成，不论是对于学生深造考研，还是就业创新都具有基础性意义。

### （一）大学本科专业设置依据

#### 1. 专业的一般含义

专业指的是：①专门从事某种学业或职业；②专门的学问；③高等学校或中等专业学校所分的学业门类；④产业部门的各业务部分；⑤是指对一种物质了解的非常透彻的程度。专业是指人类社会科学技术进步、生活生产实践中，用来描述职业生涯某一阶段、某一人群用来谋生而长时期从事的具体业务作业规范。

#### 2. 高校专业设置

高等学校的专业是指高等学校根据社会专业分工的需要设立的学业类别。中国高等学校的专业设置，要根据国家教育部《专业设置管理规定》进行设置。高校设置和调整专业，应主动适应国家和区域经济社会发展需要，适应知识创新、科技进步以及学科发展需要，更好地满足人民群众接受高质量高等教育的需求；应遵循高等教育规律和人才成长规律，符合学校办学定位和办学条件，优化学科专业结构，促进学校办出特色，提高人才培养质量。教育部制定

和发布《普通高等学校本科专业目录》（以下简称《专业目录》），规定专业划分、名称及所属门类，是设置和调整专业、实施人才培养、安排招生、授予学位、指导就业、进行教育统计和人才需求预测等工作的重要依据。

3. 高校设置专业须具备下列基本条件

第一，符合学校办学定位和发展规划；第二，有相关学科专业为依托；第三，有稳定的社会人才需求；第四，有科学、规范的专业人才培养方案；第五，有完成专业人才培养方案所必需的专职教师队伍及教学辅助人员；第六，具备开办专业所必需的经费、教学用房、图书资料、仪器设备、实习基地等办学条件，有保障专业可持续发展的相关制度。

### （二）大学专业目录的规定

1. 专业目录的严肃性

凡是国家正规大学，各个学校的专业目录必须依据国家教育部颁布实施的专业目录进行设置和招生，学校不能私自随意设置专业目录。专业目录既是考生和家长报名参加高考的依据，也是各个学校制订人才培养方案的名称规范要求和课程设置的基本原则。对擅自设置专业或经查实申请材料弄虚作假的高校，教育部或高校主管部门予以公开通报批评，所设专业视为无效，情节严重的，3 年内不得增设专业。高校设置的专业在教育教学过程中出现办学条件严重不足、教学质量低下、就业率过低等情况，高校主管部门须责令有关高校限期整改、暂停招生。

2. 专业目录的范围

专业目录包含基本专业和特设专业。基本专业一般是指学科基础比较成熟、社会需求相对稳定、布点数量相对较多、继承性较好的专业。特设专业是满足经济社会发展的特殊需求所设置的专业，在专业代码后加“T”表示。《专业目录》实行分类管理。《专业目录》10 年修订一次；基本专业 5 年调整一次，特设专业每年动态调整。教育部委托教育部学科发展与专业设置专家委员会对需审批的专业进行评审，于当年 11 月 30 日前公布审批结果。未经备案或审批同意设置的专业，不得进行招生宣传和招生。根据国家教育部 2011 年颁布的普通高等学校本科专业目录规定，分设哲学、经济学、法学、教育学、文学、历史学、理学、工学、农学、医学、管理学、艺术学 12 个学科门类。新增了艺术学学科门类，专业类由修订前的 73 个增加到 92 个，专业由修订前的 635 种调减到 506 种。

3. 2011 年教育部颁布的 92 个专业概况一览表

**2011 年教育部颁布的 92 个专业概况一览表**

| 学科编号 | 学科门类 | 专业类名称 |
|---|---|---|
| 01 | 哲学 | 哲学、逻辑学、宗教学 |
| 02 | 经济学 | 经济学类（经济学、经济统计学），财政学类（财政学、税收学），金融学类（金融学、金融工程保险学、投资学），经济与贸易类（国际经济与贸易、贸易经济） |
| 03 | 法学 | 法学类（法学），政治学与行政学（国际政治外交学），社会学类社会学（社会工作），民族学类（民族学），马克思主义理论类科学社会主义（中国共产党历史、思想政治教育），公安学类（治安学、侦查学、边防管理） |
| 04 | 教育学 | 教育学类（教育学、人文教育、科学教育、学前教育、小学教育、特殊教育），教育技术学（注：可授教育学或理学或工学学士学位），艺术教育（注：可授教育学或艺术学学士学位），体育学类体育教育运动训练，社会体育指导与管理，武术与民族传统体育，运动人体科学 |
| 05 | 文学 | 包括中国语言文学类（汉语言文学、汉语言、汉语国际教育、中国少数民族语言文学、古典文献学），外国语言文学类（英语、俄语等 36 个语言学专业）等 76 个专业 |
| 06 | 历史学 | 历史学类（历史学、世界史、考古学、文物与博物馆学等 6 个专业） |
| 07 | 理学 | 包括数学、物理、化学、天文、地理、大气、海洋等 12 个专业类别，36 种专业 |
| 08 | 工学 | 包括力学、机械学等 31 个专业类别，169 种专业 |
| 09 | 农学 | 农学门类下设专业类 7 个，27 种专业 |
| 10 | 医学 | 医学门类下设专业类 11 个，44 种专业 |
| 11 | 军事学 | 未设军事学学科门类，其代码 11 预留 |
| 12 | 管理学 | 管理学门类下设专业类 9 个，46 种专业 |
| 13 | 艺术学 | 艺术学门类下设专业类 5 个，33 种专业 |

具体每年新修订的专业目录和特设专业目录是动态管理的，详见最新版《普通高等学校本科专业目录摘编》。

## 三、大学专业教育的途径

要转变教育思想，树立培养创新型人才的教育观。要建立起培养创新型人才的机制，必须自上而下转变传统观念，把培养创新意识、创新能力作为对人才基本素质的内在要求，加大专业教育力度。

（一）大学生专业教育与思想政治教育有机结合

大学生刚进校的入校教育、专业介绍、在校期间的社会实践和企业实习、毕业生的就业观念及就业方向等，这些都与专业教育息息相关。很多学生进入大学后，学习积极性严重降低，甚至感到迷茫。影响学生学习积极性最重要的一个因素就是学生未能感受到学习与自身生活的联系，专业学习处于一种被动的状态。而要取得理想的学习效果，学生必须有积极主动的精神。因此，加强专业教育，对学生的人生观和价值观产生影响，使学生从心灵深处热爱自己的专业，愿意献身于自己的专业，从而极大地激发学习的积极性及主动性，这有利于高效地对大学生进行思想政治教育，从而取得更为完满的效果。

（二）专业教师和学工系统有机结合

要将高校专业课教师队伍加入大学生思想政治教育的队伍中来。要对专业教师进行培训，让他们转变观念，使他们充分认识到大学生思想教育也是自己工作的一部分。同时，学校也要对高校专业教师开展思想和专业教育工作给予适当的利益倾斜，加强机制建设，为这项工作的开展创造良好条件，如制订专业教师参与教育的工作制度，确定工作目标与考核机制和奖励措施。由于知识方面的原因，关心学生学习生活的教师，更容易赢得学生的信任与拥戴，学生有了思想问题、心理困惑，愿意向教师坦言，这就为思想和专业教育与知识教学相结合创造了良好条件。要把传授知识与思想教育结合起来，把系统教学与专题教育结合起来，把理论武装与实践育人结合起来，真正发挥教师教书育人和辅导员管理育人的作用。为此，专业教师必须经常对学生进行学习目的、专业思想和校风学风校纪教育，帮助学生形成正确的学习态度和专业思想；管理人员要及时了解学生的学习情况，组织交流学习经验，解决学生在学习中出现的各种困难和问题。通过第一课堂与第二课堂相结合，对学习态度不端正的学生，及时进行教育，帮助他们确立积极向上的进取心。

（三）专业实践活动与专业教育有机结合

加强学生的专业思想教育，要采用多种形式的方式和手段，而专业实践活动无疑是一个具良好引导作用的活动。要调动大学生学习的积极性和主动性，通过学习的积极性和主动性来改变大学生的生活作风，改变他们相对懒散的习性。例如，播音与主持专业每年举办主持人大赛，计算机科学与技术专业的学生举办计算机设计大赛等，再如，参加课外学术科技活动可培养学生搜索相关资料能力、自我学习能力、分析问题与解决问题的能力、综合设计与调试能力、科技论文写作能力，也可培养学生专业理论学习联系实际的作风、团结协作精神和创新意识。专业方面的实践也能够提升思想政治教育的成效。真正有效的实习是学生通过实习活动，加深了对专业背景的印象，同时对专业精神的认识也有一定程度的提升。让学生尽早地参与实习过程，能够让他们直观了解所学专业的前景，肯定会对在校学生的学习思想有深刻影响，这也是学生专业思想教育工作的一个有效途径。

（四）教学环节与管理环节有机结合

要加强教育环节的管理。学生在教学中所表现出来的问题，也是专业思想教育需要把握的重点。只有加强教学环节的管理，才能从学生思想变化的现象中寻找到思想教育的契机和着力点，增强教育的有效性。要加强教学环节的管理，一要严格遵守各项教学活动的规章制度，保证教学活动的有效、有序进行；二要发挥教师教书育人的作用，与管理人员一道共同做好学生的思想工作，保证学生积极向上的精神状态；三要加强教学环节的检查，把教学效果、学生学习状况等都作为检查内容，保证教学环节的效果。

## 第二节 培养方案——人才培养的纲领性文件

高校人才培养方案是学校保证人才培养质量的纲领性文件，它反映了学校的教学管理水平、人才培养目标和要求、教学模式和教学计划等内容。是对人才进行教育、培训过程的实施方案。为了提高人才培养的针对性和实用性，各个高校都会根据上级教育主管部门要求和本校实际对课程和学生的知识结构进行设计。高校应该不断根据国家形势发展和社会需求对人才培养方案及时作出调整，培养社会需要的合格人才，满足社会用人单位的需要和选拔，更好地服务社会和经济发展。

### 一、培养方案的制订原则

高校人才培养方案的体系从公共基础课到专业基础课，再到专业水准和实践能力的提升，步步递进，从大学一年级到大学四年级逐步完成专业培养任务。这个任务的完成，不论是对老师的施教，还是对学生的学习，都是双方面的规定；这个任务的完成，不论对于学生的深造考研，还是对于学生的就业创新都具有基础性意义。

（一）整体优化和前瞻性原则

培养方案一般4年为一个周期，所以制订培养方案既要根据专业培养目标和

学制要求，统筹培养全过程，科学处理德、智、体、美诸方面，又要有发展的眼光，具有前瞻性。要明确基础理论与专业知识，主干学科与相关学科，理论与实践，知识、能力和素质，面向全体学生与因材施教，课内与课外等方面的关系，明确每门课程或每个培养环节的教育目标和作用，注意它们之间的主次和层次、内在联系和相互配合，确定合理的时间比例。要注重文、理、工、医、管等学科间的相互渗透，整合课程结构，优化培养方案。要实行开放办学，保持与社会的密切联系，减少人才培养方式上的滞后性，把握社会的变化，在社会实践中培养创新型人才。要允许各种学术思想的充分讨论，尊重并鼓励学生的创新意识和创新精神，使学生在良好的学术氛围中，互相学习，大胆交流，共同提高。

（二）德、智、体、美全面和谐发展的原则

德育、智育、体育和美育都是人才培养的重要组成部分。在实施专业教育的同时，在德育教育中要坚持政治教育与思想道德教育的统一，贯彻教学的教育性原则，将德育渗透到整个人才培养过程中。在体、美教育中，要使学生树立科学的健康观念，具有终身学习的健康体魄和健全的心理素质，培养学生的竞争意识、合作精神和顽强毅力，同时培养其具有一定的文化艺术素质，具有欣赏美、创造美的能力。

（三）知识、能力和素质协调统一的原则

要处理好知识、能力和素质养成之间的关系，在注重传授知识的基础上，培养学生的能力，特别是创新能力、实践能力和适应能力。为达到上述要求，基础课应着眼于学生今后的发展，着眼于培养学生的科学文化精神和素养，要提高教学的起点和课堂信息量，注意教学内容的更新；学科基础课应根据专业主干学科的发展和实际应用的需要适当拓宽，注重增加新的及相关学科课程；专业课应改变知识面过窄和部分内容陈旧的问题，抓住那些起到启蒙、点拨作用完成专业训练的最基本的核心部分，培养学生的创新能力。

（四）理论联系实际、教学与科研相结合的原则

在重视基础理论教学的同时，应加强实践性课程的教学和课外培养环节的落实工作。在实践教学中强调培养学生独立操作能力、应用知识和探索知识的能力以及独立解决问题的能力。要将课外教学作为课内教学的合理补充，鼓励各专业由教授开设一些教学与科研相结合的前沿性课程，增加学生直接参与有关科研课题的机会，设计安排一些有助于科研能力培养的环节，使学生通过参加科研、创新能力培养环节，各种科技和社会活动、竞赛等，获得必要的学分。

（五）共同培养与因材施教相结合的原则

培养方案应拓宽专业口径，为学生今后发展打好基础，着眼增强学生的适应性，拓宽基础，服务专业。在普通教育阶段要构筑全校各学科的公共基础教育平台，即第一平台；按学科大类制订培养方案，构筑学科基础课程的第二平台，即同一大类要打通专业基础课教学，大类内前2/3时间的理论与实践教学安排应相近，对专业课程进行优化并适当压缩其占有的学时。同时应体现因材施教的原则，共性与个性、统一性与灵活性相结合。要根据学生不同的学习基础和特点，采取各种教学措施，充分发挥他们各自的才智和潜力。

（六）满足国家需要和具有国际化视野相结合的原则

制订人才培养方案既要符合高等教育规格的原则，还要紧跟高等教育发展的形势，要有国际化视野，培养学生宽广的视野，及时调整人才培养方案。要充分利用学分制机制，给学生尽可能多的学习主动权。培养方案中可设置若干个专业或专业方向课程开放模块，供学生选择，各专业都要设置足够量的种类多样的选修课程，使学生根据自己的具体情况和国际化需求进行选课。

## 二、培养方案的基本内容

本科专业培养方案主要包括：培养目标、培养要求、主干学科和主要课程、学制、学位授予、毕业标准学分、教学进程安排等项内容。一般大学本科教育的总体目标定位为：培养适应社会主义现代化建设和未来社会与科技发展需要的合格的建设者和接班人，做到德、智、体、美等全面和谐发展。根据学校定位，统筹做好课程设置工作，在课程设置基础上，再围绕人才培养方案进一步完善教学设施，为实现人才培养目标提供物质支持，并建立完善的评估机制，做好学生、教师和用人单位调查摸底，确保人才培养方案的科学性。培养方案一般包括专业名称，培养目标，教育类型及学历层次，学制，职业目标和职业能力与素质要求，毕业资格与要求，公共基础课、专业课、实践课、选修课学时分配等（包括课程体系设计描述、专业主干课程描述、基本实训条件和师资要求、成绩考核、课程教学考核、实践教学环节课程考核、毕业设计等内容）。各个高校还可以根据自己的情况规定增加必要的说明部分。

（一）培养目标

人才培养目标是指对人才教育、培训规格的规定，明确通过人才培养能从事哪些方面的职业或者工作。我们国家总的培养目标应该是德、智、体全面发展的社会主义合格的建设者和接班人。应该培养具有良好人文、科学素质和社

会责任感，学科基础扎实，具备一定专业素养的人才。高校人才培养方案中的人才培养目标是基本规格要求，是整个人才培养方案设计蓝图的统领部分。针对研究型、教学研究型、教学型大学的不同定位，培养目标的确定是有区别的。

1. 研究型大学

研究型大学，不仅要求培养具备理论知识和专业技能的人才，更要求培养对象具备长远目光、通融识见。例如，有些大学在对本科人才制订培养方案时，提出建立在通识教育基础上宽口径专业教育这一基本理念，其培养目标不仅培养具备理论知识和专业技能的人才，更要具备远大目光、通融识见、博雅精神和优美情感的人才。

2. 教学研究型大学

教学研究型大学，侧重于培养学生的应用能力和实际动手能力。这类大学具有精英化教育和大众化教育的特征。例如，西南科技大学在培养目标中明确提出："培养具备实践能力和创新潜能，具有为高层次后续学习和终身学习奠定基础的可持续发展能力，具有高度社会责任感和高级应用型人才。"

3. 教学型高校

教学型大学，则侧重于学生专业基础知识的运用和提高，培养目标是准职业人，具有专业运用能力和动手能力。例如，中华女子学院本科人才培养的总体目标是："培养德智体美全面发展，具有'四自'精神、公益意识、知性高雅的应用型女性人才。"

（二）培养要求

按照教育部关于进一步深化本科教学改革，提高教学质量的要求，本科专业培养过程中，应该建立与经济社会发展相适应的课程体系。

1. 要坚持知识、能力和素质协调发展

深化人才培养模式、课程体系、教学内容和教学方法等方面的改革，实现从注重知识传授向更加重视能力和素质培养的转变。要根据经济社会发展和科技进步的需要，及时更新教学内容，将新知识、新理论和新技术充实到教学内容中，为学生提供符合时代需要的课程体系和教学内容。

2. 要大力推进教学方法的改革

要提倡启发式教学，注重因材施教；要优化课程结构，构建以核心课程和选修课程相结合、有利于学科交叉与融合的课程体系；要更新教学内容，改革教学方法，使教学内容适应时代要求，精简陈旧落后的课程内容，增加现代科技基本原理，介绍学科的新发展、新成果，拓宽专业面。

3. 建立有利于创新型人才脱颖而出的培养体系

培养体系应能对社会、对人才变化的要求有相对的调节空间，以免造成对培养体系、结构和方式的破坏，影响其可操作性。21 世纪是知识经济时代和信息时代，更是一个全面创新的时代。大力推进技术创新和“科教兴国”战略的实施，努力培养广大青年学生的创新意识、创造能力和创业精神，造就一代适应未来挑战的高素质人才，不仅是高等教育必须担负的重要历史使命，也是新世纪实现中华民族伟大复兴的时代要求。

（三）专业教学计划进程表

教学进程计划表是学生四年课程学习的总安排，应包括课程类别、课程性质、课程名称、课程编码、学分、学时数、各学期课程进程安排与周学时分布、必须修满学分、备注等项。

课外培养计划是使学生综合素质协调发展和提高的基本途径。其中必须体现重要的课外教学实践环节，计划应包括每项活动的名称、学分、时间安排、具体内容、管理办法、考核方法等。

教学执行计划是每学期（包括短学期）课程的总安排，学校应加强对学生选课指导；一般在长学期集中安排实践性较强的教学内容，也可以长、短学期打通使用，切实保证短学期的教学质量。

## 三、培养计划的管理

培养计划是组织教学的依据，一般每四年全面修订一次。为了保证培养计划实施的连续性、稳定性，培养计划一经批准后，必须严格执行，不得随意改动。

凡新设专业，在专业论证时必须提交专业培养计划草案，在专业正式审批后提出明确的专业培养计划。

为了加强学生创新精神和创新能力培养，鼓励学生的个性发展，确有特殊才能的学生（约占学生总数的 15%），其选修课的选择可以不受培养计划的限制。特殊才能学生的评选、推荐工作由教务处统一组织。

教务处一般在每学期第 15 周前提出下一学期教学执行计划的初步方案，各二级学院（系）根据实际情况对执行计划提出实施建议，教务处于两周内形成最终的教学执行计划，以教学任务的形式发各教学相关单位，各教学相关单位应于第 9 周前返回任课教师名单。

培养计划的调整：①在教学计划执行过程中，各教学单位根据实际情况的变化需要对培养计划做局部调整时（如个别课程的设置、学时安排、课程顺

序调整等)，可由各学院（系）提出报告，报教务处批准后方可生效；②各教学单位的培养计划需要较大范围调整时（如培养目标、培养规格、学制的调整；课程设置、学时分配、课程顺序的全面调整)，由教学单位提出报告，经教务处审查批准后向学校本科教学工作委员会上报，经过批准方可生效。

学校应在主管教学副校长的领导下，由教学秘书对该学院（系）各专业培养计划进行管理。为保证培养计划执行的延续性，当培养计划管理人员变更时，必须移交如下材料：①该学院各专业培养计划；②该学院各专业、年级的培养计划执行情况的原始执行资料；③该学院各培养计划的调整情况及相关审批文件。

学校应在新生入学后及早做好培养计划的宣传、解释工作，并设立接待日，定期解答相关问题。各相关单位在工作中应力求避免与培养计划冲突，以保证培养计划的顺利实施。

培养计划属于学校教学基本文件，由学院（系）、学校统一组织论证、统一管理和印发。

**案例**

## 中华女子学院
## 关于修订2016版本科专业培养方案的原则意见

为贯彻落实《国家中长期教育改革与发展规划纲要（2010—2020)》《中华女子学院“十三五”事业规划》，主动适应社会发展对人才培养的需求，以及现代教育技术对高教改革的促进与推动，结合新形势下学校育人目标，总结2012版本科人才培养方案实施情况，决定开展2016版本科人才培养方案的修订工作，现就修订工作提出如下原则意见。

### (一) 指导思想

本次培养方案的修订要围绕学校“培养应用型人才”的发展定位，主动适应经济和社会发展需要，以推动学生全面发展为目标，以提高人才培养质量为核心，以专业内涵建设和课程体系改革为先导，以培养实践能力和创新意识为着力点，全面深化本科人才培养模式改革，切实探索现代信息技术支撑下的教学模式改革，努力培养高水平的应用型女性人才。

学校本科人才培养的总体目标是：培养德智体美全面发展，具有“四自”精神、公益意识、知性高雅的应用型女性人才。

### （二）修订原则

以学校本科人才培养总体目标为指导，以有利于提高教育教学质量，有利于促进教学方法改革，有利于提高人才培养质量，结合本科审核评估要求，结合学校综合改革方案及专业认证要求，在2012版本科专业人才培养方案基础上，进一步明晰各专业人才培养定位，形成更为科学合理和与时俱进的本科人才培养方案。修订总的原则是定位导向、问题导向、趋势导向。在修订过程中还应遵循以下具体原则。

#### 1. 明确目标强化特色，加强课程体系的吻合度

要做到课程体系的设置与专业培养目标和定位更加吻合。基本逻辑：学校人才培养目标与定位——→各专业人才培养目标与定位——→分解成专业人才核心素质（知识、能力和素质）——→构建课程体系。

该课程体系分两大部分：

一是学校总体定位与特色方面课程的构建，主要涉及通识教育课程模块课程。关键点是博雅特色模块课程的构建，应进一步加强美育特色。

二是各专业定位与特色方面课程的构建，主要涉及专业课程模块。关键点是各专业要根据学校人才培养目标，结合当前以及未来社会发展对专业人才的素质要求，制定本专业的人才培养目标。课程体系的设计要体现出前瞻性，兼顾特色性，要关注本专业人才培养上的核心竞争力。

#### 2. 加强实践教学，注重应用性能力的培养

我校大部分专业以培养应用型人才为主，因此要强调学生的实践活动，要构建完善的实践性教学体系。要从行业或岗位群能力培养出发对课程实践、实验课程、课程实习、毕业实习、社会实践、毕业（论文）设计等实践教学环节，以及实践教学周进行整体的设计。要求人文社会科类专业实践教学占总学分（学时）不低于20%，理工类专业实践教学比例占总学分（学时）比例不低于25%，师范类专业教育实习不少于一个学期。每个本科生在学期间参加社会实践活动的时间累计应不少于4周。着力打造培养学生实践动手能力和创新能力的实验课程。

#### 3. 顺应社会经济发展趋势，注重学生创新意识、创新能力的培养

依托各级各类实践教学基地、大学生创新创业中心以及各类大型学科竞赛，围绕专业和行业实际问题开展实践活动，强化学生创新创业能力训练，增强学生的创新能力和在创新基础上的创业能力，为学生个性发展和潜能开发创造条件。通识课、理论课要注重学生的审辩式思维能力的培养。为支持大学生创业，已经成功注册公司的法人和获得教育部国家级大学生创业实践项目立项

的第一负责人，毕业时可在提交毕业论文（设计），或提交创业计划（项目）书二者之中自选其一。

4. 进一步优化课程结构，改革教学模式与方法

要处理好基础课程和专业课程的关系、理论课程与实践课程的关系、课程之间的前后续关系，切实避免内容重复。要分配好课程的学期学分分布。理论课教学原则上均应设置一定学时的阅读文献、小组研讨等课外教学环节。各专业根据情况以案例分析课、项目课等应用性实践性课程替代原有的理论课。

加强课程教学模式与方法的改革，大力推动“翻转课堂”“微课”“慕课”等新型课堂模式；倡导探究式、讨论式、参与式教学方法。改革学习考核评价方式，强化过程评价，加强平时考核管理。积极推进基于网络学习的教学内容和教学方法改革。

5. 降低总学分和必修课学分要求，增加非必修课数目

学生的实践能力、创新能力的培养需要一定的自由时间作保障，学生个性化的发展需要有更多选修课来满足，个性化的培养方案将成为一种趋势。因此，各专业要精选课程，培养方案总学分在 150 学分左右，原则上不要超过 155 学分，突破需要特殊说明。

6. 鼓励各专业设置个性化的培养方案，创新人才培养模式

鼓励二级学院、系部根据学科专业情况、社会需求和人才培养需要，设置跨专业选修课程，实现资源的利用和共享，满足学生的个性化需求，实施个性化的培养方案，创新人才培养模式。

（三）工作要求

1. 广泛调研，精心设计

人才培养方案的修订要以开放的心态走出去，引进来。一要广泛吸收社会、行业和企业人员参与课程体系的设计，听取他们的意见，并把它反映到课程设置中；二要走访或收集有同类专业的高校培养方案信息，吸取众家之长；三要听取学生特别是毕业生和高年级学生对培养方案的评价，吸收他们的意见和建议。最后，撰写调研报告，在此基础上修订完善培养方案。

2. 统筹兼顾，结合学校发展和专业认证

人才培养方案修订要结合学校审核评估，结合学校综合改革方案，结合学校“十三五”事业规划，结合专业认证。

3. 解决实践教学问题，把实践做实

本次培养方案的修订要把 4 个实践教学周纳入培养方案综合设计，把实践做实。原思政课有 1 学分的实践课划归各二级院、系部，要结合专业实践进

行，保障有效落实。

（四）工作流程

（1）3 月下旬各二级学院、系部展开广泛调查。

（2）承担公共课的各部门，制订公共课程实施方案，于 4 月 10 日前将实施方案提交教务处。

（3）4 月上旬、中旬，召开专业建设工作会议，汇报本专业的现状，包括专业优势和特色、专业排名、专业发展与定位、专业与学科建设设想等，校领导会到相关院、系了解情况，进行指导。

（4）各专业制订专业培养方案，并由二级学院、系本科教学工作委员会审定。5 月 13 日前将二级学院、系本科教学工作委员会审定通过的专业培养方案提交到教务处。

（5）教务处组织学校本科教学工作委员会对培养方案进行审定，5 月 20 日前完成。

（6）各专业根据学校本科教学工作委员会意见对培养方案进行调整，5 月 27 日前完成。

（7）各专业根据新的培养方案编写课程信息，将新的培养方案导入教务系统，6 月 13 日前完成。

（五）课程设置

本次培养方案设通识教育模块、学科专业课程模块、第二课堂模块 3 个模块。

第一，通识教育课程模块设共同基础课程、博雅课程、自由选修课程 3 类课程。共同基础课程分公民基本教育课程和基础知识能力课程。公民基础教育课程包括政治课理论、国防教育课程、性别教育课程、心理教育课程和体育课程、礼仪与修养、大学生职业发展与就业指导、创业基础。基础知识能力课程包括大学英语、计算机和写作课程。博雅课程设“文史经典与哲学智慧”“社会发展与公民责任”“艺术鉴赏与审美体验”“科技进步与科学素养”“女性发展与性别平等”5 个模块课程。自由选修课程模块包括创新类、竞赛类、体育类、生活类等多学科专业拓展课程，为满足学生多样需求和兴趣而设置。

第二，学科专业课程模块包括学科平台课程、专业基础课程、专业方向性课程和综合实践教学环节。综合实践教学环节包括军训、教学实习、社会实践、社会调查、毕业实习、学年论文、毕业论文（设计）等教学环节。

第三，第二课堂包括学生科技活动、各类科研和竞赛活动、志愿者等社会

实践活动、校园文化活动、学生社团活动等。

具体结构如下：

| 课程体系 | | | 学分 | 比例 |
| --- | --- | --- | --- | --- |
| 通识教育课程模块 | 共同基础课程 | 公民基本教育课程 | 27 | 17.3% |
| | | 基本知识能力教育课程 | 24 | 15.4% |
| | 博雅课程 | | 10 | 6.4% |
| | 自由选修课程模块 | | 4 | 2.6% |
| 学科专业课程模块 | 学科平台课程 | | 88 | 56.4% |
| | 专业基础课程 | | | |
| | 专业方向性课程 | | | |
| | 综合实践教学环节 | | | |
| 第二课堂 | | | 3 | 1.9% |

（4）为凸显特色，解决学生选课矛盾，对博雅课名称做了微调。

| 原来名称 | 调后名称 |
| --- | --- |
| 文学与艺术 | 文史经典与哲学智慧 |
| 历史与文化 | 艺术鉴赏与审美体验 |
| 社会与哲学 | 社会发展与公民责任 |
| 科技与自然 | 科技进步与科学素养 |
| 性别与发展 | 女性发展与性别平等 |

### （六）课程的学分学时要求及计算

1. 培养方案的总学分、周学时要求

各专业培养方案的总学分在155学分以下。总学时在2800学时以下。周学时原则上不超过25学时。

2. 学分学时计算

理论课：1学分16学时；

体育课：1学分32学时；

实验课：1学分32～48学时（具体由专业根据实验课程的性质确定）；

实践课：实习、课程设计、社会实践、社会调查等实践课程，以周为单位，集中学习时间在35学时左右，折算1学分。

学年论文1～2个学分；毕业论文或毕业设计6～10个学分。具体由各专业根据专业要求确定。

（七）毕业学分要求

各专业学生要求获得各模式课程的最低学分才能毕业。满足以上条件，学生可提前申请参加毕业论文设计，并可提前毕业。

（八）关于编制分专业本科人才培养方案的说明（格式不变）

各专业本科培养方案必须包含以下内容：一、培养目标。二、培养要求。三、学制与学位。四、学分与学时。五、毕业最低学分要求。六、课程体系的构成。七、教学进程。

## 第三节　高等学校的学籍管理

为了贯彻执行党的教育方针，培养又红又专的社会主义现代化建设人才，必须加强全日制普通高等学校的学生管理工作，保证学校正常的教学秩序和教育质量的提高。在学生学籍管理工作中，坚持健全管理制度同加强思想教育相结合的原则，因材施教，鼓励先进，充分调动和发挥学生的积极性，使其在德、智、体诸方面主动地得到发展。现根据教育部颁布的《普通高等学校学生管理规定》，对全日制普通高等学校学生学籍管理做如下阐述。

### 一、学籍管理

（一）入学与注册

（1）按国家招生规定录取的新生，持录取通知书，按学校有关要求和规定的期限到校办理入学手续。因故不能按期入学者，应当向学校请假。未请假或者请假逾期者，除因不可抗力等正当事由以外，视为放弃入学资格。

（2）新生入学后，学校在 3 个月内按照国家招生规定对其进行复查。复查合格者予以注册，取得学籍。复查不合格者，由学校区别情况，予以处理，直至取消入学资格。凡属弄虚作假、徇私舞弊取得学籍者，一经查实，学校应当取消其学籍。情节恶劣的，应当请有关部门查究。

（3）对患有疾病的新生，经学校指定的二级甲等以上医院（下同）诊断不宜在校学习的，可以保留入学资格一年。保留入学资格者不具有学籍。在保留入学资格期内经治疗康复，可以向学校申请入学，由学校指定医院诊断，符合体检要求，经学校复查合格后，重新办理入学手续。复查不合格或者逾期不办理入学手续者，取消入学资格。

（4）每学期开学时，学生应当按学校规定办理注册手续。不能如期注册者，应当履行暂缓注册手续。未按学校规定缴纳学费或者其他不符合注册条件的不予注册。家庭经济困难的学生可以申请贷款或者其他形式资助，办理有关手续后注册。

**（二）考核与成绩记载**

（1）学生应当参加学校教育教学计划规定的课程和各种教育教学环节（以下统称课程）的考核，考核成绩记入成绩册，并归入本人档案。

（2）考核分为考试和考查两种。考核和成绩评定方式，以及考核不合格的课程是否重修或者补考，由学校规定。

（3）学生思想品德的考核、鉴定，要以《高等学校学生行为准则》为主要依据，采取个人小结、师生民主评议等形式进行。学生体育课的成绩应当根据考勤、课内教学和课外锻炼活动的情况综合评定。

（4）学生学期或者学年所修课程或者应修学分数以及升级、跳级、留级、降级、重修等要求，由学校规定。

（5）学生可以根据学校有关规定，申请辅修其他专业或者选修其他专业课程。学生可以根据校际间协议跨校修读课程。在他校修读的课程成绩（学分）由本校审核后予以承认。

（6）学生严重违反考核纪律或者作弊的，该课程考核成绩记为无效，并由学校视其违纪或者作弊情节，给予批评教育和相应的纪律处分。给予警告、严重警告、记过及留校察看处分的，经教育表现较好，在毕业前对该课程可以给予补考或者重修机会。

（7）学生不能按时参加教育教学计划规定的活动，应当事先请假并获得批准。未经批准而缺席者，根据学校有关规定给予批评教育，情节严重的给予纪律处分。

**（三）转专业与转学**

（1）学生可以按学校的规定申请转专业。学生转专业由所在学校批准。学校根据社会对人才需求情况的发展变化，经学生同意，必要时可以适当调整学生所学专业。

（2）学生一般应当在被录取学校完成学业。如患病或者确有特殊困难、无法继续在本校学习的，可以申请转学。

（3）学生有下列情形之一，不得转学：

①入学未满一学期的；②由招生时所在地的下一批次录取学校转入上一批

次学校、由低学历层次转为高学历层次的；③招生时确定为定向、委托培养的；④应予退学的；⑤其他无正当理由的。

（4）学生转学，经两校同意，由转出学校报所在地省级教育行政部门确认转学理由正当，可以办理转学手续；跨省转学者由转出地省级教育行政部门商转入地省级教育行政部门，按转学条件确认后办理转学手续。须转户口的由转入地省级教育行政部门将有关文件抄送转入校所在地公安部门。

## 二、学籍驿动

### （一）休学与复学

（1）学生可以分阶段完成学业。学生在校最长年限（含休学）由学校规定。

（2）学生申请休学或者学校认为应当休学者，由学校批准，可以休学。休学次数和期限由学校规定。

（3）学生应征参加中国人民解放军（含中国人民武装警察部队），学校应当保留其学籍至退役后一年。

（4）休学学生应当办理休学手续离校，学校保留其学籍。学生休学期间，不享受在校学习学生待遇。休学学生患病，其医疗费按学校规定处理。

（5）学生休学期满，应当于学期开学前向学校提出复学申请，经学校复查合格，方可复学。

### （二）退学

（1）学生有下列情形之一，应予退学：

①学业成绩未达到学校要求或者在学校规定年限内（含休学）未完成学业的；②休学期满，在学校规定期限内未提出复学申请或者申请复学经复查不合格的；③经学校指定医院诊断，患有疾病或者意外伤残无法继续在校学习的；④未请假离校连续两周未参加学校规定的教学活动的；⑤超过学校规定期限未注册而又无正当事由的；⑥本人申请退学的。

（2）对学生的退学处理，由校长会议研究决定。对退学的学生，由学校出具退学决定书并送交本人，同时报学校所在地省级教育行政部门备案。

（3）退学的本专科学生，按学校规定期限办理退学手续离校，档案、户口退回其家庭户籍所在地。退学的研究生，按已有毕业学历和就业政策可以就业的，由学校报所在地省级毕业生就业部门办理相关手续；在学校规定期限内没有聘用单位的，档案、户口退回其家庭户籍所在地。

### （三）毕业、结业与肄业

（1）学生在学校规定年限内，修完教育教学计划规定内容，德、智、体达到毕业要求，准予毕业，由学校发给毕业证书。

（2）学生在学校规定年限内，修完教育教学计划规定内容，未达到毕业要求，准予结业，由学校发给结业证书。结业后是否可以补考、重修或者补做毕业设计、论文、答辩，以及是否颁发毕业证书，由学校规定。对合格后颁发的毕业证书，毕业时间按发证日期填写。

（3）符合学位授予条件者，学位授予单位应当颁发学位证书。

（4）学满一学年以上退学的学生，学校应当颁发肄业证书。

（5）学校应当严格按照招生时确定的办学类型和学习形式，填写、颁发学历证书、学位证书。

（6）学校应当执行高等教育学历证书电子注册管理制度，每年将颁发的毕（结）业证书信息报所在地省级教育行政部门注册，并由省级教育行政部门报国务院教育行政部门备案。

（7）对完成本专业学业同时辅修其他专业并达到该专业辅修要求者，由学校发给辅修专业证书。

（8）对违反国家招生规定入学者，学校不得发给学历证书、学位证书；已发的学历证书、学位证书，学校应当予以追回并报教育行政部门宣布证书无效。

（9）毕业、结业、肄业证书和学位证书遗失或者损坏，经本人申请，学校核实后应当出具相应的证明书。证明书与原证书具有同等效力。

## 三、奖励与处分

### （一）对学生的奖励

（1）学校、省（自治区、直辖市）和国家有关部门应当对在德、智、体、美等方面全面发展或者在思想品德、学业成绩、科技创造、锻炼身体及社会服务等方面表现突出的学生，给予表彰和奖励。

（2）对学生的表彰和奖励可以采取授予“三好学生”称号或者其他荣誉称号、颁发奖学金等多种形式，给予相应的精神鼓励或者物质奖励。

### （二）对学生的处分

（1）有违法、违规、违纪行为的学生，学校应当给予批评教育或者纪律处分。学校给予学生的纪律处分，应当与学生违法、违规、违纪行为的性质和过错的严重程度相适应。

（2）纪律处分的种类分为：

①警告；②严重警告；③记过；④留校察看；⑤开除学籍。

（3）开除学生的规定：

第一，学生有下列情形之一，学校可以给予开除学籍处分：

①违反宪法，反对四项基本原则、破坏安定团结、扰乱社会秩序的；②触犯国家法律，构成刑事犯罪的；③违反治安管理规定受到处罚，性质恶劣的；④由他人代替考试、替他人参加考试、组织作弊、使用通信设备作弊及其他作弊行为严重的；⑤剽窃、抄袭他人研究成果，情节严重的；⑥违反学校规定，严重影响学校教育教学秩序、生活秩序以及公共场所管理秩序，侵害其他个人、组织合法权益，造成严重后果的；⑦屡次违反学校规定受到纪律处分，经教育不改的。

第二，对处分学生工作的要求：

①学校对学生的处分，应当做到程序正当、证据充分、依据明确、定性准确、处分适当。②学校在对学生做出处分决定之前，应当听取学生或者其代理人的陈述和申辩。③学校对学生做出开除学籍处分决定，应当由校长会议研究决定。④学校对学生做出处分，应当出具处分决定书，送交本人。开除学籍的处分决定书报学校所在地省级教育行政部门备案。⑤学校对学生做出的处分决定书应当包括处分和处分事实、理由及依据，并告知学生可以提出申诉及申诉的期限。⑥学校应当成立学生申诉处理委员会，受理学生对取消入学资格、退学处理或者违规、违纪处分的申诉。学生申诉处理委员会应当由学校负责人、职能部门负责人、教师代表、学生代表组成。⑦学生对处分决定有异议的，在接到学校处分决定书之日起 5 个工作日内，可以向学校学生申诉处理委员会提出书面申诉。⑧学生申诉处理委员会对学生提出的申诉进行复查，并在接到书面申诉之日起 15 个工作日内，做出复查结论并告知申诉人。需要改变原处分决定的，由学生申诉处理委员会提交学校重新研究决定。⑨学生对复查决定有异议的，在接到学校复查决定书之日起 15 个工作日内，可以向学校所在地省级教育行政部门提出书面申诉。省级教育行政部门在接到学生书面申诉之日起 30 个工作日内，应当对申诉人的问题给予处理并答复。

第三，处分时限规定：

从处分决定或者复查决定送交之日起，学生在申诉期内未提出申诉的，学校或者省级教育行政部门不再受理其提出的申诉。

第四，处分学生的离校和档案规定：

①被开除学籍的学生，由学校发给学习证明。学生按学校规定期限离校，档案、户口退回其家庭户籍所在地。②对学生的奖励、处分材料，学校应当真实完整地归入学校文书档案和本人档案。

# 第六章　精练学业：端正态度与掌握方法

## ——做会学习的大学生

大学教育是学校教育的最高层次，就受教育者的学习生涯来说，是一生中最后一次系统性地接受教育的机会，是最后一个能够全新建立其知识基础的阶段，也是从学校教育中学习走向在社会环境中学习的过渡阶段。在这个阶段大学新生如何端正学习态度，掌握正确的方法，以精炼学业做一名合格的大学生是非常重要的。

## 第一节　大学的学习特点

大学学习与中学学习有着很大的不同，表现在大学的学习依赖性减少，主动性增加，强调自主学习、创新学习、全面学习，培养学习的意识和能力。就大学教育的内容来说，传授的是基础知识和专业知识，是一种专业性的教育，知识的深度和广度比中学扩展很多；就学习方法来说，大学的课堂教学往往是提纲挈领式的，教师在课堂上只讲难点、疑点、重点，其余部分就要学生自己去攻读、理解、掌握。大学的学习必须充分发挥主观能动性，明确学习的目的，端正学习动机，培养学习的能力，发挥自己在学习中的潜力，安排学习计划和学习内容，自主选择学习方法。

### 一、自主学习

所谓自主学习，就是大学生作为学习活动的主体，自觉地做学习的主人，在一定的学习目标的支配下，充分挖掘自己的学习潜力，发挥主观能动性，积极主动地学习，有主见创造性地学习，是一种与教师的知识传授、与学习指导相结合的自觉性的学习形式。

大学生学习的过程就是大学生主动探索新知识、掌握新技能的过程，是学生形成行为习惯和价值观的过程。大学给予了学生更多的自由支配的时间和更

多的自主权，同学们必须对此有一个清醒的认识，充分利用时间和空间在知识的海洋中遨游，不断地充实自己，完善自己，实现自我。而在实际的大学生活中，有的学生沉迷于网络游戏，学习缺乏动力和自觉性，表现出一种“厌学”情绪；有的学生因为专业不如意而郁闷，情绪低落，对学习打不起精神。因此，大学阶段如能排除对学习的种种干扰，掌握学习的主动性，进行自主学习，就能学有所成。

对大学生来说，自主学习主要表现在自觉确定学习目标、自我钻研学习内容、自我选择学习方法、自我监控学习过程、自我评价学习结果这几个方面。

### （一）大学教学方式的特点

大学和中学是两个不同的学习阶段。在中学时大家考虑比较多的是升学问题，在大学阶段则主要考虑的是就业与未来的发展问题，因此大学学习与中学学习的一个明显差别是动力、目标、内容、形式的不同。

#### 1. 大学教师讲课范围广

大学课程涵盖内容宽泛，授课进度比较快，一节课可能要讲述几章的内容。在中学时期，老师很注重讲解，并且给学生提供反复练习的机会。但大学教师更加注重引导，提倡学生自主学习，课外时间要自己安排，自学时间大量增加。

#### 2. 抽象理论多，直观内容少

根据学生的身心发育特点，中小学时期的教学注重概念和推理，具有形象性特点，而大学时期的教学注重追溯历史渊源和对社会作用的分析，具有抽象性、逻辑性的特点。

#### 3. 教学环境也发生了变化

中学时期，学生有固定的教室、固定的座位，而且是小班授课，但是在大学里，每个班没有固定的自己独享的教室，有时第一、二节课可能在这一栋楼的某个教室学习，但第三、四节课又会到另一栋楼去听课，与自己一起上课的可能还会有不同专业的同学。大学提供了非常好的环境，有藏书丰富的图书馆，有设备先进的实验室，有丰富多彩的课外科研活动，此外，大学的教学计划中还安排了大量的选修课教学实验、实习、社会调查、毕业设计等教学环节。

### （二）大学生学习内容和课程安排的特点

在中学阶段，大家一般只安排数学、物理、化学、语文、外语、生物、地理、历史、政治、体育等几门固定课程，大学阶段开设的课程则非常多，分公共理论基础课、专业基础课、公民基本知识教育、专业课等几个部分。

1. 课程多，安排严谨

大学前三年基本上安排课堂教学和专业实践课程，一般在40门课程以上，每一门课程对于前后知识结构也有特殊的要求，如：高等数学的微积分、线性代数、线性规划、概率等就要按照知识间的内在逻辑决定开课顺序，会计课程必须按照初级会计、中级会计的课程顺序安排。

2. 内容多，相互衔接

由于课程内容都不相同，内容量大，因而学习任务比较重。大学一到三年级主要学习基础性课程，比如公共课程、专业基础课和部分专业课，大学四年级重点学习专业课以及进行毕业设计、做毕业论文等。此外，学校还开设了博雅课程，学生只有按规定选修博雅课程、取得相应学分后才能毕业。

3. 类别多，划分清晰

大学课程有必修课和选修课之分。必修课是指学生完成本专业学习任务，取得本专业学位证书、毕业证书所必须学习的课程。包括公共课，不论哪一个专业的学生，都必须学习；还包括专业基础课和专业课，是根据不同专业的人才培养计划而确定的。选修课包括专业选修课和公共选修课，前者针对本专业学生，而后者则是面向全校学生。

4. 大学考核方式多样

大学里，不会再像中学那样每个月都考试，每个单元都进行测试，就是课外作业也不会像中学那样多了，任课老师会根据专业培养要求有针对性地布置作业和安排考试。考核的方式也和中学不同，分为考试课和考查课，考试的形式也分为闭卷考试和开卷考试，目的在于考查学生对知识的掌握和熟悉程度。所以有没有真正掌握一门课程，在于平时的努力，不能以考试成绩作为评判一个人学习好坏的唯一依据。大学教育是培养德、智、体全面发展的应用型人才，注重学生综合素质的提高。考查一个人是否优秀除了考试成绩外还应注重平时的表现，如参与集体活动的情况等。所以，每个新生从一开始就一定要注重全面发展，要学好专业但不要“死读书”。

（三）自主学习的要求

每个大学生都希望自己的人生能够有很好的发展，然而要把希望变成现实，首先必须有明确的学习目的，还要激发正确的学习动机，实现知识和技能的学习与积累。

1. 自觉确定学习目标

学生所选择的学习目标在形成和进行自主学习的过程中处于核心地位。学

生通常是根据学习目标来确定学习方向、判断学习进展、选择和调整学习过程和策略的。大学教育的专业性已经为大学生的发展确立了一个基本的目标，这个目标是学习该专业所要求达到的总体规格和质量。对于每一个大学生个体来讲，必须明确学习是人生发展的必要手段。所谓“活到老，学到老”，个人要进步，社会在发展，在人生的不同阶段，我们都要不停地学习。在保证基本目标的前提下，要根据自己的能力和特长确立自己具体的学习目标，这样才能充分发挥学习目标的激励和导向作用。而且，在整个学习进程中，大学生还要根据内外部条件的变化，确定阶段性的学习目标及调整总的学习目标。

2. 自我钻研学习内容

大学学习内容不仅专业性强，而且丰富，其深度和难度绝非课堂学习和教师讲授所能囊括。大学教师的讲授只着重于本门课程的基本理论和方法论，突出讲解知识的重点、难点和学术上有争议的问题，因此，大学生要很好地掌握学习内容，必须自我钻研。在教师的指导下，充分利用大学丰富的图书资料、先进的实验设备等，在课外时间，对课堂所学内容加以补充和深化。

3. 自我选择学习方法

学习方法与学习效果有着密切的联系。科学的学习方法能提高学习效率和学习成果；反之，就会降低学习效率和效果，甚至毫无收获。因此，大学生针对专业内容的不同特点，结合自身的实际，采用适合自己的学习方法，是提高学习效果的保证。大学生必须尽快适应大学学习生活，加强学习计划性，科学地利用时间，学习利用图书资料获取知识信息，在广泛学习一定专业知识的基础上，有重点、有针对性地学习一些知识，作为自己的主攻方向。同时，还要善于总结自己的学习经验，养成良好的学习习惯，有效地提高学习质量。

4. 自我监控学习过程

自我监控学习过程是指学习者对自己的学习过程进行系统的监控，如不断根据学习的进程状况修正自己的学习目标、学习计划，选择和调整学习策略和方法，调节和重新安排时间，营造适宜的环境等。

5. 自我评价学习效果

自我评价学习效果是指学习者对学习的结果进行系统的比较后做出的反应或评估。这对自主学习很重要，它既可促进学习目标的实现，又可获取有关监控情况的信息，为更好地监控学习过程提供依据，同时还能影响学习者的自我效能感。

## 二、创新学习

中学时期，我们学习的内容侧重于知识的积累，而大学时期更加注重学习方法的掌握和学习能力的提高。既然大学时期知识的深度和广度比中学时期要大，那么课堂教学往往只是提纲挈领式的，教师在课堂上只讲难点、疑点、重点或者是教师最有心得的一部分，其余部分就要由学生去自学。大学时期最重要的是培养自己的自学能力，每个大学生都要养成自学的习惯。在学习能力的培养上，大学生更应发挥自主性。大学的学习，不是死记硬背老师所讲的内容，而是按照自己的学习目标和专业要求，创新学习。

（一）创新学习的概念

创新学习是将学习过程看作一种探索活动，一种创造性的劳动过程。不仅重视对基本知识、基本方法的掌握，更注重对所学知识的批判意识、综合意识的发展。它是在继承前人的知识基础上以应用并延展知识为目的，通过有利于培养创新精神和创造能力的学习方式进行学习的理念。

创新学习是在掌握结论性知识的基础上，进一步追求知识的产生发展过程和获得新知识的方法，追求书本背后的东西。主张以探究式学习方法为主，提倡用探索和研究的方法进行学习，在学习中提高探索和研究的能力。探究式学习既有利于对前人知识的深刻掌握，更有利于培养学生的创新和创造能力。

（二）创新学习的方法

1. 要有探索未知的激情和冲动

探索未知、发明创造是人类独具的禀赋，是人类一切活动的核心所在。正是在不断的探索和创造中，人类才从蒙昧时代，经由野蛮时代，最终走到了文明时代。

历史发展到了今天，探索未知、发明创造理应成为现代文明人的一种基本的生活方式，和这种基本的生活方式伴随在一起的激情和冲动，理应成为现代文明人的一种基本的情感特征。

这就是我们今天所需要的创新性学习。在这种学习过程中，我们有望把自己锻造成真正意义上的现代文明人。

2. 对陈规旧说进行质疑和批判

探索和创新，其实质就是质疑的、批判的。在探索和创新的过程中，对习以为常的观点采取质疑和批判的态度，显得尤为重要。记得黑格尔说过，我们最熟悉的事物，往往是我们最不理解的事物。这是因为，对于这些事物、这些观点，人们司空见惯，也就习以为常，感觉便渐渐迟钝和麻木起来，造成了思维上的定式，限制了我们的眼界，束缚了我们的心智。

当我们用质疑的态度和批判的眼光去打破思维定式，把思想解放出来，从

新的角度去看旧的问题的时候，我们所说的探索和创新的活动，也就自然而然地开始了。爱因斯坦说得好，提出一个问题往往比解决一个问题更重要，因为解决一个问题也许仅是一个数学上或者实验上的技能而已，而提出新的问题、新的可能性，从新的角度去看旧的问题，不仅是创造性的想象力，而是标志着科学的真正进步。能够从新的角度去看待旧的问题，不仅是创造性的想象力在起作用，而且还标志着科学的真正进步，这不是科学上的探索和创新吗？

讲探索和创新，从来就离不开质疑和批判。但是我们必须明确，质疑和批判不是凭空否定别人，不能搞"空手道"，它靠的是灵活而智慧的应用知识。而善于质疑和批判的人，往往都是从事创新性学习卓有成效的人。

如上所述，对于陈规旧说进行质疑和批判，需要才识和智慧，需要创造性的想象力。但除此之外，还需要有足够的胆力。胆力不足会制约才识和智慧的发挥，胆力充沛则能最大限度地激发出人的潜能。

历史上许多人做出重大发现、重大发明、重大贡献，一个重要的原因，往往是他们在年轻时代，就"初生牛犊不怕虎"，敢冲敢闯，无所畏惧。

3. 重视实践在创新性学习中的作用

如前所说，创新离不开探索和研究、批判和质疑，我们所从事的创新性学习，实际上就是一种探索式的学习、研究式的学习、批判式的学习，它不仅要求我们学习知识，而且要求我们在学习知识的过程中获取研究的能力；它不仅要求我们熟悉和掌握尽可能多的知识，而且要求我们巧妙地运用这些知识，并在此基础上创造出新的知识。在这里，能力的训练和掌握、知识的运用和创新，都必须依赖于实践，实践是通向创新成功的桥梁。从一定意义上说，读书是学习，使用也是学习，而且是更重要的学习。在研究中学会研究，从实践中掌握能力，这应该成为我们的正确选择。

学会研究，就是学会运用已有的知识；研究取得了成果，就是创造出了新的知识。不去运用，再好的知识也只是停留在纸面上的死东西，而一旦开始运用，我们就进入了实践的领域。当我们在实践中学会巧妙地运用知识，知识就具有了新鲜活泼的生命，而当我们再进一步，能够创造性地运用它时，原有的知识就会产生裂变，就会以我们意想不到的结果产生出新知识、新理论。

4. 不怕失败，在学习中提高

创新就是突破老规矩，开辟新途径，它没有现成的答案可以遵循，需要我们去探索，冒着风险一步一步往前走，从没有路的地方尝试着走出一条路来。正因为如此，它的前景带有很大的不确定性，在探索的过程中可能会不断地遇到失败。对此，我们要有足够的心理承受力。

我们遭到了失败，可能说明这条路走不通，需要考虑新的途径。失败，对于我们今后达到预期的目标，就是一次很好的校正，我们遭到了失败，也可能说明我们的知识和能力在某些方面还有欠缺，这种失败将会引导我们调整和完善自己的知识结构与能力结构，从失败中重新学习和深入学习的过程，就是学习如何运用活的知识的过程，就是实现创新的过程。在探索和创新的征途上，我们比以往任何时候都更加需要这种正确地看待失败、在失败中学习和提高的理性精神。

总之，为了探索未知世界，我们必须饱含激情和冲动，这是创新的源泉和不竭动力。在探索过程中，不能墨守成规，不能迷信经典，要对陈规旧说进行质疑和批判，同时要重视实践，要勇于面对失败和挫折。

## 三、全面学习

全面学习观，要求大学生正确处理好德与才、通与专、知识与能力、全面发展与个性发展的关系。在人才培养结构上，必须从单纯求知向提高综合素质转变。学以致用，知行合一。

### （一）德才兼备

德才兼备是人才素质的基本要素。所谓“德”，即道德，是调整人与人之间、人与社会之间行为规范的总和，是一个人的政治立场、政治观点和道德品质，在构成人的素质诸方面位居首位。“才”主要包括才能和才学，是在已有知识基础上，通过实践活动形成的改造客观世界的本领。

德、才是一个不可分割的有机统一体。宋代史学家司马光说：“才者德之资也，德者才之师也。”德是才的方向和灵魂，是才发展的内在动力。一个人只有具备了高尚的德行，其才才能向正确的方向施展。“才”是“德”的基础，是人得以发展和成功的基本条件。一个人只有具备了相应的才能，方有得力的依托以显示其德行。因此，德才兼备是古今中外培养人才的标准。

### （二）“通”“专”结合

“通”与“专”的结合是对新时代人才的基本要求。“通”特别强调人才的基础理论扎实、知识面宽、适应性强，表明其已成为具有基础性、综合性和适应性的人。“专”强调对专门知识和技能的精深掌握，表明其能成为精通业务的专家。在“通”与“专”的结合中，“通”是基础，是“专”的前提。现代科学技术的发展也都是建立在雄厚的基础理论之上的，尤其是今天，学科的渗透、交叉、分化与综合都很迅速，这就决定了大学生的知识结构也要综合

化。为了适应现代科学技术的飞速发展，将来能胜任新世纪的工作要求，大学生必须把基础知识学得宽一些、深一些，能够跨专业思考问题，解决问题。

为了适应全面学习的需要，培养提高学生的综合素质，很多高校都调整了课程计划，增设了大量选修课，这无疑为“博”或“通”的学习提供了条件，但是要取得真正的效果，还需要同学们树立全面学习的观念，同时在行动上也要努力实践。要善于根据专业的需要、自己的特点来进行适当的选择。打基础是为了攀高峰，正如爱因斯坦所说的：“要在所阅读的书本中找到可以把自己引向深处的东西，把其他一切统统抛掉，就是抛掉使头脑负担过重和会把自己诱离要点的一切!”

我们只有通过加深对自然科学、社会科学和人文科学的了解，拓宽知识面，开阔文化知识视野，看到不同学科间的联系，形成学科知识体系的整体观念，促进不同学科知识及思维方式的相互迁移，以博才取胜，才能适应新世纪的发展需要。

### （三）知识与能力结合，知行合一

大学，是运用知识、创造知识之处，也是面向社会、走向社会之所。大学生要做到学以致用、知行合一。

#### 1. 学以致用是指为了实际应用而学习

学是指学习；致用是将知识运用到实际当中，也就是理论联系实际。知行合一是中国古代哲学中认识论和实践论的命题，主要是关于道德修养、道德实践方面的。中国古代哲学家认为，不仅要认识，更应当实践，只有把“知”和“行”统一起来，才能称得上“善”。

#### 2. 学以致用，更重要的是培养发现问题、主动学习、解决问题的能力

这种能力，并非仅靠平时上课或自己看书就可以掌握。必须有怀疑批判、慎思明辨之精神，可以先从自己感兴趣的方面入手。在探求答案的过程中，要善于及时总结经验，吸取教训。这样每做出一次探索，能力就得到一次提高。“用”不仅仅是用现成的知识解决实际问题，还需要把从各个渠道获得的知识进行消化、吸收，变成自己的、可利用的东西，同样还需要怀疑批判、慎思明辨，这样才能在用的过程中使自己变得更强大。只有这样，才能真正做到运用自如、得心应手。

#### 3. 在“知行合一”的指导下，养成良好学习习惯

我们要确立正确的学习目的，形成良好的学习习惯，不为学习而学习，更不为考试而学习。成绩不高，并不代表学习偷懒，只要做到不死啃书本，不迷信书本，不满足于书本就很好。这些努力都建立在“尽力而为，作息有度”

的基础上，以自己的怀疑批判、慎思明辨对待各种知识、各种观点，从中得到锻炼，不断走向成熟。

知行合一，是以认识所得为自身行为规范，指导自身言行。在大学阶段，在正式步入社会前，加强自身道德文化修养，培养高尚的情操，树立牢固的团队精神与集体意识，不仅重要，而且非常有意义。我们并非不知道该怎样提高自身的素质、修养，而是不懂得把学到的东西用来指导、规范自己的言行，做到知行合一。我们要清楚自己的学习目的，现在的努力并不为得高分，也不为将来的安逸，而是为掌握广博的知识，掌握科学的思维方法，尽管不一定能得高分，却能使我们日后的努力取得更大的成果，为日后的成功奠定坚实的基础。

## 第二节 大学的学习方法

大学生主要的任务就是学习，是认真完成既定的专业学习任务，所以必须明确学习目标，激发学习动机，掌握正确的学习方法。

1996 年联合国教科文组织 21 世纪委员会发布德洛尔报告《学习：内在的财富》，全面阐述了国际社会对人类未来和学习问题的理解，成为国际社会的一份学习宣言。它强调，作为一个合格的大学生在大学阶段应做好四件事，把大学生的主要任务界定为“四个学会”：学会学习、学会做事、学会做人、学会与人相处，这就强调了大学生要掌握学习方法，做到知识与能力相结合。

### 一、学会学习的概念（Learning to know）

所谓“学会学习”，是培养“学会求知”的能力，是为了掌握认识的手段，而不是获得经过分类的系统化知识本身。心理学理论认为，学习是学习者经过一定的练习后出现的某种动作变化。比如学会打字是某种动作技能的形成，喜欢古典音乐有某种态度的获得，它是学习者内在能力或反应倾向的变化，但内隐的变化一般由外显行为表现出来。学习者的某种变化应是后天习得的，不是先天的反应倾向成熟导致的。学习者的某种变化必须能保持一定的时期。由于信息及知识的累积速度加快，而其学习内容往往又转瞬即逝，所以，现在的学习能力不同以往，更强调学会学习、思考及创造，教育者本身也面临挑战与重新继续学习的需要。由于学习方式改变，学习涉及的价值、知识不再局限于少数教师，因此“学习”将是一个在认识和实践之间无数次反复、不

断完成而又重新开始的过程。

## 二、大学生要培养学习能力

大学生不仅要掌握知识，还要努力培养自己的学习能力，以适应今后的工作需要。

### （一）学会读书

从小学到大学，大家读了不少书，获取了不少知识，但究竟有没有真正掌握科学的学习方法呢？实际上，读书方法也需要学习，并非天生就会。读书方法要根据读书对象而定。要读的书可以分为三类：稍微浏览的书、浅尝品味的书、深入研究的书。无论是业余书籍还是专业书籍，都可以分为这三类。对于业余书籍，有的书只需要浏览一下，了解它写了什么即可；而有的书可以稍稍品读一下其中的滋味，作为茶余饭后的一种消遣与享受；还有一部分书，特别是世界名著，则可以认真阅读，甚至一读再读，以从中获取各种各样的感受与体验，丰富自己的人生。专业书籍同样可以分为上述三类。毫无疑问，本专业的基础知识必须学习，而与本专业有关的一些书籍和文章则不必完全费心认真研读，有的稍微认真阅读，有的只需要浏览一下，了解即可。

1. 浏览

拿到一本书，应当先看一下序、目录与后记，以对将要阅读的书形成一个总体印象，并从中了解一些与此书有关的基本知识和背景内容等。

2. 研读

这是读书过程中最重要的一步。在这个过程中要认真阅读书中的每一章，细细地领会其中的内容，必要的时候还应做读书笔记。

3. 思考

读完一本书，不能一扔了之，还要就书的内容进行思考，以便使这些内容与自己头脑中的知识和思想相互融合。只有这样，读书才是一件真正有意义的事。而对于专业书籍，则更应在读书后再次复习，以加强记忆，达到掌握专业知识的目的。

### （二）学会做读书笔记

俗话说，好记性不如烂笔头。这句话虽然有陈腔滥调之嫌，却是很有用的一句话，它向我们揭示了做读书笔记的重要性。做读书笔记的方法有多种，有做眉批、做摘录、写提要及记心得等，个人可以根据自己的喜好与习惯选择其中的一种或几种来使用。

1. 眉批式笔记

眉批式笔记即边读边将自己的看法写在书的空白处，这种方法在阅读属于自己的书时适用。

2. 摘录式笔记

摘录式笔记是指摘录书中重要的句子、段落。

3. 提要式笔记

提要式笔记是在通读全书之后对书中内容的一个概要记录，一般是用自己的话总结全书的内容，有时也可以引用书中的段落作为对全书的概括。

4. 心得式笔记

心得式笔记指对一本书的感受与心得的记录，也可以记下对书中内容的疑问以及不同见解。

（三）把握大学课堂学习环节

大学的学习是通过一连串互相联系的教学、学习环节来完成的。大学学习的基本环节包括：预习、听讲、记笔记、课后温习、作业、答疑、复习、考试，以及实验、实习和毕业设计等。而课堂学习的基本环节包括：预习、听课、做笔记。每个新生在开始大学学习的时候一定要弄清每个学习环节的作用、要求和特点，以便掌握各个环节的学习方法，顺利地完成大学的学习任务。

1. 认真预习，发现问题

预习是大学学习中的第一个环节，即课堂前的准备工作。大学的课堂教学内容相当丰富，教师的讲课也是提纲挈领式的、跳跃式的，对许多问题的分析、讲解都是点到为止。如果对教师所讲的内容十分生疏，思路和逻辑思维跟不上教师的讲解，就不容易全面掌握知识的重点、难点和相互关系。一个会学习的学生应该会针对自己的实际情况，做好充分的学习准备，这样听起课来就有主动权，能全面掌握所学的知识。

2. 听课领会

听课是学生学习最主要、最重要的一个环节，它是各个环节的中心。教师所讲授的内容主要是通过学生的听讲传授给学生的，听课是教与学交流的主要渠道。中学教师的讲课往往是用几节课时间讲解相同的定理或结论，而且内容也是教科书上有的内容；大学教师的讲课只是讲解课本上一些最基本的概念、理论，教科书上的内容教师不一定讲，或不一定完全讲，而且经常将学科发展的最新理论和观点贯穿到教学中去，不注意听讲就会遗漏。

大学教师一般都有自己的教学方法，往往是对知识的重新组织。他们搜集

大量课外资料，总结以往的教学经验，提出最新的学术观点，丰富了教学内容。如果学生没有牢牢抓住听讲这个学习环节，忽视了教师在课堂上传递的大量信息，就失去了获取知识的最好机会。这些知识、经验和观点仅凭学生自己去搜集总结是难以做到的。因此，大学生应该重视听课这个环节。

3. 详记笔记

记笔记也是课堂听讲的一个方面。记笔记不仅可以记录教师讲解的主要内容、逻辑关系以及重点、难点和补充内容，而且通过记笔记，可以将教师所讲的知识进一步理解、消化，变成自己的知识。由于教师讲课并不是严格按照教科书上的内容讲授的，还有许多补充内容，这些补充往往是对知识的重新组织、新观点的阐述、难点的解释等，都是讲授中的重要内容，必须通过笔记记录下来。从实质上来讲，在听讲时记笔记，眼、手、脑一起开动，加快了对知识的理解、消化和吸收，掌握了听讲的主动权，并且有效地防止自己上课走神，使自己能集中精神跟上教师的讲解，取得良好的效果。当然，笔记并不是教师讲课内容的简单重复和记录，它应该包括自己的理解、提炼和加工，使教师讲授的内容变为自己的知识，便于今后的复习。课堂笔记一般应该记录下列内容。

（1）记录老师的思路和方法。思路一般反映老师分析问题、推导结论的思考路线。记录下教师的思路，可以启发我们的思维，提高我们分析问题和解决问题的能力。

（2）记录老师的板书或提纲。一般来说，课堂板书或提纲就是课堂学习内容的纲目。这些纲目是主讲老师在钻研教材内容的基础上总结出来的，反映了授课内容的知识结构和要点。它有助于学生理解、掌握、复习课程内容，构建课程的知识体系，所以，我们不妨完整地记录下来。

（3）记录重点和难点。课堂上时间有限，老师讲课速度又快，要想在课堂上将老师的授课内容全部记录下来，几乎是不可能的，因此，应该有选择地记录老师所讲的重要理论、观点和内容，以及某些精彩的、有特点的语言和观点。对一些一时难以记下的东西，要摘记老师讲课时的要点和记录关键词，然后课后补齐。

（4）记录补充内容。大学老师在讲课时，除了讲解教材中的内容外，常常还会做出适当的补充，这些补充的内容融入了老师的见解和研究成果，对于帮助同学们更好地理解教材内容、启迪思路、开阔视野是十分有用的。所以，在熟悉教材的基础上，要把老师补充的内容及时地记录下来。听课时，在老师的启发和指引下，学生有时可能会突发奇想，将两个以前认为不相关的知识串在一起，忽然悟出平日百思不得其解的道理，或者对老师讲解的内容有新的想法和心得，同学们也不妨将这些思想的火花记录下来，以便于课后复习、理解、整理甚至进行新的创造。此外，在听课时，对有疑惑的地方，也要在笔记本上记录下来，以便于请教老师和同学。

4. 深化复习

复习是学习过程中的一个重要环节，是对已经学过的知识的一次再学习。它是巩固和深化所学知识的一种有效手段，使已经获得的知识系统化，形成合理的知识结构。它对强化记忆能力、提高学习效率有重要意义。

大学学习与中学学习的一个明显差别，就是大学里所学的知识内容成倍增长，一个学期开八九门课程，只凭按部就班的学是很难掌握的。不善于复习和巩固的人，常感到越学越多，越学越乱，越学越被动。如能在学习过程中，经常进行复习，不断地总结归纳所学的内容，把学过的东西整理一下，把有关概念、思想、原理和分析方法条理化、系统化，就可以做到书越读越薄。抓住了所学内容的精华和各部分内容之间的内在联系，就会融会贯通，应用起来得心应手。

复习可以发现和弥补课堂学习的不足。因为即使在课堂上再认真地听讲，也会出现知识疏漏或似懂非懂的情况。如果没有复习，这些不足是很难弥补的。复习能使知识系统化、网络化，形成科学的知识结构。知识是对人类经验的概括和总结，零碎的知识不能给人以力量，只有系统化、结构化的知识才能在应用中发挥作用。复习可以把零碎的知识加以整理归纳，使学生充分理解知识体系的内在联系，掌握单元与单元之间的逻辑结构，使知识整体化、条理化。同时通过复习、整理还可使知识内容更为简洁和系统，这既便于知识的记忆，又便于应用时对知识的检索。

## 第三节　合理利用学习资源

在大学阶段，为了使自己能够抓住和利用各种机会，去更新深化最初获得的知识，还应该在听课复习的基础上，合理利用各种资源。大学生不仅要掌握课堂知识，还要努力拓宽自己摄取知识能力的领域，以适应今后的学习工作需要。它将成为每一个学生生活中的有力助手，那就是图书馆和网络资源。图书馆是知识的海洋，是大学生学习必不可少的构成部分，是学校教学科研的重要保障条件，也是每个新生应该熟悉并学会使用的地方。网络已深刻地、全面地改变了我们的学习、生活和工作方式，通过网络学习已经成为一种不可或缺的重要的学习手段，学生要合理利用网络资源学习。

## 一、学会利用图书馆资源

图书馆是人类文化传承和创新的基础性设施，高校图书馆由于自身的性质、特点和功能，决定了它在校园文化建设中有着不可替代的重要地位和作用。在中国先进文化建设方面，高校图书馆是校园文化的重要组成部分，是校园文化作为文献的聚集地和展示平台，常常扮演着引领文化前进的角色，它的社会职能早已超越了本身的功能价值，进而演化成为一种文化精神。

### （一）认识图书馆

1. 图书馆简介（举例：以中华女子学院图书馆为例）

在大学学习中，图书馆成了一个不可或缺的部分。大学生的学习需要看书。大学生的课外学习，不能仅仅看老师授课用的课本，还需要查阅众多的参考书，图书馆为大家准备了丰富的藏书，可以满足同学们的日常学习需要，也为自学能力的培养提供了条件，除了教学参考书之外，还有本专业一些前沿知识或者普及读物，通过阅读可以加深对专业的理解，更利于同学们自学。有的同学在学习之余对科研很感兴趣，图书馆为之提供了丰富的文献信息保障，有助于完成科研任务。图书馆拥有各个学科的藏书，除了专业学习，大家还可以借阅其他书籍，有助于扩大视野，改善知识结构。因此，大学生要学会学习，应该学会充分利用图书馆的资源。

中华女子学院图书馆始建于 1979 年。“以读者为中心”、“为教学科研服务”是图书馆的工作宗旨。图书馆始终致力于馆藏资源建设，在纸本图书、期刊、报纸和中英文数据库采访、购置的基础上，通过参与 Balis 高校图书馆联盟等方式不断扩充馆藏。作为倡导性别平等的中华女子学院图书馆，特色资源馆藏涵盖妇女/社会性别领域的正式出版物、非正式出版物及音像资料。不断积累的文献信息资源将为教学、研究和实践提供有力的信息保障。

图书馆建立师生参与图书采购的工作机制；开展课题咨询、信息推送等深层服务；图书馆工作委员会、学科联络员、书友会、志愿者等组织加强与各系部师生的交流；举办女院学术沙龙，拓展校内外跨领域的交流与研讨；定期推出读书日、宣传周等主题活动，以竞赛、讲座、展览等多种形式宣传图书馆的资源与服务。

2011 年 4 月，图书馆迁入教学图书综合楼。新馆舍带来了广阔的发展空间与机遇。图书馆以保障教学为根本，突出特色信息资源整合与传播，以培养具有性别平等意识和信息素养的应用型女大学生为己任，促进女性参与社会发展和国际交流。

图书馆目标与方向是：构建文献保障能力强、馆员业务素质高、服务内容层次深、为中国女性高等教育及妇女/性别研究与实务提供信息资源保障和服务的特色鲜明的高等院校图书馆。

截至 2013 年年底，图书馆藏纸本图书总计 502262 册，各二级学院资料室藏纸质图书 65233 册，生均纸本图书 96.5 册。中外文电子图书 406289 册，中外文纸本现刊 938 种，电子期刊 9558 种，初步建成印刷型文献和电子文献相结合的文献保障服务体系。

图书馆注重妇女、社会性别研究方面的特色馆藏建设，以特色搭建学科交流的平台，彰显女子学院特色，并于 2011 年年底依托图书馆特藏资源成立中国女性图书馆。中国女性图书馆，是集妇女/社会性别研究的学术性纸质图书、期刊、电子文献、多媒体音像资料、专业网站为一体，并以现代信息管理系统作为技术支撑的阅读和研究场所。目前，中国女性图书馆已拥有印本正式出版物万余册，非正式印本出版物（包括研究报告、回忆论文、信息资料等）千余册。截至 2013 年年底，中国女性图书馆已拥有纸本正式出版物 11072 余册，非正式纸本出版物（包括研究报告、会议论文、信息资料、妇女口述历史资料等）780 余册，中外文纸本现刊 35 种，电子图书 10359 册，期刊论文等电子数据库 7 个。

图书馆正努力建设成为一个馆藏丰富、特色鲜明，能够为中国女子高等教育和社会性别研究与实务工作者提供信息资源支持的，海内外具有影响力的、现代化的、有女性学与性别研究特色的图书信息资源中心。

2. 图书馆开放时间及借阅方法

中华好学院图书馆开馆时间：全馆周一至周日 7:30～22:00（节假日另行通知）。

学生可持校园一卡通进入图书馆查阅和借阅图书，图书馆采用自主借阅方式。如果图书过期，一卡通停借；还完过期图书即可继续借书。

光盘借阅：

图书馆主页——馆藏资源——光盘资源——随书光盘，输入图书索书号，将查询到的光盘序号交到服务台办理。每人限借 3 盘，借期 7 天。

图书馆主页——馆藏资源——光盘资源——自购光盘，到五层多媒体阅览区办理借阅。

电子资源使用：

（1）使用从学校现教中心开通的个人上网账号，访问图书馆网站——馆藏资源——电子资源；

（2）图书馆购买的正式资源读者可以免费使用，免费下载全文。各数据库一般为 IP 地址认证，无需输入用户名、密码。如遇特殊情况，各数据库的用户名和密码信息可在电子资源列表页面中找到；

（3）访问“图书馆内网”（http：//219.242.31.136：27/），可以免登录账号直接使用电子资源中的“本地镜像”和“远程免流量”数据库。

3. 图书馆自习室

图书馆五至八楼对外开放的阅览室可供公共阅读自习，环境幽静，空间较大，学习氛围好，在学习的同时能方便快捷地查阅资料。开放时间为星期一至星期六 8:30～21:30，星期日 8:30～17:30。

4. 学术资源统一查询系统 MUSE

学术资源统一查询系统简称 MUSE，是一个跨数据库的整合查询系统。通过此系统可以一次对多个数据库进行检索，且无查询数据库和篇数的限制。系统根据取得数据的先后顺序，将检索结果自动合并成单一列表，读者只需点击检索结果，即可直接跳转至来源数据库的原始界面，查看全文。读者可对检索结果进行二次检索。利用 MUSE 系统，通过身份认证的读者可在校外使用图书馆的正式数据库。

5. 文献传递

BALIS 馆际互借中心是北京地区高等教育文献保障系统（BALIS）下设的原文传递、馆际互借、资源协调、培训四个中心之一，于 2007 年 11 月正式启动。该中心的建设目的是：在北京地区高校图工委的统一领导下，采用集中式门户平台和分布式服务相结合的方式，充分利用北京高校丰富的馆藏资源和便捷的网络环境，为北京地区高校读者提供馆际读者互借服务。

使用 BALIS 馆际互借服务时，需先登录中华女子学院图书馆主页点击 BALIS馆际互借网址，进入馆际互借中心，注册为 BALIS 馆际互借用户，然后查询“BALIS 联合检索系统”，找到所需文献，填写申请表单，向出借馆或学科服务馆发送馆际互借请求。如果出借馆能够满足出借请求，在一周内（遇节假日顺延）就可获得所需文献。为了更方便地为广大读者提供服务，BALIS 目前将采取物流取送书的方式，所有馆际互借的文献经过物流运送到成员馆，当用户接到我馆通过电话或邮件发出的“文献到馆”通知后，就可以直接到我馆办理取书手续了。这样足不出校园，就可以借阅到其他 BALIS 管理互借成员馆的丰富的纸本文献。

馆际互借借书规定：

（1）每个读者只可申请注册一个登录代码。

（2）读者借到的图书应妥善保管，如出现过期、污损等情况均按照借出馆的规定处理。

（3）读者的借阅量每次登录不超过3册（含3册）（读者需将上次所借图书归还后才能再次提交申请）。

（4）读者的借阅期限为一个月（往返邮程时间除外）。如遇特殊情况，外借图书馆不论到期与否，各图书馆有权随时索回。根据《BALIS馆际互借管理办法》规定，外借图书暂时不支持续借。

（5）如遇馆际互借中心调整相关借书规定，我馆将随之更改。

馆际互借网址：http：//211.68.68.201：8080/union/index.jsp。

### （二）学会使用图书馆

大学生要学会利用图书馆。现代社会是信息社会，我们需要搜集、整理、分析各种信息。图书馆拥有丰富的资源，我们要学会利用这些资源。如可以在文理科借阅处借阅学习参考用书和一般课外读物，可以在自习室随时取用课程学习类的书籍，可以在期刊阅览室浏览自己喜欢的杂志，可以通过网络来约定借书等。要学会一定的检索办法，如果没有方向、不会检索，就很难写出好的文章来。因此，大学生应熟悉图书馆的情况，学会利用图书馆的各种资源。

## 二、学会合理利用网络资源

伴随着科学技术的不断发展和进步，我们已步入一个全新的社会——信息社会，而支撑信息社会重要的基础设施就是计算机网络。可以这样说，计算机网络已深刻地、全面地改变了我们的学习、生活和工作方式。

通过计算机网络，我们可以获取社会信息，查阅专业学术资料，进入国内外著名大学的图书馆查阅资料，从事学习以及娱乐活动。网络学习已经成为大学生不可或缺的一种重要学习手段。

### （一）学校主要的网络资源

信息时代，网络是重要的信息载体。现代大学更是走在信息时代的前列，不仅利用网络来发布信息，还利用网络来开展管理服务，建设数字化校园。由于信息存贮形态的变化，大学也提供了丰富的数字资源，为教学科研和人才培养提供了保障。学校主要的网络资源如下。

1. 信息类网站

（1）中华女子学院综合信息门户网站 http：//portal.cwu.edu.cn/。

中华女子学院综合信息门户网站，发布学校重要新闻、通知，是进入学校其他网站的主要通道。学校大力推进数字化校园建设，努力实现数字化办公和服务。每人都有自己的账户及邮箱，用以查阅学校文件与重要信息。根据不同的身份，可以使用不同的服务。

（2）中华女子学院招生网 http：//www. zjut. cc/zs_ 11149/。

中华女子学院招生网是学校招生就业部主办的网站，是学校普高招生平台。

（3）中华女子学院研究生招生信息网 http：//yz. kaoyan. com/cwu/。

中华女子学院招生网是学校研究生院主办的网站，是学校研究生招生平台。

2. 资源类网站

主要包括学校图书馆网站 http：//www. cwu. edu. cn/tsg/wdtsg/index. htm，我校图书馆主页提供电子资源数据库链接，指导大家如何利用图书馆资源，为读者提供相应服务，如提供图书馆馆藏目录的查询，有利于大家快速搜索资料和检查文献。

从图书馆网站可以进入我校购买的中文数据库。中文数据库为师生提供了非常丰富的中文论文、数据、杂志、报纸、书籍等可下载的电子资源，可帮助学生查阅文献、做科研。主要包括 CNKI 知识资源总库、万方数据知识服务平台、人大复印报刊资料数据库、TWS 台湾学术期刊在线库、读秀中文学术搜索等。

3. 服务类网站

（1）教务处网站 http：//219. 242. 28. 144/。

教务处网站提供了关于课程学习的全部信息。有关教学计划安排、选课、考试、辅修、实践教学、毕业审核等信息，特别是课程设置与选课，与每个学生密切相关，是学生最关注的网站。学生既可以在该网站查询关于教学方面的文件、通知、管理规定，也可以通过该网站查询自己的成绩和选课情况，还可以浏览其所提供的教育教学资源。

（2）现代教育技术中心网站 http：//www. cwu. edu. cn/xjzx/。

现代教育技术中心是为我校教学、科研、管理和文化生活提供信息化技术服务的教学辅助机构。现代教育技术中心是学生宿舍上网管理的主管单位，帮助学生在宿舍使用教育专网进行学习，解决宿舍网络发生的各种问题。

### （二）网络学习的优点

大学生网络学习的积极作用主要表现在以下几方面。

第一，网络学习有利于激发大学生的学习兴趣，提高大学生的学习能力。

通过网络学习方式，可以随时随地对老师提出的问题进行深入的分析和研究，开展讨论和交流，从而更好地把握和理解所学知识。教师也可以根据学生的实际情况随时调整学习内容，改善教学方法。同学们还可根据自己的兴趣来选择学习的内容。网络学习让学生从枯燥无味的传统“填鸭式”教学中解脱出来，不再认为学习是苦事、难事，而是一件令人乐而忘返的趣事。运用信息技术获取知识是当代大学生必须具备的基本能力。学生通过浏览器查阅资料，运用搜索引擎快速查找文档，利用 FTP 服务下载所需程序，通过电子邮件交流学习经验，利用 BBS 进行专题讨论；有的同学还建立了自己的个人主页，在网上展示自己，并为别人提供有用的信息和资料，实现资源共享。利用网络可以更方便地实现学习的本质——参与和实践，进而提高大学生的学习能力。

第二，网络学习丰富了大学生获取知识的手段，优化了学习方式。自学在大学学习中是至关重要的。当今社会，信息技术不断发展，知识与信息快速更新，网络学习已成为大学生学习的一种新的自学方式。网络构建了一个相互讨论、相互交流的信息共享的平台，使学习不再是由教师支配的“单向”式学习，而是大家通过相互的问答、讨论、沟通、帮助、指导等，形成“双向或多向”的协作式学习。这样的学习方式丰富了大学生获取知识的手段，有利于拓宽知识面和培养大学生的合作意识。

第三，网络学习有利于大学生个性化的发展。在传统的教育中，学习者个性化的需求往往难以得到满足，其个性化的见解得不到充分的展现。在网络学习中，大学生可按照自己的节奏、心理、生理和学习基础情况有选择地进行学习，也可以直接在网上和老师探讨。当然，这里所提及的个性化并非要抹杀教育的共性，也不是完全放任的教育，而是指与传统教育相比，网络学习在拓宽学生的个性发展方面向前迈了一大步。

第四，网络学习有助于大学生自我教育的实现。自我教育是相对于社会教育而言的，是大学生发挥主体性作用，通过自我评价、自我调控、自我完善等过程，有目的地采取实际行动进行改造和提高自我综合素质的自觉活动。网络学习中，在道德品质、素质方面进行自我教育的形式主要有三种。①直接宣泄。一些大学生在学习上受到压力和遭遇挫折，或心情不好时喜欢上网，通过 QQ、论坛等网络平台，向要好的朋友，甚至志同道合但未必认识的网友宣泄，倾诉心中的困惑和烦恼，在一定程度上缓解和消除了紧张情绪。双方一说一听，一劝一从，很容易取得自我教育的效果。②浏览网页。网页上信息量大，内容丰富，更新及时，可通过浏览网页来寻找自己所需求的“精华”，拓展了同学们的知识面。③热点讨论。网络上经常会出现一些与大学生的切身利益相

关或与国家、民族利益息息相关的热点问题讨论。这些讨论虽然观点和角度不尽相同，但参加人数多，信息量大，又具有相当的深度。这些讨论对大学生的人生观、价值观的塑造以及分析、解决问题的能力的培养与提高都具有巨大的促进作用。所以说，网络学习对大学生的自我教育起到了一定的促进作用，可以实现大学生的自我教育从消极到积极、从无序到有序、从自发到自觉的转化。

第五，网络学习提高了大学生的学习效率。首先，网络学习能激发大学生的学习兴趣、提高其学习能力并优化其学习方式，大大提高大学生的学习效率。其次，网络学习还有利于知识的获取和保持。多媒体计算机提供的是多种感官的综合刺激。多媒体技术既能看得见、听得见，又能用手操作，还能提供各种交流讨论的途径，这样，通过多种感官刺激获取的信息量，比单靠听教师讲课要丰富得多，保持也牢固得多。最后，网络学习有利于学习中多方协作，提高学习效果。网络学习的学生通过观察演示、帮助指导、相互讨论和共同建构的方式进行协作学习，能产生一种群体气氛、合作意识，并在合作学习中得到启发，获得指导、帮助，同时找到适合自己的有效的学习方法，从而能提高自己的学习技巧和学习效率。

综上所述，网络学习在大学生的学习过程中发挥着独特的积极作用。通过网络学习，大学生不仅能改进自己的学习方法，拓宽自己的知识面，提高自己学习的能力和效率，而且能提高自身的综合素质，使自己成为现代化建设需要的掌握多方面知识、技能和能力的高素质人才。

### （三）合理使用网络资源

互联网为大学生带来了开放共享的意识、全球化的眼光、全新的学习观念、广阔的生活和交往空间，并拓宽了创新素质培养的平台，但与此同时，也给大学生带来了不容忽视的负面影响，应引起足够重视并尽量避免不良影响。

互联网带来了自由创新的空间，也带来了不健康信息的腐蚀和泛滥。互联网给每个用户都提供了成为传播者的可能，任何人都可以传播任何信息，带来了传播权的滥用。计算机网络是一个信息宝库，同时也是一个信息的垃圾场，学术信息、娱乐信息、经济信息及各种各样的黄色、暴力信息混杂在一起，使得网络信息鱼龙混杂。

互联网带来了相互交流的快捷和便利，但对网络的过于依赖也影响学生健康人格的形成。网络为用户打开了大门，集快捷性、交互性、开放性及文字、图像、声音于一体的表现手法的集成性很受今天的大学生欢迎。当许多学生畅游于网络的虚拟世界中，在网上和陌生人侃侃而谈时，也逐渐形成了有意回避在现实世界进行交往的心理习惯。一些沉迷于网络的学生，在网上交往的视野开阔了，但在现实社会中的心灵却更加封闭了，甚至出现了因对网络过度依赖而导致的心理疾病。

网络资源为我们的学习提供了大量的信息，搜索引擎为我们节约了时间。有的同学在学习中过于依赖网络资源，遇到问题的时候不是首先通过自己的思考来解决，而是直接通过网络搜索找到答案，久而久之，思考能力逐渐下降。网络资源是为了帮助大家思考和学习，而不是代替大家的思考，因此一定要有限度地合理使用网络资源。

在网络环境下的当代大学生，要不断提高对网络信息的甄别、比较、选择能力，改进在复杂的信息环境中进行独立思考与分析、去粗取精、去伪存真的方法与能力。只有这样，才能在网络环境下不迷失方向，健康成长。

# 第七章　明礼修身：传承美德与内外兼修

## ——做知性高雅的时代传承者

进入大学，学生的学习和生活模式较之高中发生了很大的变化，自我的评定标准从以学习成绩为主扩展到综合素质的评定。明礼教育是人才培养的起点，并伴随于人才成长的全过程，因而也成为思想道德教育的起点并贯彻于全过程。明礼修身的教育应该作为新生入学教育的基础性内容之一。

## 第一节　时代需要美的传承者

著名德国物理学家劳厄曾言，“当所有学过的知识都忘记之后，剩下的就是素质”。大学生的基本素质包括思想道德素质、文化科学素质、专业知识素质和身体心理素质，其中文化科学素质是基础。我们所进行的大学生文化素质教育工作，重点指人文素质教育。教育部思政司一项追踪调查显示，大学毕业后个人事业成功的，很多同学当年并不是成绩最优秀的，而是文化素质比较高的。

### 一、当今社会对人才素质的要求

在人才竞争越来越激烈的今天，社会对于人才的综合素质和知识结构要求越来越高，只有科学素质和人文素质兼备的人才是现代意义上全面发展的真正人才。其中，人文素质是综合素质的重要组成部分，对于大学生的素质提升具有基础性和引导性作用，并在一定程度上制约着大学生的发展空间。

#### （一）人文素质的含义解析

中西方学者关于素质的概念目前尚不能达成完全的一致，但是社会上对素质的普遍认识已经基本统一。立足于大学生素质教育的视角，我们可以将素质定义为：个体的个性特征（包括道德水准、文化修养等）、知识结构以及各种不同的技能的总和。

人文素质泛指社会成员在先天生理基础上，经过后天教育和社会环境的影响所形成的相对稳定的人文方面的综合品质及行为表现。它通常包括五个方面内容：一是具备人文知识，二是理解人文思想，三是掌握人文方法，四是内化人文精神，五是践履人文行为。

人文的特征主要表现在：是后天培养、造就和提高的；是人文知识积淀、内化和升华的结果；必须外化为适宜的行为。

### （二）社会需要怎样的人才

招聘网选取的用人单位招聘条件：

1. 某房产公司招聘销售代表任职要求

（1）大专及以上学历，应届生亦可。退伍军人学历可适当放宽要求至高中或中专；

（2）年龄 20~30 周岁；

（3）热爱销售，善于与人沟通，较强的语言表达能力；

（4）亲和力好，思维逻辑性较强；

（5）目标感较强，正能量传递者。

2. 某金融服务公司招聘财务助理任职要求

（1）财务、会计、经济等相关专业本科以上学历；

（2）较好的会计基础知识，有财会工作经验者优先；

（3）熟悉现金管理及银行结算、财务软件操作；

（4）熟练操作 Excel、Word 等办公软件；

（5）良好的职业操守及团队合作精神，较强的沟通、理解和分析能力；

（6）具有独立工作和学习的能力，工作认真细心。

3. 某律师事务所招聘律师助理任职要求

（1）全日制法律专业本科学历，需具有中国律师执业证；

（2）有较强的沟通能力、良好的逻辑思维及表达能力；

（3）有良好的协作与团队精神，富有责任心；

（4）品行端正，为人正直诚信，能吃苦耐劳；

（5）爱岗敬业，遵守公司规章制度。

文献法收集的大学生所需素质类属分析：

**大学生所需素质类属分析**

| 素质类型 | 构成要素 | | |
|---|---|---|---|
| 个性特征 | 吃苦精神 | 实干精神 | 团队精神 |
| | 诚信 | 文明修养 | 责任心 |
| | 敬业精神 | 进取心 | 自律 |
| | 耐心 | 自信 | 坚韧 |
| | 宽容 | 勤奋 | 做事果断 |
| | 乐于助人 | 思维敏捷 | 个人主见 |
| | 奉献精神 | 自尊 | 工作激情 |
| 技能 | 组织能力 | 观察力 | 书面表达能力 |
| | 创新能力 | 合理安排时间 | 人际交往能力 |
| | 适应环境的能力 | 运用知识能力 | 口头表达能力 |
| | 应变能力 | 学习能力 | 承受压力的能力 |
| | 理解能力 | 计算机运用能力 | 分析问题能力 |
| 知识结构 | 专业知识　知识面广 | 职业道德 | 职业操守 |

## 二、传统美德对大学生素质的影响

人文素质是依附传统的。比如中国儒家思想是中国传统社会人格构成的背景，西方近代人格源于文艺复兴。而思考中国当代大学生的人文素质，也就离不开那种与人的基本行为相关的、在历史中积淀而成的，并且为人们普遍承认的传统精神品质。

中国素以礼仪之邦、文明古国著称于世，中华传统道德源远流长、博大精深，它在漫长的历史长河中对中华民族的人格塑造起着重要的作用。如“自强不息”的进取精神让人们排除万难、奋勇前行；“厚德载物”的仁爱精神让人们扶危济困、博大包容；“诚实守信”的美德让人端正无妄、一诺千金。这种伟大的民族精神塑造着我们泱泱大国的民族品格，激发着我们的浩然正气，砥砺中华儿女在历史长河中留下坚实的足迹。

### （一）传统美德的精神内核

#### 1. 修己

中国传统思想文化走的是内在的超越之路，这种内化的发展趋向，使得在这种文化基因下的人们格外注重内在的修为与修持。钱穆概括中国文化的特性时说：“故中国文化，最简切扼要言之，乃以教人做一好人，即做天地间一完人，为其文化之基本精神者，此所谓好人之好，即孟子之所谓善，中庸之所谓中庸，亦即孔子之所谓仁。而此种精神，今人则称之曰道德精神。换言之，即是一种伦理精神。”❶ 可见，在中国思想史上，个人修养一直占据着主流的地位。自我修养的最后目的仍然是自我求取在人伦秩序与宇宙秩序中的和谐。

2. 平衡

西方文化比较强调“动”，追求不断地向前、不断地扩张，希冀以此获得欢乐和满足。而中国传统文化则是相对比较强调“静”，《大学》说，“知止而后有定，定而后能静，静而后能安，安而后能虑，虑而后能得”❷。这使得中国人可以在遇到外在和内在的各种危机时能够保持心态平和，进退有度。

3. 仁爱

传统中国是以“家族秩序”为本位的社会，费孝通将这样的社会结构称为“差序格局”,“以己为中心，像石子一般投入水中，和别人所联系成的社会关系，不像团体中的分子一般大家立在一个平面上的，而是像水的波纹一般，一圈圈推出去，愈推愈远，也愈推愈薄”。中国人以家庭伦理组织社会，因此在人与人的交往方式过程中，主张“推己及人”“己所不欲，勿施于人”，强调人与人之间和谐与友爱，反对隔离、对立和仇视的观念。

4. 和谐

中国传统文化认为人与宇宙万物在存在的本源上就是一个相互依赖的有机统一体，“中国人对大自然的感应非常敏锐，因此天雨天湿，节气相交，影响人体反应”。由于认识到人与万物在存在上的一体性，具有一荣俱荣、一损俱损的痛痒相关的关系，所以中国传统文化就要求人必须以“仁心”，也就是爱人利物之心待人待物，主张人与自然万物的和谐共处。

### （二）传统社会人文素质教育规格的现代启示

1. 独善其向与兼济天下

改革开放以后，经济生活日渐成为人们日常生活的主导。传统的价值体系受到巨大的冲击，人们的道德秩序出现了混乱的局面，是非、善恶、美丑界限混淆，拜金主义、享乐主义、极端个人主义滋长，这势必影响到大学校园内的莘莘学子，使得当代大学生道德失范和心理失衡的现象日趋严重。而中国传统文化既是入世的又是出世的，既努力维持和遵守人际关系及人间秩序而追求外在的通达，又认真维护个人生活与精神追求的内在建设。“穷则独善其身，达则兼济天下”的传统思想使中国人在价值多元化的今天可以保持一定的“平衡力”。

---

❶ 钱穆:《人生十论》，广西师范大学出版社，2004 年版。

❷ 曾参:《大学》，北方文艺出版社，2015 年版。

2. 以“仁”为基础的共同生活与共同发展

全球化应对的最主要的问题是：拥有不同历史传统、价值观念和生活方式的人们，如何学会共同生活和共同发展。而中国传统文化中“仁”的观念可以帮助当代大学生在全球化的今天学会与人相处。儒家伦理的精髓在处理不同人群相处方式方面仍不失其存在的意义。

3. 人与自然和谐相处

人类自进入工业化社会以来，对生态环境造成了极大的破坏。中国传统思想文化中的人与自然相处之道，可为应对接踵而至的生态危机提供有益的启示。如果回归到传统文化当中，强调人与自然的有机互动，则一定可以很大程度上促进人类社会与自然的可持续发展。

## 三、大学生人文素质修习的重要意义

人文素质的社会期望值通常与其所受的教育程度成正比关系；而作为高等教育的着力点之一，好的人文素质培养，在社会模型塑造中有着深层的建构意义。对个体，它是长大成人、明辨是非和推陈出新的前提；对社会，具有连接个体与社会、孵化素养为能力、在思想和知识之间培育文化自觉意识诸方面的功能。

### （一）个体价值

1. 成人的要素

马克思在《共产党宣言》中提出了未来社会建构“完整的人”的观点，他阐释出作为人类的理想，自我建构的完整性是成人的目标之一。从中国传统文化来看，也重视人的全面发展和完善。儒家士人的塑造，早在孔子那里便以“君子”人格为核心来构建全面发展的人。“君子喻于义，小人喻于利。”“君子坦荡荡，小人长戚戚。”“士不可以不弘毅，任重而道远。”中国持续两千多年的儒家文化，就是典型的人文素质教育，这种教育的内容是和“成人教育”相关的。

20 世纪末开始，中国社会道德和素养的现状、世界性的人文浪潮重新触动素质教育问题，成人教育回归教育研讨的前沿。成人教育的目的首先是为人的，而不是把人塑造成技术的或者狭隘政治的工具，它和一个人完整的人格形成有关。

2. 明辨的前提

明辨是成人的理性要求，符合当代的时代特点。时代飞速发展而造成的判断标准的模糊和变动，对于人的明辨能力是一个极大的挑战。在当代中国正进行中国特色的社会主义建设，走向宏大的历史拐点之时，确立明辨能力的重要性及其在人文素质教育中的重要地位，就非常必要和及时。

而好的人文素质教育则极具明辨功能。因为人文素质教育是从人的完整性出发的教育，因此更注重每个人在现实生活中，特别是在群体社会生活中的位置，更强调“和谐人伦”的功能，它有助于提高人们的认识能力，明辨是非。人文素质教育的目的不仅仅是对公德的常识性的认识，从更高的角度说是培养人具有思想的力量。

3. 创新的基础

人文素质教育可以从技能上培训创新的基础能力，更要在智慧上使人懂得创新的意义，它可以给人以积极进取的人文精神和文史哲修养，激励人们不断创新。可以说，人文素质教育是激发人们创新的基础。

（1）人文素质水平是创新能力的标志，它为创新指明方向。因为人文素质的目的在于人类的幸福，而在自然科学领域，创新则是科学与技术的更新，这种更新必须以人类的幸福为目标。

（2）依附人文素质的综合能力，是创新的前提。在人文素质基础上产生的综合能力包括合作精神、心理素质、情感力量等，都是创新必不可少的前提。

（3）在具体个人修养层面，需要注意道德素质、智力素质、身心素质、劳动素质、审美素质。这五种素质和国家教育方针是一致的，德、智、体、美、劳发展全面的人就是教育的目的所在。

（二）社会价值

大学生作为未来社会的主要成员，不仅担负着劳动者的身份，而且担负着文化传承的使命。一个社会的稳定发展不仅来自政治、经济的推动，而且来源于全体成员对这一社会的认同和参与程度。在个体与社会之间，社会成员的素质修养深层次地决定着个人与社会的和谐程度。因此，人文素质教育的社会意义也不言而喻。

1. 信念与社会稳定

任何社会的稳定，都需要一个总体统一的价值观念和一个基本稳定的社会人群。从中国传统社会来看，儒家文化和士人绅士集团构成了中国古代社会稳定的基本要素。在当代，社会核心价值观和知识群体就起到稳定社会的作用。每一个社会都有建立在不同的政治、经济模式基础上的主流与核心的价值规范，对于一个社会来说，信仰的稳定性决定着人们的认知水平和行为能力，也维系着社会的稳定。

人文素质具有历史语境性内涵，在一定历史时期，它的基本内涵与社会历史发展状况相关。在中国传统社会，儒家思想和价值观必然成为人文素质教育

的内容。到了当代社会，儒家价值理想已经远远落后，但是其中的模式和某些人文因素还有参考价值。在这个急速转型期，给人文素质教育提供了机会，使得人文素质教育有了相应的价值，这便是确立信仰的价值。

2. 常识与社会进步

何谓常识？大致可以概括为以下几种意义：第一，客观的、科学的常识；第二，社会的、规范的常识；第三，传承下来的智慧；第四，实践中获取的经验。任何一个社会、时代都要有常识。常识是素质教育的一大主题。

在一个全球化的时代，各种文明之间相互渗透，在各自文化独立性自我强调的同时，世界文化在不断交融。目前我国所进行的社会主义建设，已经无法在一个封闭的思想下进行社会发展和改造，特别是网络时代的来临使得公民意识和公民社会的建设走上轨道，成为越来越多大众的普遍诉求。这样，从遵守常识到突破常识，就要从素质抓起，对常识有清醒的认识，才会对社会进步有更大的作用。

3. 思想与社会批判

作为一个健全的社会，不能失去它的批判精神，而批判精神来源于人文素质教育养成的社会批判能力，这是单纯的知识教育所不能给予的。同时，也不是格式化的思想所能具有的，它一定和保持不同意见的判断力有关。

如何吸收传统文化，结合现代社会的发展状况，培养大学生的批判意识，是一个现实的问题、重要的问题。它关系到一种社会制度在多大的限度内更加合乎人类的天性、合乎大众的需要。大学生作为社会反思力量的储备和主体，应该是社会批判的主力军。

## 第二节　外在美让你气质高雅

中国传统文化就其本质而言，属于礼仪文化，而礼仪文化的核心又是道德。孟德斯鸠曾说：中国人“把宗教、法律、道德、礼仪都混在一起，这一切都是行善，都是美德”。“人无礼则不生，事无礼则不成，国家无礼则不宁。”博大精深、源远流长的中国传统礼仪文化对于社会安定、国家兴旺、社会交际以及个人发展都具有十分重要的价值和作用。

### 一、礼仪与礼仪文化

礼仪是人们在社会生活中表达对他人尊重的一种社会行为规范。不同的社会有不同的礼仪表达方式，不同的场合有不同的礼仪规范。当一定的礼仪表达方式为大多数成员所接受，并成为传统被继承下来后，便以约定俗成的文化和教育形式为全体社会成员所共识、世代相传，从而成为该社会的礼仪文化。

### （一）礼仪的定义

礼仪是指人们在社会交往中，以建立和谐交往关系为目的、以表达敬意为主要内容的符合约定俗成交往要求的行为准则和规范。礼仪具有普适性和传统性特征，同时又具有鲜明的民族特色和地域特色。礼仪具有独特的形式性，礼仪由礼节与仪式组成。礼仪是自愿自觉遵守的行为准则。

### （二）礼仪文化的解读

礼仪文化是一个国家、民族的重要社会文化，礼仪文化是礼仪内容与礼仪形式被传统化后所形成的一种社会文化现象。它是物质的，更是精神的，是两者的综合体。中国人自古尚礼，素以“文明古国”“礼仪之邦”的盛誉而著称于世。中国古代礼仪文化的内容与形式表现得格外丰富，从而引起世人的瞩目。所以说，礼仪文化又是一种世界性的文化现象。礼仪文化的核心是道德。在中国传统文化里，道是宇宙整体的自然规则、自然秩序、自然纲领。

### （三）中华传统礼仪文化的精髓

中华礼仪的内容虽然丰富，形式虽然繁复，但又有体系，有纲领。礼的纲领就是德，所有的礼都是围绕着德展开的。德是一个高度抽象的概念，为了要把它显现出来，就需要有具体的德目，比如忠孝、仁爱、诚信等。而这些德目也是抽象的，于是就需要诸多的礼仪，让人得以触摸和感知。

礼仪的制定需要遵循一定的原则，简言之为“敬、静、净、雅、慎”五个字，以便大家理解记忆。

1. 敬

所有的礼仪，都包含“敬”的原则，没有敬就没有礼。《礼记》开卷的第一句话就是“毋不敬”，古代所有的礼，都是试图培养你内心的“敬”，对父母、对兄弟、对师长、对事业，都不能有不敬之心。因此，我们人人心里都应该有一个大写的“敬”字，时时要想到尊敬自己，尊敬同学，尊敬师长，尊敬知识。有了这个大写的“敬”字，凡事都会用“敬”去衡量。

2. 静

一个修养很好的人，身上必有娴静之气，气闲神定，沉静从容。《大学》中所说“知止而后能定，定而后能静，静而后能安，安而后能虑，虑而后能得”，也就是说人生追求的目标在止于至善，知道止于至善的人，志就有定向，心就会宁静，思虑精详，就能得其所止。正所谓“宁静而致远”正是这

番道理。

3. 净

越是文明的民族，对居住、食品、衣服等卫生程度的要求越高。在传统礼仪中，人们往往通过“净”来体现尊敬之意。从诸多祭祀礼仪中沐浴斋戒、擦洗祭器、处理祭品等严格的步骤要求中，我们可以看出古人的生活是非常讲究卫生的。

4. 雅

我国有追求“雅”的文化传统，比如先秦的智者文化，魏晋的狂士文化，唐宋的诗词文化，以及日常文化形成的茶文化、酒文化、园林文化等，都是“雅”的表现形式。文雅是古人追求的一种生活方式，一个生活文明而又有教养的人，言谈举止必然是文雅的，以至于用餐、坐姿、站姿、服饰等都有严格的要求。

5. 慎

我国古代有一个很重要的道德范畴——慎独，即个人闲居独处时也要守礼自律。中国人的灵魂是要靠自己来管的，人要道德自律，通过礼来把握自己，礼是道德的具象，是道德在人身上的体现，而不需要像西方的神那样去监督。监督中国人的就是“慎独”，即为道德和良心。

## 二、明礼修身的价值

大学生属于社会的一个重要群体，是国家和社会的未来和希望，他们随着当代交际范围的扩展、交际关系的复杂化以及交际内容的多样化，比以往任何时候都更加渴望掌握交际礼仪这一有力的工具，从而为更顺利地进入各种交际场合及为事业的成功发展打开良好的局面。

### （一）明礼教育是思想道德教育的起点并贯彻于全过程

明礼教育是人才素质培养的起点，并伴随于人才成长的全过程，因而也成为思想道德教育的起点并贯彻于全过程。《弟子规》《三字经》《朱子家训》等一系列经典古训，都是人生受教的起始点。当代中国的明礼教育同样是思想道德教育的起点。

### （二）礼仪文化教育是高校实施大学生素质教育的必修课

当代大学生具有培养文化素质、文明礼貌素养、道德修养、健康人格、时代精神、社会责任等诸多方面的需求，引进礼仪文化教育是高校思想政治教育实现这些教育目标的有效途径。

1. 礼仪文化教育是帮助大学生实现建立良好人际关系的需要

大学期间能否与他人建立良好的人际关系，对于大学生的成长和学习有着十分重要的意义。善于处理好人际关系，已是个人取得成功的首要因素。因此，通过校园人际交往活动，在交往中获得友谊，是大学生适应新的生活环境、从“依赖人”发展成“独立人”的迫切需要。礼仪文化教育可以帮助大学生及时地掌握礼仪规范和社交知识，学会运用社交技巧，遵循相互尊重、诚信真挚、言行适度、平等友爱等原则，有效地与交往对象建立起和谐、良好的人际关系，这对于大学生在校期间的健康成长十分重要。

2. 礼仪文化教育是帮助大学生实现适应现代信息社会交往的需要

现代信息社会飞速发展的传播沟通技术和手段，日益改变着人们传统的交往观念和交往行为，人们的交往范围已逐步从人际沟通扩展为公众沟通；从面对面的近距离沟通发展到远程沟通；从慢节奏、低频率的沟通变为快节奏、高频率的沟通。这种人际沟通的变化，对人类社会交往的内容和方式提出了更高的要求，从而产生了与之相适应的现代信息社会人际沟通礼仪。因此，学习礼仪文化可以让高校学生及早学习现代信息社会的礼仪文化知识，有助于他们掌握现代信息社会的人际交往技巧。

## 三、大学生日常礼仪规范

### （一）校园基本礼仪

1. 大学生形象礼仪

形象礼仪是有关于个人仪表形象的设计、塑造、维护以及言行修为的具体规范。形象美属于个体美的外在因素，又是一个人内在美和外在美的和谐统一，反映着一个人的精神状态。“仪表堂堂，风度翩翩”“淑女风范”历来为人们所称道，而这些风度不仅是通过人的音容笑貌、言谈举止和服饰打扮等外在形式表现出来的，更是人格魅力的辐射，是内在气质的焕发。身居礼仪之邦，知书达理、以礼待人应当是当代大学生的一种基本修养。

（1）仪容仪表：一个人的形象包括仪容、服饰、仪态和言行举止。美丽洁净的仪容、协调合适的服饰、自然得体的仪态和文雅大方的言谈举止就是形象外在美的主要标志。在人际交往中，外在的形态、容貌、着装等会给他人传递一种直观的信息并形成印象，有心理学研究表明，交际中“3分钟印象”的60%来自仪表。因此，为了在交际中给人良好的第一印象，我们必须注重自身的仪表形象礼仪。

①仪容礼仪：仪容美通常是指一个人的容貌美和形体美，它在个体形象中

居于显著地位，是个人仪表问题中的重中之重。俗话说："三分长相，七分扮相。"仪容取决于先天条件，但更在于后天的修饰和保养。真正意义上的仪容美，应当是自然美、修饰美、内在美三个方面的和谐统一。在这三者当中，仪容的自然美是人们的理想与追求，修饰美是仪容礼仪关注的重点，而内在美是最高境界。

仪容的自然美也需要后天的悉心保养：秀发的自然美出自悉心的保养，要勤于梳洗，保持干净整齐；选择适合的洗护用品，减少染发烫发的频次；科学饮食，注重养发生发。容颜的自然美源于科学的养护，注意饮食健康，及时补水，多吃富含维生素的食物，少食辛辣刺激的食品；谨防熬夜给皮肤带来的负面影响，通过美容觉睡出青春美；每周安排三次左右的有氧运动，保持皮肤的弹性。

仪容的修饰美主要表现在头发的修饰和面部的妆容。头发的修饰要注意发型的协调恰当，根据脸型、身份、性格选择发型，如圆脸适合蓬松的短发以修长脸型，显示学生的活泼可爱。面部的妆容要秉着扬长避短的原则，讲究色彩的合理搭配，依据自己的脸型合理调配，根据场合选择风格，强调自然美。

仪容的内在美是指主体通过学习与练习，不断提高个人的审美能力和文化涵养，培养出自己高雅的气质与美好的心灵，使自己秀外慧中，表里如一。礼仪学上的人格美主要是指构成一个人的思想、情感及行为的独特而稳定的心理品质、思维方式和行为风格。有些人，总会在短时间内给人以大方、深刻的第一印象，这就源于他多年形成的个人魅力，而富有个人魅力的人，通常都具有善良、真诚、自谦等处世风格，并且善于控制自己的理智和表现自己的情绪，这些都是可以在生活中有意培养锻炼的。气质美是内在修养的自然外露，想要提升自己的气质，除了穿着得体、言谈优雅以外，就是要不断丰富自己，提高自己的知识和品德修养。可以学习交际，感受他人的气质，多看书，多思考，汲取校园文化的熏陶，提升自己的品位和气场。

②服饰礼仪：服饰是一种无声的交际语言，它能透射出一个人文化修养的高低、审美情趣的雅俗，折射出一个人对生活的态度。

服饰要讲求"TPO 原则"，即着装要考虑到"时间（Time）""地点（Place）"、"场合（Occasion）"三大元素。不同的时间里，着装的类别、式样、造型应随之有所变化；不同的地点，着装的款式理当有所不同，切不可以不变而应万变；衣着要与场合协调，着装应适应自己扮演的社会角色。总之根据实际情况来搭配出适合自己的服装，在整洁的基础上能够注重视觉效果，凸显自己的个性风格，达到出席场合所预期的目的和效果。作为大学生，切忌以纷乱的颜色和繁杂的款式突显轻浮而缺失品位，也不必追求高档服饰而不贴近自己的身份和消费水平，而应通过简洁、得体的着装来散发青春活力和健康心态。

（2）言谈举止：

①言谈礼仪。言为心声，语为人境，言谈是一个人内心世界和精神面貌的体现，对个人形象的塑造十分重要。言谈礼仪就是指人们在交谈活动中应遵循的礼节和交谈的原则与技巧等。大学生在交谈过程中不能凭着自己的心情和习惯张口就说，而应遵从一定的礼仪规范，才能达到交流信息、沟通情感、塑造形象的效果。因此，言谈不仅要注意表情、态度、用词，还要讲究交谈的方式及技巧。

A. 交谈方式要优雅：言谈文雅，是指一个人的言行举止自然、大方，规范、得体，以体现出自己良好的文化修养，展现自己的风度和魅力。首先，言谈用语要文雅，经常使用礼貌用语，善于运用一些表达谦恭和尊敬的词语，如“您好”“多谢”“不客气”“劳驾”“您找哪一位”“请多关照”等。切忌因为情绪而口出妄言，甚至粗话、脏话。其次，言谈举止要优雅，在与人交谈时要专注有礼，目光柔和地注视对方，但不要死盯住某一部位不放或上下“扫射”，也不要东张西望，而是认真倾听，表情应随话题内容的变化而变化，说话的声音、语速、语调也应适度，交谈时身体前倾表示专注，不要有指指点点、扭动身体、摆弄东西等不礼貌的动作。

B. 交谈话题要高雅：交谈话题的选择是确保交谈能否顺利进行、交谈双方是否愉快畅谈的前提和关键。首先，要选择适当的话题，从简单日常的话题开始，如谈论天气、穿着等，使对话便于展开，引起共鸣，交谈开始后可以通过巧妙的提问来判断对方当下的情绪和兴趣，注意问题要用开放式的，如“你对新环境的印象如何”，而不是说“你喜欢这里吗”，了解对方喜好后，选择对方擅长、自己也了解的话题，从而能够深入谈论，引起共鸣。

C. 交谈艺术要巧妙：言谈是一门艺术，巧妙的交谈是打开心灵的窗口。一场对话是否成功，除了交谈的内容以外，方式、方法以及表达的技巧和艺术都起到决定作用。幽默风趣是交谈的第一门艺术，当一个人的理论修养和文化素质修习到一定程度时，会自然流露出幽默的言谈风格。聪明的人会通过幽默、风趣的语言将原本深奥、敏感的话题表达得清晰而易于接纳，同时道出生活的哲理以给人启发。但要注意的是，幽默不等同于滑稽、耍嘴皮子，它源于一个人长期的修为，应善于根据谈话对象的身份、关系、性格和谈话的场合等选择合适的措辞来表达。含蓄委婉是交谈的第二门艺术，它是交谈的润滑剂，让对方听得“顺耳”才能达到谈话的效果。指正他人或提出异议的时候要委

婉，拒绝别人时要委婉。学会赞美是交谈的第三门艺术，这不仅能让对方心情愉悦，更能体现自己的胸怀和修为。赞美的话语要真诚适度，只有从心底发出、符合事实，才能让听者受用，否则随意地阿谀奉承只能显得浮夸、造作。不要羞于或吝啬赞美你身边的人和微小的事，学会欣赏日常中的人和事才能让你有一颗发现美的心灵。善于倾听也是一门艺术，比起一些滔滔不绝、长篇阔论的演讲者，一些人可能显得安静、寡言，但并不代表他们是拒人千里的，而是善于尊重、欣赏、倾听他人的谈话。专心倾听，集中注意力，表现诚信，这样才能抓住谈话的重点，才能表达出礼节与敬意。当然倾听后也要适时给予反馈，表明你已听到并理解了信息。

②举止仪态。举止包括体语、表情、举止行为等，仪态指人们身体动作所呈现出的各种姿态，它们都是人的肢体语言，具有丰富的礼仪内容。

A. 内涵丰富的体态语：在人际交往中，我们必须重视身体语言，了解和熟悉常见的身姿、手势，有助于更准确地表达和交流。

手势是体态语中最丰富，也是最具表现力的语言，如果使用得当，可以增强感情的表达，既传递出谈话的思想内容，也能展现出礼仪上的优雅。比如招手致意、挥手告别、握手问候、拍手称赞、拱手答谢等，都是通过手势表达出感情。手势表达的意义一般分为四种：一是形象手势，用来模拟状物的手势；二是象征手势，用来表示抽象意念的手势；三是情意手势，用来传递情感的手势；四是指示手势，指示具体对象或方位的手势。

头部动作也是运用较多的身体语言，而且含义丰富。点头，可以表示赞成、肯定的意思，也可以表示理解，有些场合还表示礼貌问候；摇头，一般表示拒绝、否定的意思，在一些语境中轻微地摇头也含有沉思的含义和不可以、不行的暗示，但有些国家头部动作的意义却相反，如印度、保加利亚等国家摇头表示赞成，点头表示拒绝，要根据当地习俗而正确表达。

还有一些肢体动作，能够反映出一个人的情绪态度，比如反复搓手表示紧张或焦急，耸肩膀表示随你便、无奈或放弃，扭转身体表示意欲离开或结束谈话，等等。善于观察对方的肢体语言，可以领悟对方的隐藏含义，从而把握谈话的内容、方式是否恰当，使交谈更加顺利、愉快，达到效果。

B. 充满魅力的表情：面部表情语言，就是通过面部器官的动作所表示的信息。一般来说，人的面部表情，可以准确地反映出人的内心世界。

眼睛是心灵的窗口，眼睛能够映射出一个人的情感、态度、修养和心境。在社交场合，当与他人见面时首先要以专注的目光正视对方片刻，面带微笑表示问好和有意开始对话。交谈过程中，应当不断地通过各种目光与对方交流，根据与对方的关系适当地运用目光表达情意，使交谈气氛融洽、生动。

微笑是沟通情感的桥梁，也具礼仪功能，表示善意、友好、喜爱，是最动人、最有魅力的交流符号。微笑应该是发自内心、自然流露的，无论是见面时宛然一笑表示问候，拒绝时淡雅一笑表示歉意，讨论时会心一笑表示赞赏，都能够真诚地反映出你的态度和情感。而且，要学会配合口、眼、神色来让微笑丰富动人。

C. 优雅得体的仪态：人们在交往过程中，不仅要进行语言的沟通，还要有行为的观察，通过一个人的站姿、蹲姿、坐姿和走姿来了解他的仪态和意向。

站姿是最基本的姿势，同时也是培养优雅仪态的起点，“站似一棵松”说的就是人在站立时要像青松一样端正挺拔，呈现一种静态美。要做到站姿挺拔，双腿要直立，保持身体平衡笔直，重心在两腿中间，做到挺胸、收腹、立腰，双臂自然下垂于身体两侧，头部抬起平视前方。

蹲姿是一种暂时性的姿势，但也要体现出优雅。下蹲拾物时要站在所取物品旁边，屈膝时两腿适当分开一点距离以掌握身体重心，臀部尽量垂直向下，腰部由垂直慢慢弯曲直至接近物品。女士下蹲时也要注意提前整理衣裙以免尴尬，可采取左右脚前后错开的方式，双膝下蹲时一高一低，显得优雅。

坐姿要沉稳、端正，“坐如钟”，在社交应酬中多有体现。首先就座时要注意礼仪规范，应礼让尊长，照顾女士和儿童，落座时不要大力挪动椅子发出声响。端坐后身体的角度也要根据场合而调整，正规的场合要“正襟危坐”，上身与大腿、大腿与小腿之间均为直角，两腿并拢，脚掌平放，双手放在大腿上。而坐的深浅要坐满椅子的2/3处，背部挺直，身体稍向前倾，表示尊重和谦虚。

古人形容走姿为“行如风”，就是要求行走时如清风徐来，潇洒而轻快。走姿最能体现一个人的精神面貌，展现一个人的健美体形。行走时步态要昂首挺胸，直腰提膝，双目平视，前后脚交替时膝盖一定要伸直，踏脚松弛，落地平稳。步幅要注意两脚间的距离适中，脚的方向不要向内或向外，落脚时尽量保持在一条直线上。行走时要运用腰力，双腿和脚掌富有弹性，速度均匀，双臂自然前后摆动，使步伐显示出韵律。

2. 大学生校园活动基本行为规范

（1）校园内行为规范：

①学生平常要注意仪表整洁，举止有礼。师生见面，应主动打招呼行礼；同学之间，也要以礼相待，相互问好。

②行走时，要注意姿势，遵守规则，上下楼梯靠右行；同老师相遇，应让老师先行；遇到升降国旗应立定并面向国旗行注目礼。

③进办公室应先敲门或打招呼，经老师允许后方可入内。

④要爱护公共财物，不得随意损坏、改装公共设施，注意节约用水、用电，爱护学校的一草一木。

⑤保持校园内环境卫生，不随意吐痰、乱扔垃圾，按职责定期清扫卫生。

⑥保持校内安静，维护教学秩序，不在宿舍区和教学、科研、办公区进行影响师生工作、学习和休息的体育、文娱活动。

⑦定期洗澡，保持个人卫生，穿戴美观、大方、整洁，不得穿奇装异服，出入公共场合应着装正式，不得穿背心、短裤、拖鞋等。

⑧业余文化生活应健康、高雅，不得介绍、购买、出借、传阅内容反动和淫秽的书刊、图片、音像制品等；遵守校园网络的有关规定，文明上网。

⑨遵守学校的各项管理制度和文明公约，维护校园文化。

⑩珍惜并维护学校的荣誉，校外活动要代表学校的形象，以学校为荣。

（2）课堂行为规范：

①做好上课准备，提前进入教室，不准迟到、早退，迟到者进入教室须经任课教师同意，不得影响教学秩序。

②尊敬教师，讲礼貌。上课前全体学生应起立并向老师问好，待老师还礼后学生方可坐下。

③教师提问时，学生应起立回答；学生提问应先举手，经老师同意后再起立提问。

④集中精力听讲，上课时不准随便说话、走动，不准吃东西、打瞌睡，不准玩手机、电脑等做与听课无关的事。

⑤自觉遵守课堂纪律，上课时关掉手机等通信工具，上课时间不准会客、接电话，不准随意出入教室，如有特殊情况，须经任课老师同意方可离开教室。

⑥注意仪容仪表，衣着整洁，大方得体，不得浓妆艳抹。上课时不准戴帽子、墨镜（特殊情况经班主任批准后例外）。

⑦上自习时要保持安静，不得影响他人学习。

⑧要保持教室的整洁，上课前学生必须擦净黑板及讲台桌，不准带零食等进入教室，不准随地吐痰、乱扔垃圾，不准在课桌椅上、墙上乱刻乱画。

⑨爱护教室内的公物，不得随意挪动或搬出教室内的课桌椅，不准擅自动用教学设施、设备。

⑩注意节约，自习人少时应集中用灯，最后离开教室的同学要关好门窗，

关上所有的灯。

（3）宿舍行为规范：

①自觉遵守宿舍管理各项规章制度，服从管理，主动配合有关人员的检查。遇到停水停电等突发事件时要保持安静和冷静，通过学生干部或值班人员及时解决问题，严禁起哄滋事，严防发生意外。

②宿舍内要加强团结，互相关心，互相爱护，互相帮助，注意语言美，不讲脏话、粗野的话，相邻宿舍的同学要互相尊重，友好交往。

③遵守作息制度，按时起床，按时就寝，晚间迟归宿舍要主动进行登记。

④在自习或别人休息时，动作要轻，打电话时要控制音量或回避。不得在宿舍区喧哗、打闹，不得放大电脑、收音机的音量。

⑤严禁将易燃、易爆的物品带回宿舍，宿舍内严禁使用酒精炉、煤油炉、蜡烛、电炉、电烙铁、热得快等设备，严禁偷电、私接电源，不准自行留客住宿。不得抽烟、酗酒，宿舍内不得养宠物。

⑥增强自我防范意识，提高警惕，防火防盗。休息或外出时要锁好门、窗，发现可疑人员要立即询问、报告，确保宿舍治安安全。

⑦注意公共卫生和宿舍卫生，起床后要及时叠好被子，注意床上整洁，床下鞋子要放整齐。不要随地吐痰，乱抛果皮纸屑，更不得将剩饭菜、瓜果皮壳倒在水池里、下水道、室内外、走廊里，垃圾一律倒入垃圾篓。宿舍卫生值周工作要正常。

（4）就餐行为规范：

①就餐者要遵守食堂就餐时间，买饭时要自觉排队，不得插队和拥挤。

②就餐时不要将脚跷在凳子上，不准在桌凳上乱写乱画，要讲究卫生，保持食堂清洁。

③爱惜粮食，按需购买食物，吃剩的饭菜须倒入指定区域，并自觉收放餐盘餐具。

④要尊重工人的劳动，平时见到工人要热情招呼，要配合和帮助工人师傅搞好食堂工作。

（5）参加会议或活动的行为规范：

①按要求准时参加会议或活动，不迟到，不无故缺席。

②自觉维护会场秩序，服从统一指挥，遵守会场纪律，尊重讲话人、组织者的劳动，不做与活动无关的事情。

③爱护公共设施，保持会场清洁卫生，不吃果壳食物，不随地吐痰和口香糖，不乱扔废弃物。

④因故迟到或中途出场时动作要轻，不弄响座椅，以免影响他人。

⑤散会时，有秩序地离开会场，不要抢先、拥挤，避免造成混乱和意外事故。

### （二）校园生活礼仪

作为大学生，每天都要进行校园交往和社会交往方面的人际交往，应当掌握一些基本的人际交往礼仪知识，以提高自己的社交能力和适应社会能力。

#### 1. 学生尊师的礼仪

尊敬老师是中国古代教育的一种传统美德，并沉淀为中华民族共同的价值取向。尊师也是校园礼仪的首要关注点，这不仅是对教师辛勤、无私奉献的感恩，也是对知识的敬重。

（1）尊重老师的劳动。老师的辛苦劳动主要体现在教学、管理上，作为学生应遵守课堂秩序，服从老师管理，虚心学习，认真上进，取得良好的学习成绩，这是对老师最大的尊重。

（2）尊重老师的人格。学生和老师谈话时，应主动请老师坐，若老师不坐，学生应该和老师一起站着说话。同老师谈话，要集中精神，姿势端正，双目凝视老师。有不同看法时，可及时向老师请教、探讨。要虚心接受老师批评，不可当场顶撞老师，指出老师错误时应婉转恰当。

（3）尊重老师的习惯。学生对老师的相貌、衣着、表达方式等习惯不应指指点点、评头论足，除非影响到正常教学秩序或效果，否则不得恶意曲解老师的个人习惯。

（4）尊重老师的情感。每个老师都希望“桃李满天下”，他们无私的奉献只求学生获得出色的成绩和傲人的成长，作为学生应珍惜这份无私大爱，用自己的言行和成绩回报感恩，并适时对老师的身体、心情表示关心和慰问，形成真挚、双向的师生情谊。

#### 2. 同学交往的礼仪

同学之间的深厚友谊是大学生活中难忘的回忆，注意同学之间的交往礼仪，不仅可以维系良好的同学关系，锻炼提升自己的交往技巧，同时也可以获得珍贵的同窗情谊。与同学交往需要注意以下几点原则。

（1）谦恭有礼。校园交往要养成注意礼仪的习惯，即使是跟自己熟识的同学也要讲究基本的礼貌和尊重。见面时礼貌问候，学习时谦虚互助，共事时诚信、守约。

（2）真诚友爱。真诚友爱就要树立“心中有他人”的观念，对待同学要做到热情、诚恳，态度谦虚随和，不要拒人千里，也不要窥探他人隐私。

（3）相互尊重。同学之间应该相互尊重，以礼相待，以诚待人，与人为善，不要对同学的相貌、衣着、习惯等品头论足，不要讽刺、讥笑他人的生理缺陷，而应多一些理解和关爱。

（4）心怀集体。每一个人都离不开集体，尤其是对在外求学的大学生，学校、班级、宿舍就是自己的“大家庭”。在集体生活中，要顾全大局，遵守公约，团结同学，互相帮助，相互理解，自觉维护集体的利益和形象。

（5）善于沟通。交流可以增加同学间的了解，减少不必要的矛盾和误会，同时增长知识，增进友谊。同学之间交流时应注意说话时态度诚恳，语调平和；用词文雅，注意场合分寸；开玩笑要有度，不要口不择言；要善于倾听，适时反馈，不要轻易打断别人。

（6）乐于并善于帮助他人。当有同学需要帮助时，应了解情况，分清是非，尽力而为且量力而行。如果同学确有困难且在你的能力范围内，应真诚关心，尽力帮助；但如果同学的要求是弄虚作假、违纪或伤害他人，则务必端正是非观，并耐心劝导。

（7）学会与异性交往。随着年龄的增长，进入大学校园的青年男女之间除了纯真的友谊，可能会因为欣赏而生爱慕之心。一般的异性交往要注意举止得体、彬彬有礼、文雅大方，不要过于随便而没有男女界限；谈恋爱要谨慎考虑，以不影响双方学习、身心、发展为前提，同时注意言行有度，不伤害彼此的名誉，不影响校园文明环境。

## 第三节 内在美让你品性高尚

### 一、中华民族传统美德的内涵和精髓

中华民族传统美德是中华民族文化中的瑰宝，是中华先民用生命丈量出来的人生哲理，它对于中华民族的思维方式、价值取向、理想人格、伦理观念乃至审美情趣都产生了巨大影响。

#### （一）传统美德的形成

中华传统美德历史悠久，博大精深，源远流长，随着历史前进不断传承与发展，距今已有2500多年的历史。在漫长的历史发展过程中，随着社会演变和文明的推进，中华民族传统美德也逐渐明确、规范并得以丰富和发展。早在春秋初期，著名的政治家、思想家管仲提出了“礼、义、廉、耻”4个道德要

素；接着，春秋末的老子倡导“仁”“信”等道德操守；继而，战国思想家孟子在此基础之上将“仁、义、礼、智”这4个要素整理归纳出来，作为道德的基本要求；最后，汉代的思想家董仲舒把“仁、义、礼、智、信”五大道德要素整合在一起加以全面阐述和规范，这是中国历史上第一次明确提出“仁、义、礼、智、信”这个“五常之道”，即五大道德要素。至此，中华民族传统美德的核心内容得以确立并不断发展。

### （二）传统美德内涵的确立

经过几千年的历史沉淀与演变，传统美德的内涵不断丰富、变化、发展，才得以最终确立下来，为我国古代封建社会的繁荣提供了有力的思想道德支撑。到了社会主义中国新社会，虽然有些传统道德已经不适合甚至阻碍了新时期的社会发展，但那些超越时代局限的、具有普世教育意义、对我们今天构建社会主义新社会有益的中华传统美德仍值得我们继续传承并将其发扬光大。

结合当今中国社会实际，我们将中华民族传统美德定义为：中国五千年历史流传下来、具有一定影响力的、可以继承并得到不断创新发展的、有益于下一代的优秀道德遗产。它是中华民族优秀的道德品质、优良的民族精神、崇高的民族气节、高尚的民族情感以及良好的民族习惯的总和，标志着中华民族的“形”与“魂”；它同时也是我国人民长期以来处理人际关系、人与社会关系及人与自然关系的实践的结晶。

### （三）传统美德的精髓

中华民族传统美德丰富多彩，博大精深，以儒学为主题的中华美德其意境之高远、伦理之纯真、利他精神之善美、浩然正气之充实，让世人仰慕，让国人自豪。结合当今社会主义价值观的内核及思想政治教育的育人目标，概括总结中华民族传统美德的精髓主要包括以下几个方面。

（1）以“仁”为核心的仁爱精神是孔子及儒家思想的核心，构成了中华民族的基本精神价值。它所包含的不仅是孝悌忠义的“亲亲之情”，而且是“泛爱众而亲仁”的大爱，乃至“天下为公”的爱国主义精神和天下大同的崇高理想。

（2）自强不息，追求自由解放的精神，它是中华民族最质朴的开拓创新精神，激励着民族的历史进程和个人的生存之道。

（3）求真务实、诚实守信的信念，它对新时期经济建设和思想建设有着根本导向的作用，对净化国人思想和追求有着原则性的警示。

（4）厚德载物，尚中贵和，强调人与社会、人与自然、人与人之间的和谐关系。有利于当今生态文明建设和人文主义精神倡导。

(5) 推崇理想人格，追求崇高精神，强调人们在物质追求基础上还要重视精神追求，形成自己的信仰和人生境界。

## 二、大学生应具备的道德品质

文化传统需要长期的积累，更需要一代一代的传承。道德是一种社会性、全局性的规范，是人们的共同价值取向。而作为个人的大学生，其思想与行为往往受个人的动机与利益支配而与社会的规范价值发生矛盾，这就需要传统美德教育对人们的思想与行为加以正确引导，使他们提高美德认识，陶冶美德情操，锻炼美德意志，树立美德信念，养成美德习惯。

### (一) 崇德：厚德载物，诚信自尊

#### 1. 继承厚德载物精神

我们如何看待自然界？如何看待人类社会？如何看待人生？如何看待学习生活？这些问题都会涉及我们的价值观问题。如何树立正确的价值观，正确地对待世界，对待人生，如何实现自身的价值，对我们每一个人特别是大学生来说至关重要。《易经》中说："地势坤，君子以厚德载物。"意思是要人们以大地般宽广的胸襟承载万事万物，顺承天道。《中庸》说："万物并育不相害，道并行而不相悖。"这些都体现出了中华民族宽阔的胸怀，反映了中华民族所具有的厚德载物的兼容精神。正是有了这种精神，才有了历史上有名的汉唐雄风，才有了几千年的文明古国，才有了许多国家难以企及的大国气质。

做人首先要强调厚德，不断提高自身的道德修养。只有增加了内涵，具备了崇高的道德和博大精深的学识，践行社会主义核心价值观，才能成为一个大写的人，才能具有强烈的责任感和使命感，亦才能够关心人，爱护人，以正直和与人为善的态度处理好人与人之间的关系，兼容并蓄。作为民族的继承者，当代大学生将厚德载物吸纳为自己的人生理念和道德情怀，才能真切理解传统美德的内涵，才能汲取文化宝库的精髓，才能培养健全高尚的人格，才能明确为人处世的原则，成为一个内外兼修的大学生。

#### 2. 培养诚信自尊品质

何为诚信？诚信首先是一个道德范畴，即强调待人接物要真诚，讲信誉，要做到一言九鼎，一诺千金。在中国传统文化中，诚信是对人的一种底线要求，是出世立身、成就功业的基石，是人格元素中的一个基本品质。

诚信在今天同样有着不可替代的价值，市场经济时代更要讲究诚信，才能获得长远的成功。近年来与诚信相左的案例比比皆是，人们在谋取物质财富的

同时蒙昧了良心和做人的原则，因此对诚信的呼唤愈加迫切和关键。

作为青年知识分子，大学生的心里应该持有道德的天平，应该保有原则的底线，诚信便是大家走向社会、走向未来的中坚力量和基本品质。大学生的诚信要从对知识的敬重和维护开始，无论是各类考试还是论文的撰写，乃至应聘时的求职简历，都要真诚地反映自己的所学所思，让真实的成绩作为明镜照亮内心的坦荡。

### （二）至爱：忠义孝悌，清涟自爱

#### 1. 继承忠义孝悌精神

忠：是尽忠。尽忠国家，忠于祖国和人民，这是作为国民的责任。“忠”也是要忠于组织和自己的工作职责。社会主义核心价值观中所强调的“爱国”和“敬业”，就是弘扬对国家与人民的热爱，对民族利益和民族文化的维护，从自身岗位职责做起，爱岗敬业，为社会主义建设奉献自己的一份力量。

义：是义气。是说人们应该有正义感，要有见义勇为的精神，无论谁有困难，要尽力去帮助，解决问题。对朋友要有道义，大公无私，助人为乐。这种爱超乎小我，超乎血脉，至善之心源于对世人的悲悯，源于内心柔软而温暖的力量。

孝：是孝顺。孝顺父母，这是为人子女的本分，孝顺是报答父母养育之恩。在我国家庭伦理是整个社会伦理道德的核心和基础，而孝亲尊老又是家庭伦理的核心。学会感恩，是对生命最纯挚、最敬畏的体验，是人之为人最基本、最美好的德行。“哀哀父母，生我劬劳。”“谁言寸草心，报得三春晖。”父母对我们的养育之恩重如泰山，除了内心的感恩之外，我们也要学会表达，努力报答，用成绩与成长慰藉父母的期望。

悌：是悌敬。本义是敬重长辈，后指兄弟姊妹之间的情谊，扩而充之，对待朋友也要有兄弟姊妹之情，这样人和人之间才能消除矛盾，相互谦让，互敬互助。当代大学生多为独生子女，伙伴朋友便亲如手足。对待同学友善、关爱，才能形成良好的人际关系，能够在相互砥砺中成长前行。

#### 2. 培养清涟自爱品质

爱是一种成熟的情感，也是一种成人的能力，它不仅是生理本能的流露，更多地负载着责任、约束、付出等内涵和延伸。学会爱他人，首先要懂得爱自己。自爱，是爱惜自己的身体，尊重自己的名誉，信任自己的人格。自爱就是直面自己，与自己进行沟通，通过倾听自己，感受自己，了解自己，从而表达自己，表现自己；自爱就是做自己生活以及所经历、所领悟和所发现的事物的主人，并对其承担责任；自爱就是不断寻找自己在浩瀚宇宙中的位置，明确自己在人际网络中的角色，看到集体中个体的与众不同，也看到个体与集体的息息相关。

作为大学生要懂得自爱，这是对生命的敬重，也是对生活的热情。但这份爱绝不是自私的、狭隘的、浑浊的，而应是“出淤泥而不染，濯清涟而不妖”。清涟，是内心的澄明之境。校园是最纯净的天地，无论是知识的纯粹、求学的真挚还是学风的明朗，都让莘莘学子怀有赤子之心。当面临生存的竞争、社会的纷杂、利益的抉择时，我们是否还能保持内心的清涟，这是丈量人生长度、宽度和深度的标尺。

### （三）博学：勤奋进取，自立自强

#### 1. 继承勤奋进取精神

“天行健，君子以自强不息。”1914 年冬，梁启超先生应邀到清华大学演讲，期间就引用了《周易》中的这句名言。他以自强不息的进取精神激励青年学子奋发图强，勤勉治学。勤奋进取，历来是中华民族崇高的道德精神，它激励着中华儿女一代又一代地拼搏奋斗，改革进取。自开天辟地以来，我们勤劳勇敢的祖先披荆斩棘，勇于攀登，用血汗拼搏证明了我们的卓越智慧和宽广胸怀。

勤奋进取，是一种对价值的追求，是推进一个人生命进程的发动机。人的一生，无论顺境还是逆境，都应该用更高的标准、更严格的要求来鼓舞自己，“百尺竿头，更进一步”。

勤奋进取，也是一种“日新”的精神。“天行健”本身就是一种永恒的运动和变化，君子处世，也应像天一样，自我力求进步，刚毅坚卓，发奋图强，永不停息。只有“一日三省吾身”，不满于现状，通过学习与实践不断求是创新，才能每天遇到更好的自己。

#### 2. 培养自立自强品质

走进大学，标志着一个人的独立人格更加完善，获得更多自主支配权的同时也承担上了相应的责任和义务。作为一个不断成熟的个体，大学生应该树立自立的意识，学会自强的本领。

自立自强，是鼓舞青年学子走出家庭温室、松开父母怀抱、在人生历练中摸爬滚打的信念和目标。尤其对于初入大学的学生，独立生活带给大家充分空间的同时也带来了各方面的不适应，生活的管理、人际的相处、学习的自律，都会使大一学生感到迷茫失措。是依赖他人庸庸度日，还是打起精神努力挑战，决定着大学生活的质量和前景。

自立自强，不仅是一种信念，更需要坚实的能力作为支撑，而这种能力就

来源于不断的学习进取。大学生的学习范围更加宽泛，不仅是指课堂上对书本知识的掌握，更来自社会实践中广阔的学习资源。因此，大学生建立在自立自强、勤奋进取信念上的学习，就变得更加广博、实际。对待知识，要打好公共理论基础，并在专业领域博览群书，了解专业特点和发展形势；对待常识，要投身到广泛的社会实践当中，用经历积累经验，提升自己学习的厚度。真正做到博学多才，打好立足社会的根基。

### （四）尚美：君子人格，乐观自信

#### 1. 继承谦谦君子人格

我国传统人文素质教育的目标是培养“君子”，所谓“君子”就是指那些既有道德，有修养，还有才能，并且对社会有益的人才。在我国历史上，首先明确提出塑造和培养君子人格的是孔子。孔子所向往品格高尚、修养高雅的“君子人格”，必须具备“文”与“质”两种素质，所谓“质胜文则野，文胜质则史。文质彬彬，然后君子”，是指君子既要品德质朴，又要文采翩翩，两者均衡配合，方能称为君子。

正如我们上述所讨论的各种传统精神和优秀品质，便是成为一个君子应具备的综合素养，在此素养上自然散发出来的君子风度和气节，便是人格之美、气质之美、灵魂之美的总和。

我们常用“梅兰竹菊”比喻君子，这正是形美兼神美的艺术象征。梅，剪雪裁冰，一身傲骨；兰，空谷幽香，孤芳自赏；竹，筛风弄月，潇洒一生；菊，凌霜自行，不趋炎势。这种美，美在视觉，美在风骨，美在意境。

#### 2. 培养乐观自信品质

微笑是上天赋予苦难人生的一把钥匙，它可以在人迷茫时找到方向，求索时找到动力，挣扎时找到稻草，成功时找到回味。微笑也是打开心灵的窗口，它可以展现内心的通达，融化交往的隔阂，照耀人间的冷暖。

最纯真的微笑，是孩提时满足所求的生理反应，这种满足，多来源于父母等人的给予。随着年龄的增长，满足感要来源于自己的付出与努力。付出是需要代价的，努力是需要克服困难的，加之生活的复杂与压力，成人的我们越来越难以满足内心，越来越难以感受美好，越来越容易忘却微笑的力量。

学会在自尊中品味人格的力量，学会在自爱中体会生命的重量，学会在自强中体味成长的能量，才会在自信中感受到生活的美好与希望。无论求学还是生存，都是一个艰辛求索的过程，但在体验中保持乐观的精神，怀揣远大的梦想，前进的脚步才会铿锵有力，朝向目标的眼神才会坚定执着。微笑着昂首阔步的年轻人，才是最美的民族精神的延续。

## 三、让自己的个性适应社会——塑造自己的品质修养

《礼记·大学》云："古之欲明明德于天下者，先治其国；欲治其国者，先齐其家；欲齐其家者，先修其身；欲修其身者，先正其心；欲正其心者，先诚其意；欲诚其意者，先致其知，致知在格物。物格而后知至，知至而后意诚，意诚而后心正，心正而后身修，身修而后家齐，家齐而后国治，国治而后天下平。"

"修身，齐家，治国，平天下"，内含逻辑关系，之间相辅相成。一个人，无论是出于个人理想的实现，还是家族荣誉的谋求，抑或是驰骋天下的宏愿，都应该夯实自身基础，修身养性，提高内在的品质，完善自己的人格。

作为尚处于学习阶段的大学生，价值观的养成、人格品质的塑造都处于关键时期，求知的迫切、情感的炽烈与踏入社会的渴望促使年轻人对自己寄予更多的期望，这其中既包括自审的目光，也含有他人、社会对自己的评价和要求。如何让自己的个性适应社会，如何塑造自己的品质修养，是一个漫长积累、亲身体验的过程。

### （一）丰富知识

学习知识、增长智慧的过程亦是提升品质修养的过程，人的知识愈广，素质也就愈臻完善。现实中，不少大学生的素质缺陷正是因为知识的贫乏和单一。无知容易令人粗鲁、自卑，而丰富的知识则使人自信、理智、坚强、谦和。

丰富知识，广泛涉猎各门学科领域，在深钻专业知识技能的同时，也要博览群书，百纳众萃。这样既能开阔视野，开阔胸襟，也能在触类旁通之间发挥各门学科之间的联系和促进作用，便于真正做到学以致用。

### （二）优化人格

发挥自己的个性，首先要正确地认识自己，然后扬长避短，择优汰劣。择优，就是选择某些良好的人格品质作为自己努力的目标，比如自信、勇敢、勤奋、坚毅、诚恳、善良等，凝聚中华民族传统美德。汰劣，就是针对自己性格、人格上的缺点、弱点予以纠正，比如自卑、孤僻、懒散、冷漠、任性、粗心、急躁等阻碍个性发展和人格完善的缺点。

择优与汰劣往往是一起进行的，择优的过程就是弥补不足的过程，而改正缺点的同时也就养成了优点。因此我们要谦虚自省，及时发现并修正自己的缺点；也要乐观自信，善于悦纳并鼓励自己发扬优点，这样才能不断完善自我。

### （三）锻炼意志

品质的塑造是一个艰辛的过程，选择坚强坚持还是软弱放弃，主要是以意志的发展水平为标志的。因此，意志在高尚品质中占有非常重要的地位。

培养坚强的意志是塑造品质、完善人格的重要内容和原则，无论是对理想的坚持，还是对惰性的克服，意志的锻炼都是一个艰苦而长期的过程，其间意志力的强弱，对高尚人格的塑造起着促进或阻碍的作用，有志者事竟成。

### （四）善于实践

“纸上得来终觉浅，绝知此事要躬行。”我们崇拜历史人物中的豪杰志士，或是感慨作家学者的聪明才智，都是对理想人格的一种向往和推崇，但真的到自身的品质修习上，除了读万卷书去学习效仿，更要行万里路去付诸实践。实践是检验真理的唯一标准，也是衡量一个人进退得失、是否符合社会发展的标尺。

我们除了勇于实践，也要善于实践。实践，要善于从小事做起，“千里之行，始于足下”。塑造高尚的品质，要从每一件眼前的事情做起。尤其对于我们大学生而言，绝不能空谈抱负，而应珍惜日常生活中自我锻炼的机会。一个人的言行往往是其人格的外化，一个人的日常言行积淀形成的习惯就是品质。

### （五）融入集体

品质塑造、发展的过程，是人的社会化过程，高尚品质是在集体的土壤里塑造出来的，它在集体中形成，在集体中得以实现。集体是一个人展现其品质的舞台，也是认识和了解自己的一面镜子。通过与他人的交往，自己的某些品质受到赞扬、鼓励或批评、指正，从而有利于做出调整以完善自己的人格。

大学是一个集体，其中又包含班级、宿舍、学生组织等小的集体，我们正是被一个个集体所包围，既有归属感，也有使命感。当你融入集体、适应集体、奉献集体时，自身的品质也就得到了提升。而校园也是一个人过渡到社会大集体的桥梁，四年之后，我们是否能成功地踏入社会，顺利地实现自己的抱负，都取决于在大学这个集体中的磨砺和成长。

# 第八章　多彩校园：学生社团与志愿服务

## ——做有公益之心的大学生

高校的基本任务是人才培养，丰富的校园文化活动是体现大学文化的重要形式，也是校园文化的重要载体，对提升学生素质和综合能力具有不可替代的推动意义。要不断加强校园文化建设，开展丰富多彩、积极向上的校园文化活动，营造积极、向上、和谐的校园氛围，为学生提供良好的成长环境，积极做好大学生志愿服务和公益活动，开展志愿服务活动，做有公益之心的大学生，不断提升自我能力，为校园文化注入新鲜血液，用青春谱写多彩的大学校园生活。

## 第一节　校园文化建设要彰显大学文化

高校宣传部门和学生管理部门，要用丰富多彩的校园文化活动传递大学文化。而大学生们要积极参加大学生社团活动，通过参加校园文化活动和社团组织，实现“学习—实践—再学习—再实践”的良性循环，使组织领导能力、沟通协调能力、语言表达能力、写作能力及宣传动员能力等综合能力不断得到提升。

### 一、校园文化建设的内容

校园文化活动是校园精神文化建设的主要体现，是一种具有校园特色和健康生活氛围的大众文化活动。文化活动是校园文化建设的重要组成部分。做好大学校园文化活动的研究，首先要明确校园文化的含义。因此，对文化概念进行梳理和分析是研究高校校园文化的重要前提。

#### （一）文化的含义

文化这一概念有着非常丰富的内涵和十分广阔的概念。古今中外对文化含

义的界定众说纷纭，据统计，关于文化的概念有200多种。由于时代、观念、知识等不同，人们对文化的理解存在很大差异，迄今为止没有形成统一的看法。

总的来说，文化是人类所创造的财富的总和，有狭义与广义之分。狭义的文化是指观念形态的文化；广义的文化主要分为物质文化、精神文化、行为文化、制度文化四个层面。是指语言、文学、艺术及一切意识形态的精神产品。

### （二）校园文化的含义

校园文化这一概念最早由美国学者Waller提出，他将其定义为：学校中形成的特别的文化。在我国，校园文化概念最早在1986年4月上海交通大学第十二届学代会上被提出并得到公认。之后，吴林根、陈钢心、高占祥、杨怀中、龚贻洲等学者从不同视角、不同侧面和不同层次对校园文化的含义做了种种界定。研究中还出现了“亚文化说”“文化说”“综合文化说”“文化氛围说”“启蒙教育说”等很多观点。而现在我们所说的校园文化是中国特色社会主义文化的重要组成部分，是凝聚和激励学校师生力量的重要途径，是学校精神文明建设的重要内容，是学校综合实力的重要标志。校园文化活动是在学校的组织和领导下，或在学校的倡导和指导下由师生组织的为实现学校教育目标而举行的各种健康有益的教育活动。丰富的校园文化活动可以彰显大学的教育实力和文化实力。

大学文化需要建立在大学本质特征之上，是一所大学中教师与学生在共同的价值观念和行为方式的体系中所呈现出来的独特个性，这种“独特个性”是为一所大学所独有的其个性通过大学文化空间（校园）、主体（师生）和内容（以知识和学科、专业为其核心和基础）体现出比较固定的与众不同的独特性和优良性。大学文化特色的内涵非常丰富，体现在大学精神文化、制度文化、物质文化、活动文化等各个层面上。大学文化是社会文化的组成部分，大学文化首先要认同社会的主流文化。我们要在各种文化冲突和融合中，选择符合国情、符合我国社会主义核心价值观的优秀文化，创造中国特色的大学文化。

### （三）校园文化建设的内涵

高等学校校园文化作为一种综合现象或精神风貌，是在长期的办学过程中逐步积淀和凝练而成的。

#### 1. 校园文化以学生为主体

校园文化以课外文化活动为主要内容，是办学理念、精神风貌、学术氛围、教学风气、建筑风格、校园环境等精神文化和物质文化的总和。校园文化建设是教育发展的需要，也是建设和谐社会的需要，是提升教育内涵、促进教育可持续发展的重要途径。

2. 校园文化建设必须紧紧围绕高校人才培养目标

校园文化建设是以校园为主要空间，涵盖学校领导、教职工以及学生在内的，以校园精神为主要特征的一种群体文化。大学要高扬时代主旋律，营造丰富多彩、健康向上的育人环境。在校园文化建设内涵的基础上，制定好整体带动局部、局部促进整体的战略方针政策，着重加强健康、向上、绿色、协调、共享的校园文化建设内容。

3. 校园文化需要建设

校园文化需要全校师生的精心培育和努力建设，不是信手拈来的现成东西。从广义的角度来理解校园文化建设问题，它包括学校物质文化、制度文化、精神文化、行为文化建设四方面的工作。学校物质文化建设是指学校建筑、图书馆、运动场、食堂、宿舍以及教育设施等方面的建设，这些既是学校开展教育教学活动的物质基础，同时也是塑造优良校园文化的物质基础，属于显性校园文化。

4. 学校制度文化建设是校园文化建设的重要组成部分

我们要善于分析校园文化的特点和重点，增强工作的针对性和实效性，构建出一所理想的大学。如学校的党团组织、学生会、体联、艺术团、各类社团等组织，以及学校的各种规章制度都体现着学校的制度文化建设的成果。

5. 以校园精神文化建设为核心促进行为文化建设

校园文化是精神文明建设与和谐校园建设的重要组成部分，学校的形象、风貌也往往通过校园精神文化建设体现出来。而最能体现出一个学校的精神文化建设好坏的是学校的校风、教风和学风。优良的校风是一面旗帜，促进师生行为文化的建设，激励着教师为人师表，辛勤育人，也鞭策着学生勤奋学习，积极向上。教风是一所学校教师长期积累和形成的教学风格，学校需要花费大量的心血去创造各种条件，为教师提供培训的机会，也为学生带去更好、更优质的教学。学风是一所学校的学生在学习过程中所形成的学习习惯、治学态度的集中体现，优良的学风也像校风、教风一样，对教育教学质量的提高、对学生人格品质的发展都有着重要的意义。

总之，校园文化是一个不断探索、建设、研究、提高的整体工程，是学校可持续发展的动力之一，是学校综合办学水平的重要体现，也是学校个性魅力与办学特色的体现，更是学校大学新生适应性教育和高素质人才培养的内在需要。

## 二、校园文化的作用

校园文化是学校教育不可缺少的重要组成部分，是学校物质财富和精神财富的总称，也是学校所具有的特定的精神环境和文化氛围，它体现了一所学校的校风、教风和学风。作为一种环境教育力量，校园文化对学生的健康成长有着巨大的影响。健康和谐的校园文化可以给师生创造一个无形的心理“磁场”，在无形中凝聚全体师生的力量，起到“润物细无声”的教育魅力。校园文化是一所大学的灵魂和外在体现。以中华女子学院为例，在全面建设一流女子大学的征程中，首先要将其建设成合格的普通女子高等院校，要全面推进校园文化建设，逐步形成底蕴深厚、特色鲜明的校园文化氛围，为学生成长和发展提供文化支撑，优化学生成长环境。

### （一）作为一种环境氛围具有环境育人作用

校园文化对于大学生的身心健康和成长有着巨大的影响。这就是传统意义上的“染缸”作用。丰富多彩、健康高雅的校园文化，对低俗的非理性的文化及各种消极腐败思想能起到很好的抑制作用，有利于学生正确的世界观、人生观、价值观的形成。早在中国古代就有“昔孟母，择邻处”的佳话，说的就是在孩子成长过程中环境的选择对于孩子成长的重要教育作用。学生成长是校园文化建设的终极目标，良好的校园文化氛围可以陶冶学生情操，构建学生健康人格，全面提高学生素质。

### （二）具有创造和谐人际关系的作用

校园文化建设是以学校集体为单位。这就要求学生必须处理好个人和集体之间的关系，注意相互间的协作，必要时为了集体利益要牺牲个人利益，否则就会受到来自集体的人际压力。从某种意义上讲，人际关系是一种高级形式的校园文化。良好的人际关系不仅可以使学生全身心地投入学习，促进学生奋发向上，健康成长，还可以形成良好的集体意识。校园文化的载体主要是通过组织各种各样的学生活动。学校应适度地开展一些丰富多彩的第二课堂活动，如各种体育比赛、文艺会演、美术书法作品展、影视欣赏等，还有同学们喜闻乐见的全校性的传统“科技节”“女生节”等活动，鼓励师生一起参与。这些校园文化活动要兼顾教育与兴趣、知识与娱乐、活动与休闲，努力让学生根据特长爱好，扬长避短广泛参与，学生们在自己组织、参与这些活动过程中，打破地域、专业、年级界限，形成和谐的人际关系，优化人际环境，有利于培养学生的集体意识和协作精神。

### （三）具有示范和激励作用

学校根据社会发展趋势及本校的实际情况和办学特点，提出校训、校风和奋斗目标。各二级学院（系）也会相应地制定“系训”和奋斗目标，直至激励学生制定个人奋斗目标。那么，校园文化就具有校风学风建设的示范和激励作用。通过开展各种有益的评选、竞赛、演讲、展示等活动，树立正气，澄清模糊认识，引导正确舆论。另外通过抓好宣传阵地，发挥广播、黑板报、阅报栏、宣传橱窗、图书阅览室、名人名言警示牌，大张旗鼓地表扬好人好事，发挥校园文化的示范作用和激励作用，抑制歪风邪气，树立正确舆论，最终目标是在于创设一种氛围，以期陶冶学生情操，构建学生健康人格，全面提高学生素质。通过以上种种方法，使整个校园到处充满正能量，从而促进优良校风的形成，取得最佳教育效果。

### （四）具有规范学生行为的作用

健全的规章制度及健康的集体舆论对学生的学习、生活及思想言行具有规范作用。当学生的思想言行不符合制度规范及集体舆论的要求时，就会进行自我调节矫正，优美的校园文化环境同样能规范学生的行为。通过加强学校制度和行为文化建设，把学校、院系和班级这些集体当作一个熔炉，给新生的思想行为予以制度约束以及文化熏陶，学校要重视舆论文化和制度文化的建设，真正做到“以正确的舆论引导人，以严格的制度规范人”。

在校园文化建设中，学生既是校园文化建设的主力军，又是行为主体，是校园文化的参与者和组织者。丰富多彩的校园文化既可培养学生的兴趣特长及创造能力，提高学生的动手能力，掌握多种技能，树立热爱劳动的观念，还可以磨炼学生意志，提高学生组织管理能力，为以后走向社会奠定坚实的基础。

## 三、校园文化建设的途径

校园文化建设就是要充分体现学校领导者的办学理念，为此，学校所有的活动都要围绕办学理念展开，用主题理念去统率和指导学校中的一切，从而形成一种具有鲜明精神内涵的文化整体合力，开展校园文化活动、社团组织活动等。

### （一）确立校园文化建设品位

建设校园文化首要的途径是要确立文化品位，学校管理过程就是学校文化建设的过程，所以要选择建设优秀的校园文化。为此，必然要求选择优良的内部治理、先进的现代管理，在院校中形成既有民主又有集中、既有自由又有纪

律、既有统一意志又有个人心情舒畅的良好的现代教学管理氛围。

大学里丰富多彩的社团活动不仅丰富了学生课余文化生活，提高了学生的组织沟通能力，而且在一定程度上提高了大学生正确认识自我的能力。社团活动能够使大学生富有创新性、协调性，形成良好的思维习惯；社团活动成功的体验增强了大学生的自信，同时也让他们深刻感受到团队的合作精神；社团活动能够使大学生的情绪调节管理能力得到提高，促进良好的人际关系。实践表明，社团活动能够开阔视野，扩大人际交往范围，有力地提高大学生的综合素质，并为校园文化建设奠定坚实的基础。

（二）塑造学校共同价值观

学校选择什么，崇尚什么，外显为学校的行为和校风，内隐则是学校的价值观念。学校的价值观为学校全体师生指明了学校共同的愿景、精神追求与发展方向，这是学校取得成功并长盛不衰的必要条件。学校的办学理念与价值观是文化建设的根基，共同价值观是愿景的灵魂，学校的共同愿景是规范学校行为、推动学校发展的巨大力量。把校园文化建设的长远利益与现实的可能性有机地结合起来，从而使校园文化建设不浮夸，一步一个脚印，扎扎实实地进行。

（三）有计划分步实施

校园文化建设涉及面很广，要根据学校条件，集中优势力量，重点解决主要问题，分步实施。通过重点建设寻找校园文化创建的突破口，最后带动整体文化建设工作。校园文化建设需要一定的人力、财力和物力。由于多方面的原因，有的学校在一定时期内不一定具备这些条件，那么就可以采取分步推进策略。分步推进策略强调整体设计、分步实施，之所以强调整体设计，是为了保持校园文化环境的整体性和统一性，进而分步实施。

（四）发挥教师的主导作用

教师是文化建设的播种者、实践者，通过课程教学与文化实践活动实现文化的传承与创新。教师文化建设的内容涵盖教师观念、教师行为、教学教研、行为风范、文化活动等。学校要建设共有的精神家园，使教职工有归属感，增强凝聚力，发挥各自的积极性与创造性，共建和谐、积极向上的校园文化，为校园文化添砖加瓦。

## 第二节　社团活动搭建青春绽放的舞台

校园文化具有很好的教育功能、导向功能、凝聚作用，社团是校园文化的具体表现形式之一。学生根据所学专业和个人兴趣爱好自愿组织和参加各种社团活动，能较好地发挥学生在校园文化建设中的主动性和自我教育功能，有利于学生在满足自我需要的同时，开阔广泛的渠道来锻炼才干，增长知识，活跃思想，启迪思维，调节情绪，发展个性，实现价值，促进大学生全面素质的提高。

## 一、学生社团的含义及特征

### （一）学生社团的含义

社团是具有某些共同特征的人相聚而成的互益组织。中国的社团一般具有非营利和民间化两种基本组织特征。社团与政府组织、非正式组织或自然群体有着明显的区别。社团的分类可依其性质分为政治性、经济性、科技、军事、外交、文化、体育、健康卫生及宗教团体等；依其成员间的联系纽带分为生理、社会、精神物质以及由个体所属组织功能等方面因素结成的四类团体；亦可依其民间性程度分为官办、民办、半官办三类。

### （二）学生社团的特征

学生社团作为大学生自发组织起来的群众团体，具有鲜明的特征：

1. 社团组织的自发性

学生社团是在共青团、学生会之外，在学校有关部门或老师的指导下，由学生依据共同的兴趣爱好、追求等自发组成的，并自愿参加活动的学生组织。

2. 活动行为的自觉性

学校中种类繁多的社团反映了学生各种不同的自我需要。因此，学生可以自觉、自愿地参加社团活动，以满足自身需求，提高自身素质。

3. 社团活动目标的指向性

由于社团成员具有共同的兴趣爱好，大家志同道合，活动目标明确，能够在彼此的交往和共处中受益，社团的凝聚力强，大家都能朝着共同的目标努力。

4. 活动形式的多样性

学生社团类别多种多样，社团成员多才多艺，社团规模有大有小，社团活动时间自主选定，活动形式灵活多样，从而吸收更多的参与者。

5. 社团组织结构的松散性

学生社团作为一种非正式团体，成员加入程序简易，退出自由，不论是社团成员、活动形式还是组织方式、活动主题都极易变动，这使得组织结构的松

散性成为其一大特点。

6. 社团成员的广泛性

不同年级、不同专业、不同学科、不同性别、不同民族的学生只要愿意都可加入社团活动中。

## 二、学生社团在构建和谐校园文化中的作用

学生社团是大学校园文化建设的重要载体，是大学生发挥志趣、爱好特长的活动场所，是多彩校园活动主体。

### （一）有利于学生成长

学生社团有利于实现学生的自我教育、自我管理、自我服务，大学生是最富有激情和创造性的群体，是构建和谐校园的主力军。学生社团通过开展各种形式的活动，以共同的兴趣，丰富了大学生的业余生活，开阔了视野，提高了学生的实践能力和综合素质，逐步形成了凝聚学生、服务学生、发展学生的独特功能。这无疑与和谐校园的构建相呼应。

### （二）有利于推动校园文化建设

以学生爱好、技能、特长等为基础成立的学生社团可以自觉地开展一些积极向上的文化活动，满足大学生渴求新知、新技能以及乐于交际的心理需求，促进学生身心的全面发展。一个社团的成员大多数来自不同的专业，社团成员在平时的活动和交往中互相学习，互相帮助，感受不同专业学生的思维方式和知识背景，这种交叉式的相互影响将使每一个社团成员从中受益，促进学生知识结构的不断完善。同时，学生社团对学生思想道德水平的提高起着潜移默化的作用，通过参加以纪念日、节日为契机开展的社团活动，使社团成员逐渐将道德、伦理、传统等精神规范内化为自己的自觉行为，遵循社会道德规范，增强学生对社团、对集体乃至对学校的认同感和归属感，从而实现学生的自我服务、自我管理、自我教育，促进和谐校园的形成与发展。

### （三）有利于促进和谐校园的建设

和谐校园应该是校园文化氛围浓厚、特色鲜明的校园。“校园文化是一种渗透在学校一切活动之中的精神财富和物质财富的综合文化成果，它是学校的灵魂所在。”校园文化对大学生良好的思想观念、行为方式、价值取向及心理素质等方面的培养和塑造起着巨大的作用，而社团活动正是营造校园文化的重要内容和方式。

各类学生社团开展的活动，一方面满足了广大学生不断增长的文化需求，

施展了他们的才能，促进了学生个体的和谐发展；另一方面还凝聚了人心，营造了和谐的人际关系氛围，增加了校园的和谐与稳定。

### （四）有利于促进学生的全面发展

高校中的学生社团类型各异，有学术型的、娱乐型的，还有服务型的。这些社团为大学生接受外界信息、丰富文化知识、提高专业素质、提升自身素养提供了广阔的舞台。此外，大学校园中的一些体育健身、心理健康辅导或娱乐型社团，如大学健康协会、心理健康社团、登山爱好者协会等，不仅可以培养学生广泛的兴趣爱好，缓解紧张情绪，还有利于帮助学生形成积极健康、乐观向上的态度，增强挫折耐受力，树立正确的世界观、人生观和价值观，防止出现浮躁、抑郁、孤僻等诸如此类不健康的心理。

### （五）有利于学校人才培养目标的实现

学生社团种类繁多、主题各异的学生社团，可以利用其社团活动的优势，以生动、形象、灵活、易于接受的方式，通过大量形式多样的活动来满足学生在学校课堂教学中无法获得的某些需求，实现理论和实践的最佳结合，“弥补学校统一组织活动在内容和形式上的不足”。这就能使学生借助社团实现取长补短的期望和目的，调动和激发学生乐于思考和积极创造的热情，进而有效实现学校人才培养的目标，培养符合社会需要的合格人才。

### （六）有利于实现大学生个体社会化

学生社团促进与他人、与社会的和谐共处。学生社团是引导学生接触社会、认识社会和融入社会的重要中介，是对学生进行素质教育的重要途径。学生通过参加社团活动广泛参与社会实践锻炼，增强了自身的社会责任感，提高了与社会和谐共处的能力。这种与外界的交往会让学生接触、认识社会的广度和深度显著增强，能加快学生个体的社会化进程，同时，也能提高他们与他人融洽相处的能力，为日后走出校门、走向社会打下基础。

## 三、加强大学社团建设的途径

近年来，高校学生的社团活动非常兴盛，其规模、数量、质量都远远超过以往。实践证明，高校要想深化教育改革，倡导素质教育，就要积极引导大力开展学生社团活动，发挥社团建设在实现高校人才培养目标上的更大作用。

### （一）丰富灵活，适应学生需求

学生社团活动是课堂教学的有益衍生和补充，它能使学生在宽松自由的环

境中激发思想，熏陶品格，发展个性，巩固深化扩展课堂所学内容。在建设过程中，要特别注重知识的转化、运用和创新。学生社团活动可以弥补课堂教学在内容和形式上的不足，更注重实践与能力，她比课堂教学更贴近学生，更丰富灵活，更能适应学生的不同需要，对于培养厚基础、宽口径、有专长、能创造的人才具有独到功能。

（二）宏观管理，发挥学生自我教育作用

学生社团活动是学生自我教育和同学间相互教育的良好形式。这种形式，有助于充分调动学生的主动性、积极性，培育其自主精神、独立品格，使其在活动中不断地认识自己，把握自己，发展自己，从而得到全面的考验和锻炼，得到深刻的启迪和教育。孔子云“三人行必有吾师”，学生社团活动充分挖掘了潜藏在学生中的教育资源，因此，学校团委和学生管理系统要履行对学生社团的宏观指导和管理责任，在大的方向和活动范围与形式上掌握全局，促进社团组织健康有序发展，使社团真正成为同学之间取长补短、互相激励、共同提高的组织活动形式。

（三）提升品质，增加内涵

丰富多彩的学生社团活动，给高校文化建设带来生机和活力，是大学校园文化不可或缺的重要组成部分，它能够促进校园文化建设向多渠道深层次高质量的方向发展，形成高校民主的思想环境、浓郁的学术氛围、健康的文化气息、蓬勃的创造精神。因此对于涉及学生面最广的社团组织，要在团委领导和教师指导下，进一步提升品质，使其在校园中洋溢文化活力，释放正能量，影响每一位身在其中者，并辐射向周围社会区域。

总之，学生社团活动作用巨大，特别是在高校中的志愿者组织更要大力引导、扶持，促进其健康发展，把它当作深化教育体制改革、实施素质教育、培养创造性人才的着力点和突破口。

## 第三节　向上向善向美，做好志愿服务

每一名高校教育工作者，都希望学生心地善良而美好，拥有爱心、奉献精神，讲求付出，不图回报，并从中收获成长，这就是每一位大学生应该具有的志愿服务精神。新生入学教育应该把培养新生向善向美的道德品质，和做好志愿服务与社会公益作为一项重要内容，让志愿者的奉献精神传承下去。通过新生入学教育使大学生认识到作为一名大学生当一名有益于社会的志愿者是多么

光荣！我们要用实际行动告诉社会、告诉人们，当代大学生具有无私奉献精神，让社会公益之心和志愿精神种在心里，像阳光一样永远洒满社会各个角落。

## 一、志愿者及志愿服务的概念

大学生要学会付出，学会关爱他人，学会给予，让社会和他人收到更多的爱。志愿者是一个值得信赖和爱戴的群体，志愿服务与社会公益是一种充满正能量的社会现象。我们相信，大学生能用火红的青春融化冷漠和无情，让世界处处充满爱，处处都有志愿精神。

### （一）志愿者的概念

在国际社会，志愿者起源于对战争的人道主义援助，他为人类解放事业做出了重要贡献。在和平年代，志愿者帮助弱者、消除贫困、保护环境，为维护社会秩序和世界和平做出了巨大努力，在建立良好的人际关系、净化社会风气等方面起到了积极作用。

“Volunteer”一词，中国大陆一般翻译为志愿者，香港倾向于称其为义工，而我国台湾地区则称其为志工。他们致力于免费、无偿地为社会进步贡献自己的力量。志愿工作是指一种有组织的助人及基于社会公益责任的参与行为，其发展可追溯至第二次世界大战后，福利主义抬头导致各国政府支出崩塌，发展义务工作以解决社会上不胜负荷的需求。对于志愿者有着不同的界定。有学者认为，志愿者是自愿贡献个人时间和精力，在不计物质报酬的前提下，为推动人类发展、社会进步和社会福利事业而提供社会服务的人员。也有学者认为，志愿者是指具有一定专业技能、热心社会服务和公益事业、以招聘方式自愿参加志愿服务工作的人。重要的是联合国将其定义为自愿进行社会公共服务而不获取任何利益、金钱、名利的活动者，具体指在不为任何物质报酬的情况下，能够主动承担社会责任而不获取报酬，奉献个人时间和行动的人。根据中国的具体情况来说，志愿者是这样定义的：“在自身条件许可的情况下，在不谋求任何物质、金钱及相关利益回报的前提下，合理运用社会现有的资源，志愿奉献个人可以奉献的东西，为帮助有一定需要的人士，开展力所能及的、切合实际的，具有一定专业性、技能性、爱心性服务活动的人。”

尽管对志愿者的表述存在一定的差异性，但有一些共同之处：①志愿者提供的服务是出自自愿而并非强迫。②志愿者的服务是为了社会公众服务。③志愿者提供服务并非为了物质报酬。④一般而言，志愿者提供服务是通过第三部门这个渠道来进行的。

### （二）志愿服务的概念

志愿服务是一个不太容易界定的概念，因为志愿的内涵因人、因地、因时而异，不同的国家、人们对于志愿活动的含义也存在不同的理解。一些人以不索取报酬或者索取低报酬来界定志愿活动，而另外一些人则以自愿提供服务为特征来界定。我国目前倾向于从较为宽泛的意义上来定义志愿服务，因此我国的志愿服务分类众多。

1. 尽力而为

志愿服务是指任何人志愿贡献个人的时间及精力，在不为任何物质报酬的情况下，为改善社会服务、促进社会进步而提供的服务。

2. 不计报酬

志愿工作具有志愿性、无偿性、公益性、组织性四大特征；并且志愿服务最大的特点在于其公益性。关于志愿服务的基本知识，我们最主要的是理解和掌握五个概念：志愿服务、公益、公益活动、慈善、慈善机构。

3. 志愿形式多样

志愿者在我国发展迅速，根据志愿者来分类，则有专家型和非专家型志愿者、全职和兼职志愿者、海内与海外志愿者；根据志愿者活动分类，则有正式和非正式的志愿活动、个人和集体的志愿活动；根据提供志愿服务的组织分类，则有 NGO 志愿服务组织、大学组织的志愿服务项目、宗教团体组织的志愿服务、公司员工志愿者服务、政府员工志愿服务、社区志愿者服务等。我国的志愿分类可因服务内容的不同分为消防志愿者、抗震救灾志愿者、奥运志愿者、社区志愿者、环保志愿者、西部志愿者、网络志愿者等。在 1985 年 12 月 17 日，第四十届联合国大会通过决议，从 1986 年起，每年的 12 月 5 日为“国际促进经济和社会发展志愿人员日”（International Volunteer Day for Social and Economic Development，简称国际志愿人员日）。其目的是敦促各国政府通过庆祝活动唤起更多的人以志愿者的身份从事社会发展和经济建设事业。同时，加入志愿者服务的好处不仅是对社会而言的，对个人的好处同样是不可忽视的。

## 二、大学生志愿服务的意义

20 世纪 90 年代以来，随着青年志愿服务活动的蓬勃开展，越来越多的大学生参加到志愿服务中来，大学生志愿者已经发展成为青年志愿者队伍中最活跃、最积极、最有影响力的一个群体。由于大学生的特点，大学生多以自己的知识、技能、体能等来服务社会。在当前社会发展的大背景下，大学生志愿服务发挥着越来越重要的作用。

### （一）向上，提升素质

大学生参加志愿服务是大学生提高个人综合素质的重要载体，有利于形成正确的价值观。在商品经济大潮和各种思潮的冲击下，伴随着经济全球化的发展，90后大学生极易产生意识形态方向的迷失和信仰危机，同时市场竞争和就业压力带来了心理畏惧，经济快速发展带来了功利倾向的问题。大学生通过积极参与志愿服务，在志愿服务中进一步了解国情、民情、校情，能够激发热爱社会主义祖国的高尚情感；在志愿服务中养成助人为乐的良好道德行为习惯，从而提高自身的道德境界；在志愿服务中体验社会对当代大学生的要求和评价，激励对自身的反省和正确评估，进而形成创造力和青春活力；在志愿服务中学以致用，能够促进学习应用能力的提高；在志愿服务中不断学习各方面的知识，能够全面提高自身的思维能力、表达能力、动手能力、交往能力、合作能力、协调能力、创造能力等各方面的能力。

### （二）向善，增强责任感

大学生参加志愿服务是高校加强学生思想政治教育的重要抓手，有利于强化社会责任感。大学生志愿者活动强化了青年的社会责任感，这对改善社会风气、确立敬业精神起到了积极作用。《中共中央国务院关于进一步加强和改进大学生思想政治教育的意见》指出："校园文化具有重要的功能，要建设体现社会主义特点、时代特征和学校特色的校园文化，形成优良的校风、教风和学风。"而大学生志愿服务由于其特有的紧扣育人主题、注重社会实践、形式新颖多样等内在特点，决定了它必将成为加强和改进大学生思想政治教育的重要抓手和有效活动载体。高校通过开展大学生志愿服务，将志愿服务与学生所能、社会所需结合起来，使大学生在志愿服务中受教育，大学生思想政治教育真正落到了实处。

### （三）向美，和谐友爱

大学生参加志愿服务是促进精神文明建设的重要手段，有利于培养大学生与人合作意识。志愿服务使一些需要帮助的社会成员感受到社会的温暖和关怀，在全社会弘扬"奉献、友爱、互帮、互助、共同进步"的志愿精神，倡导新时代正能量，对社会主义精神文明建设有着积极的推动作用，成为新时期群众性精神文明建设的有效途径。志愿服务同时促进和谐社会建设。"和谐"作为一种思想，具有深厚的传统文化底蕴，是中国文化的一种价值目标，是中华民族传统文化精神的精髓。通过开展形式多样的大学生志愿服务活动，如敬老爱幼、关心弱势群体等活动，将中华民族五千年来沉淀下来的"温""良"

“恭”“俭”“让”“孝”“仁”等传统美德在社会中广泛宣扬，让中华民族的优秀文化得到普遍的认同，可以强化公民的民族精神，促进形成人际关系和睦、充满关爱的和谐社会。青年志愿者服务符合时代发展的潮流，符合人民群众的需要，符合当代青年的追求，蕴藏着巨大的发展潜力，呈现出旺盛的生命力和广阔的发展前景，是具有中国特色社会主义建设的一项伟大的事业。

## 三、大学生志愿服务的要求

近年来青年志愿服务事业虽然取得了较大发展，但仍然处于发展的初级阶段，运行中仍旧存在一些实际困难，特别是在长期项目的资金保障方面，需要社会各界支持，需要党政部门的政策和资金的支持。

### （一）加强宣传组织引导

从大一开始就要加大对青年志愿者行动的宣传力度，使大学新生形成参与志愿服务光荣的道德风尚。共青团组织要加强引导，感召更多的青年大学生投身志愿服务的实践，推动这项事业在新世纪实现更大的发展。

### （二）做好计划协调工作

大学生志愿服务是以自愿为前提的，在强调友爱、奉献、互助、进步的同时，要做好计划协调工作，促进青年志愿服务事业的发展取得预期效果。志愿活动前期，组织者要做好活动前期调研和部署，应熟悉相关活动资料及工作细节，及时与各组员及相关负责人联系。防止那种只图名不注意效果的“一拥而上”或者“一曝十寒”的冷热不均现象发生。我们经常在重阳节过后的新闻报道中看到，有的养老院的老人一天“被洗”了8次头或者一天“被洗”过9次脚，这个问题的出现就暴露出在志愿服务活动内容、时间、场所、频率的选择上有失计划，千万不要把志愿服务当“做秀”，败坏志愿服务的初衷。

### （三）紧跟时代步伐，拓宽服务领域

要积极倡导代表主流文化的学生群众性志愿服务团体，服务领域可以涉及绿色环保、法律援助、计算机信息处理、济困助学、社区义工以及大型活动志愿者服务等多个方面。随着社会进步和人们素质的提高，志愿服务的范围、内容都要紧跟时代步伐，不断拓宽服务领域，开发人民群众需要的项目，真正使志愿服务成为体现大学生社会责任感、奉献社会的有效载体，使志愿服务成为大学校园乃至整个社会越来越重要的活动，对社会进步和精神文明建设产生更大影响。

### （四）遵章守纪，注意安全

大学生志愿服务本身是义不容辞的责任，也是有利于青年学生成长及社会

发展的好事。在服务过程中，大学生作为志愿者服务的主体，一方面，要严格遵守国家相关法律、法规及条例，认真遵守青年志愿服务的规章制度和行为要求。另一方面，要有自我保护意识，要以安全为前提。在服务过程中注意人身财产安全、信息安全、交通安全，不要影响和冲击学生的正常学习，确保学校正常教学秩序。

# 第九章　心理健康：心理调适与快乐成长

## ——做阳光自信的大学生

正处在成长过程中的大学新生，初到大学的心理适应是特别重要的，因为能否有一个健康的心理状态，事关大学生涯能否平稳持续、步入社会能否继续完善发展。所以，这要求老师们要了解大学新生心理健康的标准和意义；发现和研究容易产生心理不适的现象和原因；掌握心理调适的正确方法，使大学新生尽快进行心理调适，使他们快乐成长。

## 第一节　大学生心理健康的标准及意义

要做好大学新生心理健康调适，就要了解心理健康的标准和意义，掌握大学新生心理状况特征，积极主动，把心理健康教育融入思想政治教育之中，开展深入细致的思想教育活动，做到“一把钥匙开一把锁”，化解矛盾，润物无声。

### 一、当代大学生心理现状及特征

大学阶段处于个体发展的青年中期，是生理和心理的成熟时期，也是世界观和人生观的形成阶段，有其生理和心理发展上的独特性。

#### （一）大学生的生理发展特点

大学生处于青年中期（十七八岁至二十四五岁），生理有以下显著特点。

（1）体：身高和体重急剧变化，体形进入成年人行列。

（2）力：生命力处于最旺盛时期，各种器官和组织都达到成熟水平，充满生机和活力。

（3）脑：大脑和神经系统处于最发达状态，思维敏捷，接受能力强。

（4）性：性萌发和性成熟最敏感的时期。

### （二）大学生心理发展的特点

1. 心理发展的过渡性

青年期是少年向成年人转变的过渡期，也是少年心理向成人心理过渡的关键期。在这个时期，青少年的认知水平迅速发展，达到相对成熟阶段，对事物本质的分析能够较为全面；情感也从激情体验、易感状态逐步过渡到社会道德感和责任感增强，关注他人的感受及体验的状态；意志行动从冲动型发展到具有一定自控力，个性发展达到相对稳定、渐至成熟的阶段。

2. 心理发展可塑性

伴随着接触面的复杂多样性、接触对象的多样化和不易把握性以及信息的膨胀这个时期是个体心理发展的第二个迅速发展期。由于青少年与社会的接触增多，青少年在接触中成长，在成长中摸索，其心理发展还具有不稳定、可塑性等特征。在此期间，个体的认知容易偏执，情绪容易走极端，意志薄弱，个性易受外界影响。

3. 心理发展矛盾性

（1）理想与现实的矛盾：大学生对自己的期望一般较高，希望能发挥自己的才能，成为优秀人才，但面对更为复杂的环境，对自身发展方向较为迷茫，又缺乏切实可行的方案，易出现眼高手低的现象。

（2）情绪与理性的矛盾：大学生情绪体验丰富，易激动、兴奋，也容易转向消沉、失望，尤其在挫折面前，情绪易走向极端。同时大学生对于理性的思考也处于一种爆发期，个人观念和书本观念之间有共鸣也有冲突。当生活问题发生时，往往容易陷入情绪和理性的矛盾之中。

（3）独立与依赖的矛盾：从中学由父母事事包办的依赖生活到大学的自由天堂，个体的独立意识得以爆发和增强，一方面开始将自我的心理与家庭割裂，但是另一方面经济上还需要依赖父母的供给，缺乏独立生活的能力，不能依靠自己的力量解决自己生活中遇到的问题。

（4）乐群与防范的矛盾：由于大学生活中精神和物质世界的扩大，个体乐于群体活动，并在群体互动中积极交往，寻求朋友。但由于相处时间有限，以及个体自我扩展的原因，彼此之间难以建立贴心的真情和友谊，总是带有试探和防范的心理。结果就是认识的人很多，但信得过的人很少。

（5）自尊与自卑的矛盾：经过高考竞争进入大学校园，大学生是青年中的佼佼者，容易产生优越感和自豪感，有强烈的自尊心，但大学里人才济济，个体优势不再明显，易出现心理失衡，有的学生开始怀疑自己，否定自己，产生自卑感、挫折感和焦虑感。

(6) 竞争与求稳的矛盾：当代大学生平等意识较强，自我评估也相对较高，渴望在平等的条件下参加竞争，以便充分发挥自己的能力，凸显自我。但竞争的残酷性又导致个体出现求稳心态，不敢也不愿接受挑战。这种矛盾在大学生择业时表现得尤为突出。

(7) 性生物性和性社会性的矛盾：大学生性生理已成熟，有了性的欲望和冲动。由于社会性伦理道德观正在保守与颠覆之间挣扎，很大一部分学生在处理性的问题时往往存在困惑和矛盾：是应该受制于传统社会伦理心理的制约，压抑性冲动呢？还是接受自由思想的引导，宣泄或者满足性冲动呢？这个矛盾通过学习、工作、社交活动等途径，可以获得某种程度的转移。但是对大多数学生来说，问题并没有解决。

4. 心理发展阶段性

大学生在各学习阶段心理发展特点也不尽相同，呈现发展的阶段性趋势。

(1) 适应期：主要指新生入学的第一年。适应内容主要分为环境性适应与发展性适应，前者指个体对物理环境以及新的人际环境的适应，包括处理自我保护与结交朋友的矛盾；后者指个体对自我发展如职业规划、学习策略等方面的适应，包括经济独立与经济依赖的矛盾、学业规划与社团活动的矛盾、学习的主动性与被动性的矛盾以及自我实现与社会现实的矛盾。在这一时期，个体突出的心理矛盾在于自豪感和自卑感交织，新鲜感与恋旧感交织，轻松感和紧张感交织，奋发感和被动感交织。

(2) 发展期：主要指进入大学的第二年至第三年之间的时期。该时期是个体在适应大学生活，建立新的心理平衡后，进入一个相对稳定的时期。这是个体成才定型的关键时期，是个体自我认识、自我定位等自我意识从量变发展到质变的关键时期。这种质变可以是在和风细雨、不知不觉中发生的，也可能是疾风骤雨的突变。在这一时期，个体必须处理好理想选择、目标实现、学习策略等问题。

(3) 成熟期：主要指大学生涯的最后时期。经过 3 ~ 4 年的生活和学习，个体的心理发展已近于成人，对世界观、社会观、自我与社会之间的关系等认识相对来说较为成熟和稳定。但是由于将要离开高校，踏入真正的社会，面临着改变及新的心理适应，个体会在这一时期普遍产生焦虑、惶恐等心理，所以这个阶段的心理特点是有紧迫感、责任感和忧患感。

## 二、大学生心理健康的标准

大学生的年龄一般在 18 ~ 25 岁，从心理学观点来看，正处于青年初期。

大学生心理具有青年初期的许多特点，但作为一个特殊群体，大学生又不能完全等同于社会上的青年。心理是否健康一般采用量表测量，其标准不是固定不变的。心理健康标准随着时代变迁、文化背景变化而变化。综合国内外专家学者的观点，根据我国大学生的年龄特征、心理特征和角色特征等实际情况，评判大学生的心理健康水平，我们应从以下几个标准着重考虑。

### （一）智力正常

智力是人的观察力、注意力、记忆力、想象力、思维力、创造力及实践能力等的综合，包括在经验中学习或理解的能力、获得和保持知识的能力、迅速而成功地对新情境做出反应的能力、运用推理有效地解决问题的能力等。这是大学生学习、生活与工作的基本心理条件，也是适应周围环境变化所必需的心理保证。因此，衡量大学生的智力是否正常，关键在于其是否正常地、充分地发挥了自我效能，即有强烈的求知欲，乐于学习，能够积极参与学习活动。

### （二）情绪健康

其标志是情绪稳定和心情愉快，包括：愉快情绪多于负性情绪，乐观开朗，富有朝气，对生活充满希望；情绪较稳定，善于控制与调节自己的情绪，既能克制又能合理宣泄自己的情绪，情绪的表达既符合社会的要求又符合自身的需要，在不同的时间和场合有恰如其分的情绪表达；情绪反应与环境相适应，反应的强度与引起这种反应的情境相符合。情绪在心理健康中起核心作用，情绪异常往往是心理疾病的先兆。一个心理健康的大学生，其心境良好、愉快、乐观、开朗、满意等积极情绪状态应占主导，同时又能随事物对象的变化而产生合理的情绪变化。当有了喜事时感到愉快，遇到不幸的事时产生悲哀的情绪。此外，还能依场合的不同，适当地控制自己的情绪。

### （三）意志健全

意志是人在完成一种有目的的活动时进行的选择、决定与执行的心理过程。一个意志健全者在行动的自觉性、果断性、顽强性和自制力等方面都表现出较高的水平。意志健全的大学生在各种活动中都有自觉的目的性，能适时地做出决定并运用切实有效的方式解决所遇到的问题；在困难和挫折面前，能采取合理的反应方式，能在行动中控制情绪，而不是盲目行动，畏惧困难，顽固执拗。

### （四）人格完整

心理学上所说的“人格”与我们平时说的“人格”在内涵上有所不同。我们在日常生活中经常会听到或谈到这样的话题：这个人的人格低下（很

坏）、我的人格受到了侮辱等。平时所说的人格指的是做人的尊严。心理学上的人格是指个体比较稳定的心理特征的总和，包括人格、能力、兴趣、爱好、需要、理想、信念等，也就是我们常说的个性。气质和性格是人格的重要组成部分。人格完整就是指有健全统一的人格，其所想、所说、所做都是协调一致的。人格完善包括人格结构的各要素完整统一，具有正确的自我意识，不产生自我同一性混乱，以积极进取的人生观作为人格的核心，并以此为中心把自己的需要、目标和行动统一起来。

（五）自我评价正确

正确的自我评价是大于心理健康的重要条件，心理健康的大学生在进行自我观察、自我认定、自我判断和自我评价时，比较接近现实，有自知之明。能恰如其分地认识自己，摆正自己的位置，既不以自己在某些方面高于别人而自傲，也不以某些方面低于别人而自卑。对优点感到欣慰，又不至于狂妄自大；对弱点既不回避，也不自暴自弃。面对挫折与困境，能够自我悦纳，喜欢自己，接受自己，自尊、自强、自制、自爱，正视现实，积极进取。

（六）人际关系和谐

良好而深厚的人际关系，是事业成功与生活幸福的前提。其表现是：乐于与人交往，既有广泛而深厚的人际关系，又有知心朋友；在交往中保持独立而完整的人格，有自知之明，不卑不亢；能客观评价别人和自己，善取人之长补己之短，宽以待人，乐于助人，积极的交往态度多于消极态度，交往动机端正。心理健康的大学生乐于与人交往，对他人态度积极；能理解和接受别人的思想、感情，也善于表达自己的思想、感情；能高兴地接纳他人和自己；既有众多一般的朋友，也有少数几位至交。

（七）社会适应正常

这是指个体能够面对现实，接受现实，并能主动适应现实。个体应与客观环境、现实社会保持良好接触，既要对周围事物和环境进行客观观察，做出正确认识和客观评价，以有效的办法应付环境中的各种困难，不退缩，又要根据环境的特点和自我意识努力进行协调，或改变环境适应个体需要，或改造自我适应环境。心理健康的大学生在评估自己的反应能力或解释现实时比较客观，不高估自己的能力，不轻易承担超过自己能够胜任的任务，也不低估自己而逃避任务。心理健康的大学生能适应不同环境下的社会生活，不管处于什么样的社会生活环境下都能主动同社会保持接触，让自己融入社会，自觉用社会规范来约束自己，使自己的行为符合社会的要求，而不是把自己孤立起来，与社会格格不入。心理健康的大学生虽然对自己的学习、生活和工作有一定的紧张感，但从不产生过度的焦虑；遇到困难时，他们往往能积极应对，勤于思考，有条不紊地寻找解决办法，而不是寝食不安，惶惶不可终日。

（八）心理行为符合年龄特征

这是指大学生的心理行为应符合他们的年龄特征。大学生是处于特定年龄阶段的特殊群体，大学生应具有与年龄和角色相适应的心理行为特征。在校大学生正处于青春期，心理特征应与年龄特征和角色相适应。如果一个大学生经常严重地偏离这些心理行为特征，有可能是心理异常的表现。心理健康的大学生有独立的生活能力，意志坚定；无论是在情感上，还是在实际生活中都较少有依赖心理，自主性强；他们善于在不同的环境中寻找自己感兴趣的事情和事业的生长点，心理生活充实，很少有孤独感；他们较能接受现实，不轻易产生敌对情绪，对因家境、地域、病患、个人能力与努力等原因导致的各种差异能正确看待。

总之，心理健康的标准是一种理想尺度，它既为人们提供衡量心理是否健康的标准，同时也为人们指出了提高心理健康水平的努力方向。如果每个人在自己现有基础上能做不同程度的努力，都可以追求自身心理发展的更高层次，从而不断发挥自身的潜能。大学生心理健康的基本标准，是能够进行有效的学习和生活。如果正常的学习和生活都难以维持，就应该及时进行调整。同时，心理健康是较长一段时间持续的心理状态，一个人偶尔出现的一些不健康的心理行为并不意味这个人就一定是心理不健康。而且心理健康状态并非固定不变的，而是不断变化的，既可以从不健康转变为健康，也可以从健康转变为不健康。

以上心理健康标准仅仅反映了大学生个体良好地适应社会生活所应有的心理状态的一般要求，而不是最高境界。大学生要充分发挥自己的潜能，促进自己的全面发展。

## 三、大学生健康心理塑造的重要意义

做好大学生健康心理塑造是时代发展的需要，是社会全面发展对培养高素质创新人才的必然要求。它对于提高大学生适应社会生活的能力，培养大学生良好的个性心理品质，促进心理素质与思想道德素质、文化素质、专业素质和身体素质的协调发展，提高高等学校德育工作的针对性、实效性和主动性，具有重要意义。

心理健康是健康的一半，拥有一个积极、自信、乐观、平和的心态，能够

促进自己身心健康的发展，能够促进个人潜能的开发，能够赢取人生的成功。

### （一）心理健康是事业成功的基础

在人才素质结构中，居核心地位和关键作用的是人的心理素质。国内外杰出的政治家、科学家和企业家无不以健康的心理素质作为成功的基石。美国学者戴尔·卡耐基调查了世界许多名人之后认为，一个人事业上的成功，只有15%是由于他的学识和专业技术，而85%靠的是良好的心理素质和善于处理人际关系。詹纳做了类似的表述，他说："奥林匹克水平的比赛，对运动员来说，20%是身体方面的竞技，80%是心理上的挑战。"确实，越来越多的研究已证实，诸如超群的智慧、稳定的情绪、顽强的毅力、完善的个性、适应环境的能力、随机应变的机智等高品位的心理素质，已成为最具有竞争力的人才资源的要素。

### （二）心理健康是人生发展的必要条件

一般来说，心理健康的人都能够善待自己，善待他人，并且情绪稳定。心理健康的人并非没有痛苦和烦恼，而是他们能适时地从痛苦和烦恼中解脱出来。积极地寻求改变不利现状的新途径。他们是那些能够自由、适度地表达和展现自己个性的人，并且能和环境和谐相处。他们善于不断地学习，并能利用各种资源不断地充实自己。他们也会享受美好人生，同时也明白知足常乐的道理。他们不会去钻牛角尖，而是善于从不同角度去看待问题。

### （三）心理健康是人生幸福的源泉

什么是幸福?《辞海》给出的定义是：在为理想奋斗过程中以及实现了理想时感到满足的状况和体验。根据这个定义，幸福是一种心理感受、一种主观体验。选择适合个人能力和兴趣并具有适当挑战性的工作，这样比较容易获得生活各个层面上的成就感和满足感，而这正是人的幸福感非常重要的来源。

## 第二节　大学生常见的心理问题及防治方法

大学生应具备良好的个性心理品质和自尊、自爱、自律、自强的优良品格，具有较强的心理调适能力。但是现实往往不像人们所期盼的这样，千辛万苦考上大学的新生，由于对大学新环境、新集体、新同学、新老师的不适应也会产生困惑，我们对常见的心理问题要有充分认识和思想准备，并积极防治。

## 一、大学生常见的心理障碍及其调适

人际交往中，很多大学生不敢交往，不善交往，不知如何赢得友谊，在人际交往中存在种种心理障碍，这些心理障碍，对提高大学生的人际交往水平有严重的阻碍作用。

### （一）自卑心理及调适

自卑就是缺乏自信，自卑心理来源于对自己不正确的认识和评价，过分轻视自己，是认为自己在某个方面或几个方面不如他人的情绪体验。在交往活动中表现为想象成功的体验少，想象失败的体验多。这种心理与权威、长者、名人交往时，表现得尤为突出。

（1）对自己的期望值不高，把自己的交往局限在小圈子里，行动上畏缩不前，当遇到新的交往情境时，总是担心遭到别人的耻笑和拒绝。调适的办法：要正确认识自我。尺有所短，寸有所长，要一分为二地看待自己，既要看到自己的缺点和不足，更要挖掘和发现自己的长处和潜力，从而树立自信；与此同时，要正确看待别人，避免盲目与他人比较，这样也有利于提高自信心，就会逐渐消除自卑感。

（2）某些生理上的短处容易导致自卑，如患有残疾、长相不佳等。调适的办法：要主动交往。自卑的人往往容易把自己孤立起来，并形成恶性循环，越是怯于交往就越自卑。实际上自卑的人在人际交往中比起狂妄自大的人要讨人喜欢很多，因为他们大多谦虚，善于体谅人。所以，要积极与人交往，并通过成功的交往开阔自己的胸怀，克服自卑心理。

（3）内向性格形成自卑心理。性格内向者多愁善感，谨慎有余，活泼不足，看到别人善于交往，自惭形秽，总认为别人看不起自己，事事退缩，处处回避，这一情绪如果再强化，更难交往。调适的办法：制定合适的理想目标。现实与理想间的差距往往让人自卑失落，自我否定。摆脱自卑心理的一种重要方法就是制订合适的理想目标。只有这样，才能在实践中不断取得成功，增强自信心。如果确立的理想过高而难以实现，会让人因受挫而失去信心；如果确立的理想过低，又会因为目标太容易实现而不愿去努力。因此，只有制定合适的理想目标才有助于形成良好信念，在实现目标过程中不断增强自信。

（4）对交往挫折的不恰当的归因形成自卑心理。调适的办法：在交往实践中调适。在与人交往中努力丰富交往经验和技巧，多在实践中锻炼自己，采取积极的行动。同时，在交际场合要学会积极的自我暗示、自我鼓励，这样就会增强自信。即使失败了，也能从各方面查找原因，总结经验教训，而不是一味地自怨自艾。

## （二）羞怯心理及调适

“千呼万唤始出来，犹抱琵琶半遮面”是对古代可爱女子的描述。但对现代人来说，过于羞怯以致无法充分地表达自己的情感，将严重阻碍人际关系的正常发展。

### 1. 羞怯心理产生的原因

在人际交往中，羞怯心理产生的原因主要有几个方面。

（1）由于自身的个性特点导致。有的学生性格比较内向，气质比较沉静，讲话低声细语，见到生人就脸红，甚至怀有一种胆怯的心理。

（2）由于认知原因导致。一些学生在交往中过分注重“自我”，患得患失，生怕自己的言行被人耻笑，因而总是受环境和别人言行的支配，缺乏主动性。

（3）由于挫折原因导致。这一部分学生以前并不害羞，性格开朗，交往积极主动，但由于种种主客观原因，连遭挫折，变得胆怯怕生，消极被动。羞怯心理不仅阻碍与别人建立正常亲密的友谊，还可能导致沮丧、焦虑的情绪和孤独感，导致性格上的软弱和冷漠。

### 2. 羞怯心理的调适

（1）要放下思想包袱。应当知道，人不可能事事正确，即使说得不对，可以改正，即使不成功，也可作为前车之鉴。

（2）要鼓起勇气，敢说第一句，敢于迈出第一步。当你迈出了第一步之后，你就会感到，这道障碍也不过如此，很容易克服。羞怯的坚壁就被戳穿了，你就会在积极交往的成功中受到鼓舞。

（3）对自己全面客观的评价，要有信心，看到自己的力量。在交往中，即使遇到比自己强的人，也不要缩手缩脚，提高自信心，你就会在公众面前落落大方，潇洒自如。

（4）要做好社交前的充分准备。在交际开始之前。将如何开场、如何发问、发问的具体内容、解决的核心问题、可能出现的障碍、解决的办法等一系列问题在心里预演一遍。在与陌生人接触之前，尽量了解对方的情况，知己知彼就会在交往中踏实、自然、轻松自如。

（5）要学会观察生活和交往的技巧。生活是最好的课堂，只要你留心观察学习，对于如何待人接物，如何与各种人打交道，如何使交往愉快活泼，便能得心应手，克服羞怯。

## （三）嫉妒心理及调适

嫉妒是在人际交往中，发现自己在才能、名誉、地位或境遇等方面不如别人而产生的不悦、自惭、怨恨、恼怒等负面情绪体验。嫉妒导致交往中表现出强烈的排他性，并很快地导致诸如中伤、怨恨甚至诋毁等嫉妒行为的发生；而更强烈的嫉妒心理还具有报复性，把嫉妒对象作为发泄的目标，使其蒙受巨大的精神损伤。因此，嫉妒心理的存在不仅影响社会的发展，恶化人际关系，而且对大学生的身心健康有着很大的负面影响。

1. 嫉妒心理产生的原因

嫉妒心理的产生源于两种错误的认识：一是认为别人取得了成绩就说明自己没有成绩，别人成功了就说明自己失败了；二是认为别人的成功就是对自己的威胁，是对自己利益的侵害。嫉妒的产生离不开人们生活环境和心理空间中所发生的各种事件。

2. 嫉妒心理的调适

（1）正确看待别人的能力和长处。当别人确实在某一方面强于自己时，应该实事求是地承认，并努力赶上别人，完全用不着嫉妒和不服气。

（2）善于调整目标。当自己的目标和别人的目标一致，而别人在这方面已经超过自己很远时，可以改变目标，换一个方同去努力，也许会获得和别人一样理想的结果。

（3）善于转移注意力。不要总是把目光盯在别人的优点上，也不能总是把注意力放在少数优秀人物身上，要学会退而求其次。在嫉妒心波动时，不要沉湎于该事，而是多想想它的危害性，或转移注意力，如进行有益的体育运动等，这些活动是摆脱不良情绪的特殊而可取的良药。

（4）积极升华。把自己的消极嫉妒变为上进的力量，积极投入竞争和竞赛，不是通过伤害别人，而是通过积极上进的办法赶上或者超过对方以达到心理平衡。

### （四）猜疑心理及调适

猜疑是一种完全由主观猜测产生的不信任心理，表现为言行敏感，总以为别人在议论自己、看不起自己。猜疑是大学生人际交往的大敌，它不仅不利于团结，而且会使同窗好友因疑心作祟而产生隔阂。

1. 猜疑心理产生的原因

（1）思维偏差导致猜疑。猜疑一般总是从某一个假想目标开始，最后又回到假想目标，就像一个圆圈一样，越画越圆。现实生活中猜疑心理的产生和发展，几乎都同这种封闭性思路主宰了正常思维密切相关。一个人一旦心生疑虑，对信息的摄取范围就会大大缩小，并且会将所有的分析、推理和判断建立在自己设想的信息上，从而使疑虑加重。

（2）对自己缺乏信心。有些大学生在某些方面自认为不如人，因而总以为别人在议论自己，看不起自己。如果有人一起说话时对自己投来一瞥，他会以为别人正在说自己坏话；如果有人跟他开了个极平常的善意玩笑，他也会信以为真，琢磨半天；即使是别人互相指责，他也会认为是"指桑骂槐"。在一个多疑的人面前，人们往往觉得手足无措，不知怎样做才不会引起对方猜疑。

（3）缺乏对被猜疑者较为全面的了解。猜疑是挫折引起的一种心理防卫。有些人以前由于轻信别人，在交往中受过骗，蒙受过损失和挫折，所以不再相信任何人。一个人如果由于多疑而不再相信别人，不仅束缚了他的交往欲望，使其不敢交往，人为局限了自己的交往面，使他不可能发展良好的人际关系，而且会挫伤别人的感情。因为人的情感是呼应的，你对别人的怀疑不管如何隐蔽，对方总是会感觉到的，其结果必将是使更多的人离你远去，使自己陷入自我封闭和自卑的境地。

2. 猜疑心理的调适

（1）克服人际认知偏见。对他人和客观事物的认识要力求客观、全面和公正，切忌只凭主观臆想轻率地做出结论；也不能只凭一两次交往、共事就断定交往对象是什么样的人。只有对他人正确、全面地认知，才会避免乱猜疑。

（2）培养自信心。在人际交往中，每个人都应当看到自己的长处，培养起自信心，相信自己会处理好人际关系，会给别人留下良好的印象。这样，当我们充满信心地进行工作和生活时，就不用担心自己的行为，也不会随便怀疑别人是否会挑剔、为难自己了。

（3）多交流，多沟通，全面了解信息。猜疑大多是在不了解交往对象时产生的。如果一个人能够与交往对象多交流，多沟通，把握其性格特征、处事方法等，就不会无端地去怀疑对方。当你能正确估计出自己在周围社会关系中的地位以及留给别人的印象，也不会猜疑别人跟自己过不去。另外，猜疑往往由误会引起，如果你能与对方及时沟通，弄清真相，误会得以消除，猜疑也就不会发生。

### （五）社交虚荣心理及调适

1. 社交虚荣心理及原因

社交虚荣心理是指在交往过程中为了获取荣誉，满足个人的欲望，过分维护自尊或想引人注意，并以此来掩饰自己某些欠缺的一种内心情感。人需要自尊，但表现过分了就是虚荣心。有的大学生为树立自己的威望，显示自己的能耐，吹嘘自己，夸大其词，打肿脸充胖子；有的大学生为掩饰自己家境贫寒，借钱也要讲究穿戴；有的学生不让农村的父母在同学面前出现。这种虚荣心易使别人产生反感情绪，影响与他人真诚交往。同时因虚荣心理的影响不愿面对自己的现状，羡慕别人拥有的一切，从而产生内心的苦恼，这也会影响心理健康。

2. 社交虚荣心理的调适

克服社交虚荣心应做到3点。

（1）自尊与自重。人有一定的虚荣心是可以理解的，但虚荣心过重，既不利于人际交往，也不利于自己的健康成长。大学生应该诚实、正直，绝不能为一时的心理满足而不惜牺牲自己的人格。

（2）正确评价自己，不图虚名，树立切合实际的理想目标。在人际交往中要有自知之明。

（3）正确对待舆论。在人际交往中，大学生要自信、自强，正确对待别人的评论，不为虚荣所驱使。

## 二、大学生常见的学习困扰与调适

### （一）学习动机不当及调适

大学生学习动机是由某种学习需要所引起的有意识的行动倾向，既是直接推动大学生学习的内部力量，也是一种学习需要，是学习过程中不可缺少的条件。如果大学生的学习心理问题是由于不适当的学习动机引发的，那就存在学习动机不当。学习动机不当主要有两种形式：学习动机不足和学习动机过强。

1. 学习动机不足

（1）学习动机不足的表现：

①无明确的学习目标，为学习而学习，甚至厌倦和逃避学习。

②学习心态松弛。由中学进入大学后，许多学生从心理上摆脱了高中时沉重的学习压力，思想上逐渐松懈，有些学生甚至产生了“革命到头”的感觉，上课不专心，不能集中精神思考问题，课后不复习和巩固知识。

③没有学习热情，上进心不足。主次颠倒，把大量时间和精力放在娱乐等与学习无关的活动上，如看录像、电影，玩网上游戏，聊天，经商，过分热衷于社交活动。

④学习肤浅，满足于一知半解。学习效率过低，缺乏自尊心和自信心，对学习好坏和考试成绩不在乎。

（2）学习动机不足的原因：

①社会原因。社会生活是影响学习动机的重要因素，其中社会价值观对大学生学习动机有巨大影响。如果整个社会崇尚知识和人才的价值，这将对大学

生的学习动机产生正面影响，反之会缺乏学习动机。

②学校原因。大学校园是学生学习生活的场所。校园环境、教学设备、课程设置、教师素质、校园文化等因素，都会对大学生学习动机产生影响。充满金钱观、“拼爹”意识浓厚的大学校园会使得大学生缺乏学习动机。

③个体原因。有的学生进入大学后，感到万事大吉，从而安于现状，不思进取，丧失了学习动力；还有些学生陷入“专业困境”，报考志愿时比较盲目。入校后由于种种原因又不得不继续所学专业，失去专业兴趣，从而使得学习动机减弱。

（3）学习动机不足的调适：

①正确的动机归因。把成功归因于自己的内部因素，如能力、努力等，这样可以体验到成功感；把失败归因于自己努力不够，这样才能不严重挫伤自己的学习积极性和自信心。

②正确认识学习的价值与目标，重新规划学业与人生。当我们认识到学习的价值时，学习就会有责任感和使命感，就会提升自己的学习动机。

③调整心态，以积极的心态对待学习特别是学习中遇到的挫折与困难，用自身的意志战胜惰性。

④改进学习方法，提高学习效率，提高学业的自我价值与社会价值。“学有方法，学无定法，学有优法”，每个学生应该根据大学学习的规律和自身的特点，选择最适合于自己的学习方法，从而提高学习效率。

2. 学习动机过强

学习动机过强和学习动机不足一样，会降低学生的学习效率，更容易造成心理障碍和生理不适。

（1）学习动机过强的表现：

①目我期望值高。自我期望过高，自尊心强，对自己的学习能力缺乏恰当的估计，因而造成学业自我效能感下降，学习心理压力大。

②学习超常勤奋。渴望学业成功而又担心学业失败，渴望外在的奖励与肯定，特别是由于学业优秀带来的心理满足使学生更看重自己的学业优势，因此造成学习强度过大，引起心理疲劳。

③有强烈的好胜心。把学习名次和考试分数视为大学学习的唯一目标，害怕失败，仅仅想通过优异的学习成绩获得老师、长辈和同学的认可。

④精神紧张，容易自责。有些学生对自己的要求是只能成功，不容失败，把挂科视为天塌下来的大事。一次学习失败，常常自责自卑，会给自己施加自虐性的压力，以期下次成功。

（2）学习动机过强的原因：

①成就动机过强。学生的抱负水平和期望远远超出自己的能力和现实情况，把精力全部用于学习上，并坚信只要自己勤奋努力，就一定会取得优异的成绩，看重分数、名次，希望得到他人的表扬和肯定。

②奖励动机过强。一心想得到奖励，避免惩罚。以考试为中心，精神极度紧张，注意力总在学习上，兴趣单一，学习方法不够灵活。

③学习强度过大。每天用于学习的时间过长，缺乏体育锻炼、休息及与同伴的交往，常常处于身心疲惫状态。为了追求完美，常常给自己制订过高的目标，一旦无法完成，就会责备自己，给自己施加更大的压力。

（3）学习动机过强的自我调节：

①正确认识自己。正确认识自己的潜质，即俗语说的“自己是不是这块料”。从而制订恰当的学业目标与学业期望，调整成就动机；与此同时，脚踏实地，循序渐进，不好高骛远。

②转换学习动机。学会把外在的、表面的学习动机转化为深层学习动机，淡化外在奖励特别是学业成就的诱因，正确对待荣誉与学业成绩。

③端正学习态度。一定要明确学习是为了什么，从而树立远大理想，保持旺盛的学习热情，坚持不懈；以宽容的心态对待自己，降低对学习成败的敏感度，有时反而会发挥出高水平，取得预期效果。

④抛弃“学习好就是王道”的谬论。“学习好”顶多给你一个好看的简历，找到一份工作。但成功和幸福却不能靠一张漂亮的简历获得。成为成人后，“学习好就是王道”的时期也就结束了，因为社会看重的是学习之外的能力。所以，在大学期间，学会交往、积累丰富的人脉才会让你受益无尽。

### （二）考试焦虑问题及调适

考试焦虑是大学生最常见的学习焦虑之一。学习焦虑是指大学生由于不能达到预期的目标或不能克服障碍的威胁，致使自尊心、自信心受挫，或失败感、内疚感增加而形成的一种紧张不安、带有恐惧的情绪状态。心理学研究表明，学生在学习过程中，保持适当的焦虑是必要的，有一定的紧迫感可以增强学习的效果，但严重的学习焦虑会对学习产生不利的影响。大学生严重学习焦虑主要表现在：学习压力大，精神长期高度紧张，思维迟钝，记忆力减退，注意力不集中，情绪不安，精神恍惚，学习效率下降。

考试焦虑又称为考试恐惧，是指因考试压力引起的一种心理障碍。主要表现为以下几点。一是情绪上表现出担忧、焦虑、烦躁不安；二是认知上表现为注意力不集中，记忆力下降，思维僵化；三是行为上表现为坐立不安、手足无措；四是身体上表现为头痛、食欲下降、恶心、心慌、睡眠不好等。具有高度考试焦虑的学生会出现明显的生理心理反应，如过分担忧、恐惧、失眠健忘、食欲减退、腹泻等症状；在临考时心慌气短、呼吸急促、手足出汗、发抖，频频上厕所，大脑一片空白，两眼发黑，甚至晕倒；有的学生因考试紧张加重了心理负担，破坏了认知结构中知识之间的联系，妨碍了对知识的调动与提取，使得记忆暂时中断；个别学生会出现视障碍，例如，看不清题目，看错题目，漏题丢题，手不听使唤出现笔误，等等。

1. 考试焦虑的原因

考试成绩关系到能否获得奖学金、保送研究生等荣誉，甚至影响自己能否入党以及毕业后的择业，所以大学生非常看重，以至于临考时产生焦虑。归结起来，造成考试焦虑的因素既有客观因素，也有主观因素。

（1）客观因素：

①考试本身。如考试的重要性、难易程度、竞争程度等。一般来说，考试越重要，题目越难，竞争越激烈，越容易产生考试焦虑。

②学生的学业期望。一般而言，学业期望越高的学生，对学习投入的精力越多，越看重学业成绩，因而对考试失败的恐惧越高，越容易产生考试焦虑；而对学业期望较低的学生，满足于60分，一般不会产生严重考试焦虑。当学业期望较低的学生面临学业失败时（如不能拿到毕业证书），可能会激发其考试焦虑。

③知识掌握程度。我们经常说："会者不难，难者不会。"考试的难易是相对的。现在有一些学生上课不认真，逃课或隐性逃课，下课不复习，推崇考前一周突击效应，匆忙上阵，就会感到考题太难，产生考试焦虑。

④考试压力的传递。学生间的相互影响也会促成考试焦虑。例如，学生将考研视为重要的人生目标，考试前以发誓言、写战书等方式激励斗志，人为制造紧张空气，使部分学生感到考试失败可耻，整天笼罩在失败的恐惧之中。

（2）主观因素：

①个性气质特点。敏感、易焦虑、过于内向、缺乏安全感和自信心、做事追求完美的学生在考试中容易出现考试焦虑。

②挂科的体验。比如，一次挂科导致失去了大额的奖学金，或受到父母、教师的呵斥，或者恋人的冷对，再次面临考试时就会紧张，产生考试焦虑。

③知识掌握与复习准备。如果复习准备不足，对考试没把握，也会产生考试焦虑。对于志在"裸考"的考生来说，考试焦虑外显不突出。

④对考试的外在价值过分重视。例如，考试成绩与大学生学业荣誉如奖学金、政治前途如入党、学业前途如保送研究生等密切相关。因而，大学生会对成绩看重，特别是学业成绩优异的大学生，担心考试失败的心理压力更大，更容易产生考试焦虑。

2. 如何应对考试焦虑

（1）考前的充分准备：

①考前心理辅导，缓解考试压力。对一些敏感、焦虑、抗挫折能力差、有心理障碍的学生在考试前进行有针对性的心理辅导，缓解其心理压力；对过度考试焦虑的学生进行考前辅导，使学生客观认识自己，提高心理素质，增强自我调整能力，提高考试技巧，有效化解外来压力，发挥应有水平。

②确立适当学业期望，培养自信心。正确认识自己，确立适于自己的学业期望；弱化横向比较，重视纵向发展，培养自信心；正确对待考试结果，不以一次成败论英雄。

③考前充分复习。有人研究认为，80%的人的考试焦虑是由于准备不充分引起的，因此牢固掌握知识是克服考试焦虑的重要途径。知识与能力准备不只是一遍遍地机械复习，更重要的是明确掌握了哪些知识，哪些不够熟练；哪些是重点知识，哪些是末节知识，区别对待，针对复习。

④考前准备。考前信心满满，临考时却忘记携带必要证件、跑错考场、忘记考试时间，这会严重影响考试情绪。所以，提前准备必要的证件、文具，熟记考试时间、考场位置等是必要的考试细节准备，这样可以避免意外事件带来的考试焦虑。

（2）考试中的自我调节：

在考试过程，遇到一两个难点属于正常现象。但如果因为这一两个难点过分焦虑的话，后果就会很严重。因此，考试中遇到难题要学会自我调节。一是先易后难，不会的往后放一放；二是自我解嘲，我不会人家也不一定会；三要学会放松，如以舒服的姿势坐好，保持身体平衡；用鼻子深深地、慢慢地吸气，再用嘴慢慢地呼气；想象身体各部位依顺序（脚、双腿、背部、颈、手心）放松。也许，在身心放松、先做较容易试题过程中，会受到启发，难题就会迎刃而解。

### （三）学习疲劳及调适

学习疲劳是学生因长时间持续进行学习，在生理、心理方面产生劳累，致使学习效率下降，甚至出现健康方面问题使之不能继续学习的状态。

学习疲劳分生理性学习疲劳和心理性学习疲劳两种。生理疲劳主要是肌

肉受力过久或持续重复伸缩造成肌肉痉挛、麻木，眼球发疼发胀，腰酸背痛，动作不准确等现象。心理性学习疲劳一般是由于长时间从事心智活动，大脑得不到休息引起的感觉器官活动机能降低、注意力涣散、思维迟钝、情绪躁动、忧郁、厌烦、学习效率下降等。在学习疲劳中，心理性学习疲劳是比较常见的。

1. 学习疲劳的原因

心理性学习疲劳产生的原因主要有：学习材料乏味、枯燥；学习过分紧张，强度过高，注意力高度集中；缺乏学习动机和兴趣；在异常的温度、湿度、噪声和光线不足等环境下学习等。生理性学习疲劳产生的原因主要有：作息时间紊乱，非科学用脑，不注意劳逸结合，营养不足等。

2. 缓解学习疲劳的方法

学习疲劳是一种保护性抑制，经过适当的休息即可得到恢复，这是合乎心理生理规律的。但是如果长期处于疲劳状态，使大脑有关部位持续保持兴奋，就会导致人脑兴奋和抑制过程的失调，从而产生学习厌恶以及烦躁情绪，严重的会引起神经衰弱。因此一定要掌握学习疲劳的调适方法。

（1）科学用脑。脑科学研究表明，人大脑的左右半球功能不同，左半球主要同抽象的智力活动（如数学计算、语言分析等逻辑思维活动）有关，右半球则主要同音乐、色彩、图形、空间想象等形象化思维活动有关。为了克服疲劳，要学会大脑左右两半球交替使用，把高度抽象思维活动同音乐、绘画、体育等活动交替进行，以克服疲劳，提高学习效率。同时，不要长时间用脑，不要等到“脑袋麻木”了才停止学习和工作。研究发现，大学生用脑过度，会导致大脑半球慢性充血现象，产生感觉迟钝、动作不协调、思维缓慢、失眠、情感淡漠等问题，极易引发各种身心疾病。

（2）劳逸结合，养成良好的生活习惯。防止疲劳的有效方法是休息。经过一天的学习，应按时睡觉，保证足够的睡眠，第二天有充沛的精力继续学习。脑力劳动和体力劳动交错进行也是一种积极的休息方式。它可以改善血液循环，调节脑的机能，有利于消除脑的疲劳。所以，一天中经过较长时间的学习后，打球、散步、课间操等体育活动也可起到缓解疲劳的作用。

（3）遵循人体生物钟节律。按照人体生物活动规律，上午7:00～10:00机体的生物机能处于上升状态，10:00左右精力最充沛，是学习与工作的最佳状态。此后逐渐下降，至下午5:00后又再度上升，到晚上9:00达到最佳状态。因此，学习时间安排应顺应人体生物钟的节律变化。但这一变化规律会因地因人有所不同，所以，每个大学生应研究自己身体机能工作规律，合理安排作息时间。

（4）创设良好的学习情境。良好的学习情境可使大学生在学习活动中身心舒畅，提高学习效果。在嘈杂、脏乱、过暗或过亮的学习环境中，可能引起心烦意乱、焦躁不安、视觉疲劳、头晕目眩等现象，影响学习效果。

## 三、健康的恋爱心理与行为的培养

### （一）单恋的困扰与调适

单恋是指在异性关系中的一方倾心于另一方，但是得不到对方回应的单方面“爱情”。大学校园里主要有三种情况：其一，误解对方的言行、情感，把友情当爱情；其二，深爱对方，却不知道对方的情感，又怯于表白；其三，向对方表达了自己的倾慕，却得到对方的婉拒，可自己又不愿意接受这个事实，甚至越遭拒绝越想得到，使自己沉陷痛苦和矛盾之中。

单恋是每个人都可能经历的一种心理状态，单恋本身并不算心理障碍。但盲目的非理性单恋如果得不到合理疏导与调适，就会导致心理失调，甚至产生更为严重的后果。

如果发现自己处于单恋中时，一方面，要努力改变自己的认识，客观理性地对待恋爱问题；另一方面，及时移情、移境，转移感情注意力，这是摆脱单恋苦恼的有效方法。再者，大胆追求，勇于自我表露。表露后对方接受，当然是最好的结果，即使遭到对方的拒绝，也要冷静下来，不要盲目做出过于激烈的行为，要相信今后有更好的机会。

### （二）爱情错觉的困扰与调适

爱情错觉指的是在异性正常交往中，一方错误地认为另一方对自己有感觉，从而错误地认为爱情已经到来的一种感受。爱情错觉可能是单相思的另一种形式。由于对单相思对象的过多幻想和过分敏感，导致错误地领会了对方的行为。或者因为一方发出了比较含糊的信息，且没有意识到某些暗示性的行为，从而给他人造成了误解。

如果发现自己陷于爱情错觉之中时，就应该抛弃幻想，减少对对方的关注，控制感情，调整自己，尽快从误解中走出来。

### （三）暗恋的困扰与调适

暗恋常见于性格内向的大学生。暗恋具体表现为：其一，不表露内心的体验，被爱对方根本不知道有这回事，甚至对方都不认识自己，而自己却执着地恋着对方；其二，朝思暮想，但是见面时却表现出紧张回避，形成了极其矛

盾、痛苦、压抑、失望等不良情绪反应，严重影啊学习和生活。

暗恋者可以通过转移注意力的方式，比如，进行体育锻炼或写日记等途径释放内心的压抑，可以鼓起勇气表白自己的心意，但要做好充分的心理准备，如果对方不接受，要学会坦然面对。

（四）多角恋的困扰与调适

多角恋是指同时与多个异性保持恋爱关系，抱着游戏人生、享乐人生的态度挥洒感情。这种多角恋把爱情视为一种游戏，把自己的幸福建立在不尊重他人情感的基础上，既是对他人的不尊重，又是对自己的不负责，不论从哪个角度讲，多角恋都是为社会道德所不允许的。如果处理不好，容易激化矛盾，产生种种不良后果，也给自己带来无限烦恼。

导致多角恋的原因主要有：其一，择偶标准不明确。出于心理不成熟、生活经验不足，择偶前没有一个较为明确的标准，无法断定，从而出现了多种选择。其二，择偶动机不良。有的人择偶开始就出现了标准与现实的冲突，在冲突中犹豫不决，导致多角恋。其三，虚荣心强。这样的人以为追求者越多，自己的身份就越高，如果退出竞争，就相当于承认失败，承认自己比别人差，这是对自己、对别人明显不负责任的表现。

（五）失恋的困扰与调适

失恋是男女间为寻求和建立爱情而相互了解和选择的过程。大学生由于考虑的因素较少以及心理不成熟、不稳定的特点，导致恋爱成功率较低，失恋成为大学校园里的普遍现象。通常大学生失恋后，可能导致的不良心理和行为主要有以下几种：其一，颓废冷漠，灰心丧气，整天愁眉苦脸，精神不振，严重的甚至走上轻生的道路；其二，闭锁压抑，恋爱失败后就不敢与异性接触，谨小慎微，沉默寡言，把自己封闭起来；其三，报复对方，恋爱失败后就伺机迫害对方，这是一种心理变态的表现，虽然少见，但是后果严重，是极度的占有欲受到挫折后而唤起的过激的心理和行为。失恋后的反应因失恋者的人格特征、对爱情的投入、承受挫折的能力和社会支持等因素的不同而有不同的表现。

面对失恋，大学生要做到以下两个方面。其一，失恋不能失去理智，要冷静反思，找出原因，完善自我，友好地说一声“再见”。失恋会给人带来痛苦，有时也是一笔财富，它能使你认清爱情的另一面，重新认识你自己。其二，失恋不能失志，要自我调节，转移注意力，化痛苦为动力，迅速走出“爱情故事”的阴影，将失恋的教训尘封，以坦荡的胸怀及时从狭隘的情感中摆脱出来。恋爱失败了，用学习和工作来补偿失恋的痛苦，“失之东隅，收之桑榆”。

（六）网恋的困扰与调适

现代社会科学技术的发展，网络已经深刻改变了人们的生活，渗透到生活的每一个角落，也为大学生的交往提供了一个良好的平台。随着上网大学生人数越来越多，有些同学通过网络平台交流学习心得、人生看法，逐渐情投意合，发展成为网恋。

网恋主要指恋爱双方通过网络相识、相知、相许，但不一定有结果的恋情。网恋的主要特点是：以网络为主要的沟通工具，充分利用网络通信的各种方法，如电子邮件、QQ、网上聊天室、BBS（电子公告板）网络虚拟社区等来表达感情，发展双方的恋情，一旦时机成熟，即从以网络为主要恋爱手段转至现实中普通的恋爱状态。

有的同学经不起外界的诱惑，轻率地在网上建立恋爱关系，在网络中展示彼此的长处、优点。由于网络的虚拟性、网恋的欺骗性特点，网恋一触及现实往往会以失败告终。

## 第三节 心理调适，快乐成长——大学生心理健康的维护

大学生要快乐、健康成长，就要正确对待和化解各种心理冲突。

### 一、大学生心理健康中值得重视的问题

（一）独立与依赖的冲突

进入大学后，大学生的成人意识逐渐增强，渴望独立和自由，强烈要求社会和他人承认其成人资格。但由于他们生活经验不足，无法完全靠自己的能力去处理一些生活中的复杂问题，特别是他们经济上不独立，因而不得不依靠父母和学校。所以，在大学生身上，一方面有强烈的独立意识，另一方面却又不得不依赖他人；既想摆脱父母、师长这根“手杖”，但真的脱离开又自感不行。西方心理学家将之称作“为冲破父母的束缚而战斗”。

这方面问题主要表现在生活适应上。新生来到大学后，吃、穿、住、行等方面都要自主、独立地进行，在自我认知、同学交往、自然环境等方面都面临着全面的调整适应。目前，大学生的自理能力、适应能力和调整能力普遍较弱，在大学生中，生活适应问题广泛存在。例如，有的同学自理能力较差，抱

怨打水太远，吃饭太挤，洗衣太累；有的学生连从事与自身有关的简单劳动，如洗衣服都懒得动；有的学生不习惯住校，觉得在寝室里很别扭，特别是就寝时吵闹，不按时熄灯，致使睡眠严重不足时，流露出对家乡、对亲人的思念与依恋之情，产生一种难以消除的苦闷和忧愁。

（二）理想与现实的冲突

大一新生步入大学后，都会在脑海里设计出自己美好的未来，然而现实中的种种客观原因会影响其理想的实现，这一矛盾严重影响着大学生的心理状态。大部分大学生试图努力重建被现实排斥的自我，重新树立人生目标。也有部分大学生企图逃避与现实的冲突，而变得消极颓废，悲观失望，心理失衡，看不清自己前进的方向，目标模糊，成就意识淡薄，甚至破罐子破摔，信马由缰，一发而不可收。

（三）个体生活与群体生活的冲突

大学生远离亲人，告别故乡，只身异地求学，正如心理学家斯普兰格所言：他们深陷于孤独之中，他们渴望得到人们的理解，站在遥远的地方呼唤。部分大学生因遭受过某种挫折，不敢与人交往；也有部分大学生常担心自己是否被别人喜欢，被朋友接纳；有的大学生因个性方面的问题而人际关系不良，致使交友失败，使自己陷入孤独之中。

（四）学习压力与学习能力的冲突

大学生的学习任务是繁重的，它需要生理上、心理上的支持与配合才能顺利完成。大学生的学习不论在内容上、形式上，还是在结果评价上都对个人的学习能力提出了更高的要求，这就要求大学生必须掌握正确的学习策略，对自己的学习过程加以调控。但是在现实的学习活动中，有一部分大学生因为没有掌握正确的学习方法，缺乏自主学习的能力而导致学习困难，致使学习效率低，学习效果差，学习任务不能顺利完成。也有部分大学生由于不了解大学的学习特点而导致对学习无兴趣、无期待、无动力、无目标，对所学专业态度十分冷淡，因此产生学习动机障碍，以及学习疲劳、学习方法和学习习惯不良、过度考试焦虑等学习障碍。

（五）情绪体验与情绪调控的冲突

学习负担重、社会竞争激烈、心理压力大、人际交往困难等问题，常引起大学生的紧张情绪。大学生这一年龄段的人群又有其特殊的心理特征和情绪表现，因此，在生活中必然会有一些情绪困扰他们，使得他们容易大喜大悲，情绪很不稳定，这些都直接影响大学生心理的健康发展。

### （六）性生理与性心理的冲突

大学时期，大学生的性生理成熟。然而，这一时期，大学生的性心理尚不成熟，表现在对性知识还充满着好奇感、紧张感以及恐惧感；而且社会规范、道德观念的教化作用导致大学生在性心理发展上相对滞后，因此性心理成熟落后于性生理成熟，导致许多与性有关的心理矛盾，而大学生对这类矛盾往往极其敏感和多虑，这对他们的心理发展与成熟有着重要影响。

## 二、影响大学生心理健康的因素

### （一）生理因素对心理健康的影响

对大学生心理健康产生影响的生理因素主要有以下 4 个方面。

1. 脑损伤

根据临床观察和专家的研究分析，脑器质性病变，如脑肿瘤、脑萎缩、脑炎、脑血管疾痛、脑外伤等，会直接导致各种心理异常表现，出现意识障碍、智力障碍、严重遗忘症、人格异常等。例如，人的言语运动部位在中央前回部分，如果此处受到损伤虽然仍能听懂别人的话，能看书，但却不会说话，这就是失语症。脑损伤还会产生情感障碍，如有人表现出过度的快乐或悲伤，有人会产生幻觉和妄想。

2. 神经系统的先天素质不健全

专家认为，神经系统的先天素质不健全，如大脑皮层和皮层下神经组织之间的相互协调作用有某种障碍，大脑皮层的兴奋和抑制过程的协调作用有某种障碍等，会导致病态人格等心理异常，神经类型属弱型的人更容易受到不良因素的影响而引起不健康的心理行为。

3. 躯体疾病

慢性病人由于长期受病痛的折磨，会变得心情忧郁、烦躁不安、敏感多疑、承受力下降、痛苦失望、情绪稳定性降低、行为控制能力减弱、兴趣缺乏、人际关系紧张等，严重的还可导致心理障碍。重症患者如果得知自己的病情无治愈的希望，就会对恢复健康失去信心，心情可能很低落，产生恐惧绝望的心理，也可能情绪变得异常激动，易暴躁。

4. 遗传因素

遗传是影响心理健康的重要因素，造成个人心理发育不良的遗传因素约有上百种，根据美国智力缺陷协会调查，智力低下的患者 80% 与遗传因素有关。大量研究表明，在精神疾病中，尤其是在精神分裂症、躁狂症、抑郁症等的发

病因素中，遗传因素占主要地位。

### （二）外部因素对心理健康的影响

对大学生心理健康而言，社会因素比生理因素更为重要。这里所指的社会因素主要是指社会、学校、家庭等因素。

1. 社会环境

人不仅是生物的人，同时也是社会的人，社会对于生活在其中的个体有着巨大的影响作用。人们必须根据自己从社会中获得的信息，不断调节自己的心理和生理功能，调节自己的行为，使之适应社会的要求。然而这种适应性有时会出现某种程度的失调，从而在人们的心理上造成不良影响，引起心理上的矛盾和冲突，带来情绪体验上的巨大变化，而严重持久的心理失调会导致心理失常。

2. 学校生活

大学是大学生生活的场所，学校生活中的某些因素对大学生心理健康的影响是直接而深刻的。对大学生心理健康不利的因素主要表现在以下几个方面。

（1）校园环境的变迁。从中学到大学，环境变化很大，无论是学习还是生活，乃至人际关系、语言表达能力与未来发展定位等方面都需要大学生重新适应。全新的角色要求大学生重新评价自己与他人，重新设计自我。

（2）学习方式的变化。大学生学习的重要特点是学习自主性，学生成为学习活动的主体，而教师是学习活动的指导者，因而大学生在大学期间面临着学习方法、学习内容与学习习惯的巨大变化，同时随着学校对大学生要求的提高，促使很多在校大学生既要学习专业知识，还要选修一些相关知识，考取各类证书，来适应竞争。因此如果不能适应这样的学习方式，将会引起学业成绩不理想，会极大地影响学生的心理健康。

（3）人际关系的影响。进入大学意味着进入全新的人际关系中。面对来自各地风格、特点各异的新同学，如何建立协调友好的人际关系是非常重要的。处于大学时期的大学生虽然有一种闭锁性的心理特征，但他们也渴望与别人进行交流和沟通。然而，由于大学期间的人际关系相对复杂，既有师生关系，也有同班及舍友关系，还有异性关系。不少大学生缺乏与人交往应有的勇气和方法，从而影响到他们与同学的相处。

（4）生活事件的影响。在大学校园中，大学生们经常会遇到一些生活事件，如重要人际关系的丧失、荣誉的丧失等。比如，失恋或者认为可以获奖学金或评优、入党却没有实现目标，又或者考试作弊、违纪受处分等，这些生活事件在大学校园里时常发生，会影响大学生的情绪，甚至影响他们对某一事件的看法，这就需要大学生付出精力去调整，从而提高个体的抗挫折的能力。

3. 家庭因素

家庭是社会的细胞，每个个体自诞生之日起，都会受到来自家庭的影响。父母是孩子的第一任老师，家庭环境、父母的行为及教育方式都会对孩子产生潜移默化的作用。家庭是孩子生长发育的温床，是塑造情感、性格、意志，形成健康心理的重要场所。心理学研究证明，幼儿期的家庭感受将影响人的一生，具有不可估量的影响力。家庭环境不良或者父母婚姻异常，将严重阻碍孩子身心的健康发展，使其容易出现心理扭曲、人格问题或者人际关系不良等心理障碍。例如，父母婚姻失败，会造成孩子的自卑、封闭和屈辱感；父母感情失和、争吵，会使孩子焦虑不安，丧失安全感，或产生严重的怨恨心理，向社会发泄；单亲家庭的孩子会出现心理异常，从而影响成年后的恋爱和婚姻等。父母对子女的教育方法如果不当，子女也会产生不健康心理。例如，父母过分严厉，期望值过高，会使孩子感到有压力，进而自卑、胆怯，出现潜意识的抗拒情绪；父母过分宠爱，会使孩子任性，产生依赖，不适应社会，不负责任；父母态度冷漠，缺乏爱心，则会造成孩子冷酷、抗拒心理或者具有暴力倾向。大学阶段，家庭影响虽然有所减弱，但由于大学生与家庭之间仍然存在血缘上的关系、经济上的联系、感情上的维系，因而家庭的风风雨雨都会牵动大学生的心。特别是家庭经济比较困难的学生，面对高额的学费，感到心理压力很大，有的甚至是借债求学，家庭的贫困会成为其成长和发展中一个相对沉重的心理负担。他们往往要面临更多生活上的紧张状态，诸如无力支付某些必要的开支等，这使他们的自尊心受到伤害，产生焦虑和自卑感。他们渴望在经济上能够自立，或能缓解家庭经济上的困难。这种矛盾和冲突依靠他们自身是很难克服的，久而久之，心理问题就会产生。

### （三）个体因素对心理健康的影响

大学生的个体心理因素是影响和制约大学生心理健康的主要因素，一般来说主要有以下几点。

1. 情绪不稳定

情绪是大学生心理健康的“晴雨表”。大学生的情绪处在最强烈而又最动荡的时期。大学生的情绪富有冲动性，缺乏冷静的思考，因而常因做错事而懊丧悔恨；大学生的情绪经常摇摆不定，跌宕起伏。由于大学生的情绪具有不稳定性，因而有时会失去理智，使人生蒙上阴暗的色调。大学生的内心

敏感而又脆弱，很容易受到伤害。由于强烈的情感需求与内心的闭锁及情绪激荡而缺乏冷静的思考之间的矛盾，使他们极易走向极端，诱发各种心理障碍。

2. 性格缺陷

对同样的环境因素、同样的挫折，不同的个体会有不同的反应模式，这与人的性格有直接关系。有的人性格内向、孤僻、沉郁、压抑，过于自卑或过于自尊；有的人性格急躁、冲动、固执、多疑，好钻牛角尖，易偏激，容易产生焦虑情绪；还有的人欲望过高、过强，不善人际交往，唯我独尊，爱慕虚荣，娇生惯养，感情脆弱，这些个性特征都不利于心理健康，甚至就是心理障碍的表现。性格缺陷不仅给工作、学习、恋爱等带来很多障碍，使大学生产生痛苦和烦恼，同时对其身心健康也是一种潜在威胁。

3. 心理发展中的内在矛盾

大学生正处在由不成熟走向成熟的过程，成熟与不成熟常常交叠在一起，这典型地反映在他们的内心矛盾中，比如，自立与依赖的矛盾、自信与自卑的矛盾、理想与现实的矛盾、知与行的矛盾、感性与理性的矛盾、需要与满足的矛盾、闭锁性与开放性的矛盾、感情与理智的矛盾、冲动与压抑的矛盾等，使得大学生处在情感的波涛中，时间一长，就会破坏其心理平衡而引发心理、生理上的疾病。

4. 认同的危机

自我的认同是在个体与社会的互动过程中形成的。一方面人们的价值观受个体成长的家庭、社会环境等因素的影响，通过父母、学校、社会有意识和无意识的教育，把外在的价值观内化为自己的价值观念；另一方面，个体又在已经形成的价值观念的基础上，根据自我需要，不断选择、过滤外在的价值观念，将其整合为自己的价值观念。在这样一个复杂的过程中，充满了各种矛盾（人的多种需要之间的矛盾，以及各种需要在不同阶段、不同情况下孰轻孰重的矛盾），某一方面失调，就会产生认同危机。例如，认知偏差，在自我认同上未能建立自己独立的需要结构与价值观；过低的自我评价和消极的自我暗示；把希望寄托在未来而不立足现在；由于心理上不很成熟而误入情感误区；在人际交往上追求完美，要求绝对化，拿自己的标准和价值观去要求别人等。总之，处在青春期的大学生，情感起伏大，易诱发一些心理障碍。

## 三、维护大学生心理健康的方法

大学生的心理状况，小而言之关系到大学生本人的生活、学习、工作和身心健康的全面发展，进而言之关系到一个家庭的幸福和美满，再大而言之关系到社会稳定和国家民族的兴衰。因此，增进大学生的心理健康，应引起社会的高度关注，不仅要作为高等教育的培养目标，还要成为每个学生自我修养的努力方向。

### （一）大学生自我心理保健

#### 1. 坚持健康、文明的生活方式

“勿以善小而不为，勿以恶小而为之”，这是刘备在白帝城托孤之时对其子阿斗的最终嘱咐。如果我们都能如这两句话所说去付诸行动，我们必将处于一种良好的心理状态之中，我们的社会也会更加美好。刘备这两句话讲的就是要坚持一种健康、文明的生活方式。生活方式是指人们在日常生活中遵循的行为规范，即习惯化了的生活方式。健康的生活方式很简单，比如，①合理作息，起居有常，早睡早起，睡眠充足；②平衡膳食，坚持吃早餐，保持体重正常水平；③科学用脑，实行时间管理，提高学习效率，劳逸结合，有张有弛，避免用脑过度；④积极休闲，选择文明高雅的休闲娱乐方式，愉悦身心；⑤适量运动，积极参加体育锻炼，不吸烟，不喝酒；⑥坚持最低道德底线，不做伤害社会、伤害自然、伤害他人的言行。

#### 2. 有意识地培养和完善人格

健全的人格是心理健康的重要组成部分，大学生应当客观评价事物，正确对待自己与他人；善于控制情绪，情绪反应适度正常，体验正常的情绪情感，主动有效地适应学校生活与社会环境。

要有意识地培养和完善自己的人格，就必须对自己有清楚的认识和了解。因此，保持人生三问“我是谁、我要到哪里去、我要成为什么样的人”非常重要。纵观中西古今，唯有对自我的了解和认识才是学子英才们锲而不舍的追求，才是人类得以进步的根本动力。

此外，完善人格的培养还需要树立健康的、全面的、先进的世界观和人生观，大学生是社会的精英，对社会发展起着积极的推动作用，应当具有责无旁贷的社会责任感。很多大学生对时事政治以及国家发展、社会进步等国计民生的问题非常敏感和关注，但是由于其认知的局限性，要预防偏激心态的出现，以防不良心理对人格的影响。

#### 3. 投身社会实践，扩大人际交往，建立广泛的社会支持系统

作为青年主体和精英，大学生必须来自社会，又要投身于社会。在社会中学习和成长，并引领社会发展的方向。同时，拥有广泛的社会支持系统也是个体得以度过心理困难时期的重要保障。所以，大学生应当积极主动地参加各类

社会实践活动，并在活动中全面提高自身素质，通过群体交往活动，理解人与人之间的关系，体验友谊与沟通的快乐，开阔视野，并寻找广泛的社会支持。当面临挫折与压力时，广泛宽厚的社会支持会帮助大学生走出沼泽地，走向开满鲜花的未来。

### （二）学校对大学生心理健康教育采用的途径和方法

#### 1. 倡导全员健心意识，进而达到学生自我实现的要求

学校教育的目标是让学生“学会生存，学会生活，学会关心，学会学习，学会发展”。“学会生存，学会生活”是适应环境，能够妥善处理自身事务，学会遵守社会规范，它是成为一个适应社会需要的人的前提；“学会关心”，关心国家大事，关心国际局势，关心我们生存的社会，关心朋友，体谅父母，珍惜友谊，善待爱情，以热情、积极、主动的态度介入社会生活中；“学会学习”就是学生不仅学习书本知识，还要学习观察问题、解决问题的方法与途径，学习将书本知识转化为社会实践的能力。人的发展是永恒的课题，可以说，自我塑造、自我发展、自我完善是人生中非常重要的内容。上述五个学会都必须建立在个体拥有良好的心理品质的基础之上，所以我们倡导一种全员健心的意识，大家都来关注自我同他人的心理健康，都掌握必要的心理调适、心理保健知识，这样才能达到社会对人才培养的要求以及个体自我实现的要求。

#### 2. 开设与心理健康教育相关的必修课、选修课和讲座，达到“心理免疫”的目的

学校开设了与心理健康教育有关的各类必修课、选修课，并经常举办心理讲座、心理培训、团体心理辅导等，所以个体应该积极利用这些有利资源，为自己达到修身、养性、齐家、治国、平天下的目标增加内在力量。我们不能保证自己不会遇到心理问题，或者不会出现心理障碍，但是我们可以做到的是通过心理问题的预防与解决或治疗，达到“心理免疫”的目的。

#### 3. 建立心理健康保健网络，及时有效地指引心理发展

学校一方面对从事学生工作的辅导员、班主任等学生工作系统人员进行心理卫生认识教育和培训，充分发挥他们与学生接触比较多的特点，全方位地做好学生的思想与心理健康辅导，另一方面在各班设立心理委员，对学生骨干进行培训，使他们能够在日常学习和生活中及时发现有心理问题倾向的学生，给予有效的疏导和指引。

#### 4. 建立以发展性咨询为核心的大咨询观念

在很长一段时间内，人们对心理咨询的认识只停留在心理疾病的治疗上。

事实上，有严重心理障碍的学生毕竟是少数，更多的学生面临成长与成才、情感与事业、日常生活事件的处理等问题，而这些问题并不是构成心理疾病的主要方面，但又直接影响学生的心理健康与大学生的健康成长。所以发展性咨询才是高校心理咨询工作的重点。要将发展性咨询陪伴于学生成才的始终，这个观念的建立和普及需要全校师生共同努力。

# 第十章　成长引航：明确目标与生涯规划

## ——做志存高远的大学生

人生是需要规划和设计的。人生规划对每一个人的成长和发展至关重要。众多成功者的经验证明，人生不但可以规划，而且是可以规划好的。准确把握人生，科学运用人生中的有利条件，通过全面周到的策划，为人生成功奠定坚实的基础，规划好自己才有可能把握未来。对于在校大学生，首先要对自己有一个清醒的认识，知晓自己的优缺点和兴趣、爱好，通过目标的明确找准自己今后社会地位的定位，履行好自己的社会职责。当然在这个过程中必须不断提高和完善自己的能力，并对当代社会对自己的职业要求和职业本身的发展前景有一个清醒的认识。大学四年的“学业生涯”规划与毕业后的“职业生涯”规划紧密衔接，高等学校应对大学新生进行入学教育指导，应该对新生大学四年的学习、生活、能力发展、人际关系等阶段涉及的方方面面进行科学规划和有效指导，以学涯规划和职业规划为主线，以学生在生涯发展过程中的实际需要和可能遇到的困惑为出发点，以实用、实际、实效为原则，用通俗易懂的语言和大量真实案例，帮助学生了解大学，了解大学的学习、自我管理、能力提升、社会实践，以及毕业后步入社会的就业、职业发展。本章节所论述的生涯规划包括学业生涯和职业生涯规划相关的理论和实践。

## 第一节　人生理想与规划教育

大学生是重要的人力资源，其就业是关系到个人前途和全社会发展稳定的大事，大学生就业日益受到社会各界的普遍关注。当今，大学生的职业生涯规划是个热点话题，许多大学开设了相关课程或是专题讲座。但不少大学生还没有真正理解职业生涯规划的确切含义，对职业生涯规划的重要意义认识不足，不了解职业生涯规划的程序，缺乏进行规划的具体技巧。不少大学生对职业生涯规划或冷眼相对，或茫然无所适从，或使规划流于形式，或不顾主客观条件任意随自己的兴致来“规划”，这都会导致职业生涯规划的应有作用不能充分发挥。总之，生涯规划成就人生理想，理想人生离不开生涯规划。

## 一、人生需要有理想

人生理想需要树立，人生理想需要通过大学学业生涯规划和职涯规划去细化和完成。

### （一）理想的含义

1. 理想

是我们在学业成就、未来职业、道德人格甚至家庭生活方面追求的目标，代表着我们对生命的一种盼望，反映了我们对生活的积极态度。人生就是立足现实，不断追求各种具体理想的历程。

2. 理想与现实的区别和联系

区别：①理想来源于现实，是现实的升华；②现实是向目标进取的立足点和出发点；③理想不等于现实，理想高于现实。

联系：①现实孕育着理想，是理想的基础；②在一定条件下，理想可以转化为现实。

3. 崇高理想的重要意义

①崇高理想是实现人生价值的精神力量，是照耀人们前进的指路明灯，是人们不懈奋斗的精神支柱；②崇高理想是社会进步的助推器；③崇高理想是我国各民族团结、共同奋斗的精神力量。

### （二）正确认识个人理想与国家前途的关系

当一个人能正确认识个人与国家的关系时，他就会时刻关心国家的发展与安危。这是一种发自内心的自觉的爱国情感，也是公民应具备的高尚品质；当一个人下决心为祖国的独立、尊严、荣誉、富强而贡献自己的一切时，就会产生无私无畏的巨大动力和坚韧不拔的毅力。

1. 个人的成长与外部因素息息相关

个人的成长离不开他人的关心和帮助，我们的每一点进步，都凝聚着无数人的关爱；个人的成长离不开社会的支持，个人的发展与祖国的前途息息相关。我们的家乡和祖国、我们的党和人民，为我们的成长提供了良好的环境和条件。

2. 个人利益与国家民族利益的关系

我们要正确认识个人利益与国家民族利益的关系。个人利益的实现，不能

以损害国家和民族的利益为前提。我们应该以国家和民族的利益为重，不能只看到个人利益。当我们自身利益与国家民族利益发生冲突时，要首先想到国家和民族的利益。

3. 要树立正确的人才观和职业观

（1）人才观。我国现代化建设，既需要大批的高科技人才，也需要大量具有一技之长的高级技术工人和高素质的新型农民。

（2）职业观。不管什么职业，只要是社会需要的，就有价值。展望未来，我们除了考虑自己的愿望和条件之外，更应该结合社会的需要正确选择职业。

### （三）个人的理想目标要落地生根

个人理想一定要同自己的能力、个人特质及工作适应性相符合，一个学历不高又无专业特长的员工，却一心想进入管理层，在现代企业中显然不切实际。其次，个人职业目标和职业道路确定要考虑到客观环境条件。

1. 树立正确的生涯发展理念

生涯发展的理念是事业成功的基本前提。没有发展向上的崇高信念和正确理念做指导，事业的成功也就无从谈起，俗话说“志不定，天下无可成之事”。

2. 立志是人生的起跑点

这个道理反映着一个人的理想、胸怀、情趣和价值观，影响着一个人的奋斗目标及成就的大小。所以，在制订生涯规划时，首先要确立人生志向，这是制订职业生涯规划的关键，也是大学新生的生涯规划中最重要的一点。

3. 理想是引领人生的灯塔

每一个成功的人都有着对理想的责任感和对人生的使命感，这也是他们能够走向成功的最重要的内因之一。也就是说，想要做最好的自己，就要有清晰的理想和人生目标。没有理想，就没有坚定的方向；没有方向，就没有充实的生活。[1]

## 二、大学生生涯规划的含义

凡事预则立，不预则废。你今天站在哪里并不重要，但是你下一步迈向哪里却很重要。人生成功的奥秘在于机会来临时，你已经准备好了。迈入社会、走向职场前充分认识自我，做好自己的人生规划非常必要。要想领先百步必先领先半步，好的生涯规划让你赢在起跑线上。因此，大学生应该高度重视职业

---

[1] 摘自李开复：《做最好的自己》，人民出版社，2005 年版。

生涯规划。

（一）生涯的含义

“生涯”一词，英语是“career”,“生”，即“活着”，“涯”，即“边界”。广义上理解，“生”，自然是与一个人的生命相联系；“涯”，则有边际的含义，即指人生经历、生活道路和职业、专业、事业。是一个与我们如影随形，但又常被视而不见的名词。之所以说它如影随形，是因为它与我们的发展经验密不可分；说它视而不见，是一旦我们要去清楚地画出它的轮廓，又觉得印象模糊。人的一生，包含少年、成年、老年几个阶段，成年阶段无疑是最重要的时期。这一时期之所以重要，是因为这是人们从事职业生活的时期，是追求自我、实现自我的重要人生阶段，是人生全部生活的主体。目前大多数西方学者所接受的生涯定义是舒伯（Super，1976）的论点：生涯是生活中各种事件的演进方向和历程，它统合了人一生中的各种职业和生活角色，由此表现出个人独特的自我发展形态。舒伯认为生涯由 3 个层面构成：一是时间，即个人的年龄或生命的过程；二是广度或范围，即每个人生所扮演的各种不同的角色，如工作者、休闲者、公民、父母等；三是深度，即个人所扮演的每种角色的投入程度。在生涯发展的某一阶段，在人需要扮演的不同角色中，他必须扮演一个显著角色，完成关键性的人生任务。

（二）大学生生涯规划的内容

根据对生涯规划的理解，生涯规划可以归结为知己、知彼、决策、行动 4 个重要环节（参见下图）。

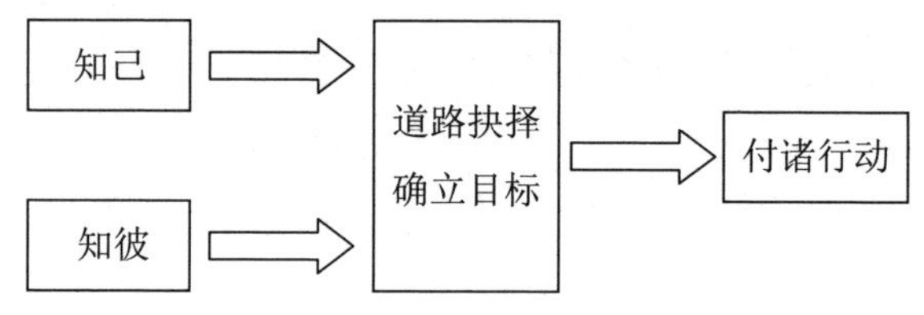


**生涯规划的 4 个重要环节**

1. 知己

知己即了解自我，弄清楚自己的职业兴趣、人格类型、职业价值观、职业能力等。为了得到更加客观的认识和评价，可以征求一下专业人士的意见，也可以运用测验、量表等认知工具来帮助自己。

2. 知彼

知彼就是了解职场、用人单位，即职业和社会环境认知，通过各种渠道、

媒体收集并了解与职业及行业相关的信息，综合分析社会环境。

3. 决策

决策即在以上二者的基础上决定自己的人生道路，并确立自己的人生目标。在进行决策之前可以进行一些咨询活动作为参考。

4. 行动

行动即按照自己设计的道路，朝目标努力实践。

知己知彼，百战不殆，对自我及环境了解得越透彻，越能做好生涯规划，成功的生涯规划需要实时审视内外环境的变化，并且调整自己前进的步伐。

### （三）大学生生涯设计流程

1. 认清自我

择业首先要认识自我，了解自己的性格、气质以及能力、兴趣、特长，对自己有恰当的认知和定位，搞清适合干什么，能干什么，从而确定大致的方向和范围。其次，必须明确职业价值观，即确定自己在职业中最看重什么。通过工作，是为了赚钱，还是希望有个良好发展空间，或是为将来的长远发展积累经验和技能，在搞清楚阶段性目标和价值取向之后，才会有一个相对明确的求职方向和目标。只有弄清了自己的择业标准，才能避免择业时的盲目。

2. 解读职业

对自己想从事的职业要进行深入综合的分析，了解该职业所需的专业训练、能力、年龄、性格特点等要求，职业的性质、工作环境、福利待遇以及发展空间和就业竞争机会。除此之外，还要清楚公司文化和人文环境。这样就不会在费尽心思找到工作后，因为与自己的期望相去甚远而放弃工作机会。数据显示，职场新人总是在频繁地更换工作单位，许多人或以薪资作为参考，或以环境舒适度为指标，很少有人从行业发展现状、优劣势、发展前景预测等出发理性而全面地思考问题，最终导致个人得不到长远发展。

3. 准确定位

大学生求职难的真正原因在于，他们不能为自己确立一个清晰的职业定位，给自己制订一个职业规划。大学生应该先解决这个根本问题，然后再寻求专业包装以获得更好的职位。如今有很多大学生选择通过专业机构来武装自己，增加自己求职时的砝码，请专家帮自己确立职业定位，制订大学生职业规划，从根本上解决就业难问题；另外也有一些大学生选择参加相关的职场特训，聆听顶级就业专家破解大学生职业规划的秘密，学习找对职业平台的技巧和方法，同时在求职简历和面试环节进行演练，提高求职能力，以期高效找到最适合的工作。

4. 锁定目标

通过前面三个步骤后，现在需要根据自己的特点和现实条件，确立生涯目标。也就是说顺利找到职业定位后，需要对自己过往的实习经历或工作经验进行认真的梳理，在此基础上，你的就业范围便能够进行锁定，比如在哪些行业什么职位上，自己的能力将得到最大最顺利的展现和发挥。当你的求职目标变得“有的放矢”时，你的求职行动就会变得更加有成效。思考之后的行动更能体现其价值。

5. 确定方案

确认了就业范围，还需要为自己制订一个可操作的短期目标计划。对于缺乏工作经历的大学生，找到进入职场的机会是当前的首要任务。这时要学会积极主动地寻求帮助，用好身边的人脉资源，尽早接触社会，寻找各类工作机会，最好能通过熟人推荐工作，这样的成功率往往最大。同时要注重自己学习能力的培训与提升，不单单是专业领域的技能，而是多个领域都可能用到的技能和素质，包括自信心、沟通能力、团队合作、分析问题、解决问题、挫折应对、时间管理等方面的能力，这些技能和素质的增强，有助于提升求职成功率、在职场的适应程度等。

## 三、在人生理想指导下做好大学生生涯规划

从个人的角度来看，漫漫人生路的支撑点就是人生理想，而核心就是职业生涯。不管是谁，只要是一个正常人，其职业生涯就是一个为理想而奋斗的漫长的过程。作为大学生，人生理想和职业生涯规划意义重大。

职业生涯规划在理想指导下会帮助大学生进行个人的自我全面定位，了解自己的特点和兴趣，根据自身条件如能力、性格和社会资源等运用适当的方法进行分析和评估，进而确定自己的事业目标，如选择何种职业，在什么地方和单位从事何种职业，担任什么职务等。有了自己的职业目标，就不会随波逐流，枉度一生。

### （一）选择了一个目标并坚持走下去，就将改变一切

有了这些目标，促使自己工作起来更加具有动力，具有方向性。相对于那些毫无准备的人，不仅不会感到茫然不知所措，反而能更好地克服自己面临的各种困难，也能更好地调整自己的心态和克服各种心理问题。但是，事实上，很多大学生在毕业时候也还没有真正理解职业生涯规划的确切含义，对职业生涯规划意义的认识严重不足，不了解生涯规划的程序，缺乏进行规划的具体技巧等，这些都会导致职业生涯规划的应有作用不能充分发挥。1953 年有人对

耶鲁大学应届毕业生进行了一份问卷调查——“你毕业后的目标是什么?”统计结果只有3%的学生有明确的目标，97%的学生基本上没有明确目标。20年以后，有人去追踪所有参加了问卷学生的状况，结论令人十分吃惊，有职业目标的3%的人所拥有的财富总和比那其余97%的人所拥有的财富总和还要多。20年前仅是目标的有与无，20年后却形成了如此巨大的差异!

（二）促进大学生学会抓住工作的重点，努力工作

大学生确定理想并制定好了自己个人的生涯规划，不但明确了在事业上的具体目标，同时也好比给自己树立了一个标靶，令其在学习工作方面更有针对性，有助于合理地安排自己的时间和日常工作，准确分析各项工作的轻重缓急，然后抓住工作重点，使自己通过规划，紧抓工作的重心，不至于被生活中各种烦琐的事务困扰，从而提高自己在事业上的成功率。

大学生要想成就一番事业，必须明确自己的目标，学会抓住工作的重点，为工作创造最有利的条件，才会事半功倍，取得成功。制定了职业生涯规划的人，更像是在茫茫的事业大海里找寻到了灯塔的船，不仅有了方向，更有动力，敢于鞭策自己，不让自己松懈。随着时间的推移，一步一步地向自己事业之塔靠近，而这个过程中，自己的思想方式和工作方式又会不断得到完善和发展。获得了成就感，则又会激励自己，为自己的事业努力。当这些规划内容逐步实现，可以增强自己对职业目标的成就感，也促进自己向更高一层的目标前进。

（三）激发大学生发挥个人潜能

有了理想的指导和生涯规划，使自己更有远见，更有责任感。如果一个大学生没有制订他的职业生涯规划，那么他就很容易陷入生活中各种事务所带来的烦恼中，导致精力分散，无法全神贯注地工作，也很难充分发挥自己的才干。其实，一个人的潜在能力是无限的，需要我们充分地挖掘。天赋也不是与生俱来的，只有善于激发自己的潜能，努力学习，才能使自己的能力得以锻炼和提升。职业生涯规划能够帮助我们集中精力，为自己的职业目标尽可能发挥个人的潜能。

大学期间，并不是所有的大学生在组织领导、人际关系、科研发明等方面显得有才华，但是很多人在这方面都有很大的潜能。只要给他们机会、舞台，比如担任学生会干部、班级干部等，赋予这些大学生工作任务和目标，调动他们的积极性，他们就能在努力学习的过程中，充分激发内在潜能，最后出色完成学习和工作的任务。因此，通过职业生涯规划，明确了发展的目标和方向，

经过个人的努力，激发潜能，进而实现人生的事业目标。

## 第二节 学业生涯与职业生涯教育

大学新生要做好学业生涯规划和职业生涯规划，学习才有奔头，考研和就业才有准谱。如何做好这些规划？首先要客观地认识自我，其次是准确定位自我，最后是打造优秀的自我，做志存高远的大学生。

### 一、大学新生要做好学业生涯规划

通过生涯规划，使学生们知道职业的发展、人生的发展是有一系列科学讲究的。大学生们要根据职业生涯规划理论与原则以及职业成功的标准，掌握正确的职业生涯设计方法，准确进行自我定位，合理规划职业人生。但是在职业生涯确定后，还要由远及近，把眼前的学业生涯规划做好，使职业生涯落地生根。特别是大学新生为了避免浪费大学时光，要增强自我约束力和自我管理能力，增强学习的主动性，为主动迎接未来职业发展的挑战积极做好学业生涯规划。

#### （一）学业生涯规划的概念

大学生的学业规划，就是在认识自我、了解社会的基础上，从自身实际和社会需求出发，去确定学业发展方向，制订出大学期间的成才和发展计划。

（1）学业规划是为自己确立整个大学期间的生涯目标，为了这个目标确定方向、行动时间和行动方案的过程。此阶段是职业生涯的准备期，主要的目的是为未来的就业和事业发展做好准备。比如，如果确定毕业后考研，就选择把基础知识打牢，从大二开始就备考，不再选择双学位，而是加强科研能力的培养。如果大四毕业准备就业，那就要多涉猎一些专业知识，比如可以选择双学位读一读，增大知识面和培养与人相处的技巧。

（2）学业生涯规划应该服从和服务于职业生涯。学业规划的训练，要为职业生涯甚至是人生规划服务，避免学习的盲目性和被动性。

（3）学业生涯对学生在校选择和表现发挥引导作用。学业生涯能够引导我们认识自身的个性特征、现在的潜力和资源优势，帮助我们提升自身价值并使其持续增值，便于弄清个人目标与现状之间的距离，学会运用科学有效的方法，采取切实可行的步骤，增强自身的专业竞争力，从而实现自己最初的梦想。

### （二）学业生涯规划的特点

凡事预则立，不预则废。大学是人生的重要阶段，有了目标才会有所准备，才会有能力去应对各种挑战。学业规划有利于指导大学生的学业定向，促进全面发展。学业生涯规划有别于人生其他阶段的特点。

1. 独特性

每个人的人生发展阶段都是不一样的，大学生的学业生涯同样也是独一无二的过程。大学学业生涯是个人在大学阶段依据自己的人生理想，为了自己的人生价值的实现而逐渐展开的一种学习历程。每个同学有不同的学业生涯过程，最终形成的职业生涯和人生理想也会不尽相同。

2. 发展性

大学生的学业生涯是一个动态的发展历程，同学们在校期间的不同阶段会有不同的要求，这些要求和追求也会不断发展变化，学生们也会在变化中不断成长。因此，要有效地培养和发展自身的兴趣、爱好、特长。

3. 综合性

学业生涯以每一名学生的发展为轴心，也包括了与成长有关的各种角色，参加什么社团活动？担任什么学生干部？考雅思还是考托福？入没入党？总之，涵盖了大学生整体发展的各个层面、各种角度和各种角色，是一个综合素质和能力整合、提高的过程。

### （三）制订学业规划的原则

大学学业生涯是在现实的态度和行为方式中起导向作用的过程，关系到就业及职业理想的实现，所以我们在制订大学学业生涯规划时要遵守以下原则。

1. 可行性原则

每位同学要依据自身的特点、家庭环境、专业方向等实际情况制订出具有可行性的阶段性计划，而且这种计划是可操作的、可以检查督促的，经过自己的努力是可以实现的，不能云山雾罩，不着边际。

2. 可调节原则

大学学业生涯规划的特点决定了规划本身不是孤立的、一成不变的，应该是能够使同学们根据社会发展变化和本身主观努力情况，随时可以修正、提升的。在阶段性目标上可以根据进展情况酌情提高或者能够降低目标的实现，但是这并不代表可以放松对自己的要求。

3. 科学性原则

大学学业生涯规划要符合人才成长规律，循序渐进，符合自己的性格、兴趣和特长，符合生涯发展的一般走向。而且生涯规划在实施过程中有明确的时间或者学期规定，便于检查、评估、反馈和激励。

## 二、大学四年学业生涯规划制订的具体内容

对于一个人来说，大学阶段的学习是人生的一笔财富。大学阶段是一个人将知识转化为能力的过程，也是一个人将学历转化为素质的过程。大学新生要把大学阶段当作自己人生起航的跑道，而不要把它只看作一架飞机，我们要学会规划大学阶段各个时期的目标。以四年制本科大学为例，请同学们参照下表制订自己的学业生涯规划。

**大学四年学业生涯规划制订范例**

| 阶　段 | 主要任务 | 学业生涯规划 |
| --- | --- | --- |
| 大一年级，适应期，大学新生适应性教育阶段 | 熟悉，探索 | 1. 积极参加各种活动，探索自己的兴趣、技能和能力；<br>2. 参加社团和社会实践，增强自己的综合能力；<br>3. 与辅导员、班主任、学姐学长交流，得到建议和帮助，初定学业生涯目标。 |
| 大二年级，定向期，大学生基础性教育阶段 | 认识，分析 | 1. 认真、踏实上好基础课和专业课；<br>2. 多听讲座，开阔视野；<br>3. 不放过任何考证机会；<br>4. 激发兴趣，参与竞赛，增强自信，找到不足；<br>5. 与辅导员、系主任、毕业生交流，征求师长的建议和帮助，初定职业生涯方向。 |
| 大三年级，预备期，大学生发展性教育阶段 | 研究，决定 | 1. 安排好校园文化活动，增强成就感，提升组织能力；<br>2. 观摩校园招聘会，预热就业心态（考研出国的则进行知识辅导、复习）；<br>3. 提前对社会用人单位、毕业生取向的政策进行初步了解；<br>4. 就感兴趣的单位或者行业进行深入了解。 |
| 大四年级，冲刺期，大学生成功性教育阶段 | 调整，落实 | 1. 阅读专业和行业介绍刊物，加强对所关注行业的了解；<br>2. 积极参加毕业实践，加强实践和动手能力培养；<br>3. 学习人际交往礼仪和面试技巧；<br>4. 与就业指导中心和辅导员谈心，了解用人单位的情况和就业相关政策信息；<br>5. 为就业或者深造做好充分准备。 |

除了要清楚知道大学阶段各个时期的学业规划重点内容以外，作为大学新生，首先要形成正确的人生观、价值观、择业观，树立“360 行，行行能干好，行行都是国家建设离不开的职业”的思想；其次，要努力学习公民基本知识、公共基础理论知识、专业知识，提高思想素质和专业能力，成为国家需要的德才兼备的未来建设者和接班人。

## 三、职业生涯的教育

所谓职业生涯，是指人的一生中的职业历程。人的职业生活是人生全部生活的主体，在其生涯中占据核心与关键的位置。人们一生的职业历程，有着种种不同的可能。有的人从事这种职业，有的人从事那种职业；有的人一生变换多种职业，有的人终身位于一个岗位上；有的人不断追求，事业成功，有的人穷困潦倒，无所作为。造成人们职业生涯的差异，有个人能力、心理、机遇方面的问题，也有社会环境的影响。职业生涯这个概念的含义曾随着时间的推移发生过很多变化。在 20 世纪 70 年代，职业生涯专指个人生活中和工作相关的各个方面。随后，又有很多新的意义被纳入“职业生涯”的概念中，其中甚至包含了生活中关于个人、集体以及经济生活的方方面面。从经济的观点来看，职业生涯就是个人在人生中所经历的一系列职位和角色，它们和个人的职业发展过程相联系，是个人接受培训教育以及职业发展所形成的结果。

### （一）职业生涯规划的含义

职业生涯规划，是指将个人发展与组织发展相结合，对决定一个人职业生涯的主客观因素进行分析、总结和测定，确定一个人的事业奋斗目标，并选择实现这一事业目标的职业，编制相应的工作、教育和培训的行动计划，对每一步骤的时间、顺序和方向做出合理的安排。职业生涯规划的期限，划分为短期规划、中期规划和长期规划。短期规划，为 3 年以内的规划，主要是确定近期目标，规划近期完成的任务。中期规划，一般为 3 年至 5 年，规划 3 年至 5 年内的目标与任务。长期规划，其规划时间是 5 至 10 年，主要设定较长远的目标。职业生涯规划有四大特性：

（1）可行性：规划要有事实依据，并非美好幻想或不着边际的梦想，否则将会延误生涯良机。

（2）适时性：规划是预测未来的行动，确定将来的目标，因此各项主要活动，何时实施、何时完成，都应有时间和时序上的妥善安排，以作为检查行动的依据。

（3）适应性：规划未来的职业生涯目标，牵涉到多种可变因素，因此规划应有弹性，以增加其适应性。

（4）连续性：人生每个发展阶段应能够持续连贯衔接。

（二）大学生职业生涯规划对学生个人的意义

大学生职业生涯规划就是大学生在进行自我剖析，在全面客观地认识主、客观因素与环境的基础上，进行自我定位，设定自己的职业生涯发展目标，选择实现既定目标的职业，制订相应的教育培训、工作开发计划，并按照一定的时间安排，采取各种积极的行动去达成职业生涯目标的过程。它包括大学期间的学习规划、职业规划，职业生涯规划有无将直接影响到大学期间的学习生活质量，更直接影响到求职就业甚至未来职业生涯的成败。从狭义职业生涯规划的角度来看，此阶段主要是职业的准备期，主要目的是为未来的就业和事业发展做好准备。客观而言，进行系统的学习和实践至关重要，而能够担此教育重任的人应该具备丰富的职场经验并接受过系统的职业生涯辅导训练。

（三）大学生职业生涯规划对社会的意义

当今社会，在人才竞争方面，是优胜劣汰、自然发展的规则。大学生追求事业成功的愿望更为迫切，而现实中的竞争也更加残酷，机遇是留给有准备的人的，大学生有了职业目标和方向，有利于潜能开发，在步入社会时成功率更高。

1. 能够缓解社会的就业压力

进入高等教育大众化阶段后，上大学不再需要“千军万马过独木桥”，相对多数人享有接受高等教育的权利，大学生不再是计划经济体制下的“宠儿”。大学毕业生供给紧缺的时代已经一去不复返了，大学生就业基本趋于市场化。大学生必须认清楚当前的就业形势，迎接挑战，面对现实，积极应对，及时规划自己的职业生涯，树立正确的价值观以及就业观。大学生在面对当今的形势会不断地变革自己，管理好自己的职业生涯，使自己有较高的适应性。大学生作为一个庞大的群体，就业形势的缓解，对整个社会的就业工作是有很大影响力的，同时也能提供一定的借鉴意义以及参考价值。

2. 引领社会就业风气的改善

大学生的职业生涯规划其实也是一个探索的过程，大学生在这个探索的过程中，会形成自己特有的认识，例如，先就业再择业，到基层、农村、部队去，终身学习等的观念，而这些良好的观念无疑也会对大学生周边的人产生良好积极的影响。每个人渴望拥有健康、丰富的知识、能力、良好的人际关系的同时，也都渴望事业上有所建树。追求职业生涯成功、获得个人的全面发展的

动机会激励人们努力学习知识，努力超越身边榜样，自然而然地营造出一种良好的竞争氛围，从而改善整个社会的就业观念以及就业风气。

总而言之，大学生的职业生涯规划的意义是非常重大的。每个大学生都应该真正地了解职业生涯规划及其意义，从而尽早地规划自己的职业生涯，为自己的全面发展、为实现自己心中的理想而努力奋斗。

### （四）大学生职业生涯规划方向

#### 1. 国内深造

继续在学业上深造，可以提高自身的学历层次，增强下一步就业的竞争能力，拓展职业发展空间。但是，也应该清楚地意识到，继续深造是需要付出更多代价的，需要有勤奋耐劳、刻苦钻研、不畏艰险的精神和毅力，需要有良好的身体和心理素质，而且毕业时同样要面对就业压力。所以，选择国内继续深造，面对日益升温的考研热潮，一定要从实际出发，综合自己的优势，充分评估自己的实力。如果自己确实没有继续深造的竞争优势和实力，千万不要盲目加入考研一族，错过现有的就业机会；更不要因为害怕面对今天的就业压力，而减弱参与的勇气，让就业机会从自己的身边溜走。

#### 2. 留学深造

去国外留学深造，既长见识，又能进一步提高自己的智商和情商，的确是一条不错的职业人生路。不过“条条大路通罗马”，选择这条路，首先还是要符合自己的实际情况。毕竟出国留学要远离亲人，远离祖国，除受到经济条件、外语水平等客观因素的限制外，需要有更大的心理承受力，这不是每个人都适合的选择。事实上，出国留学并不难，难的是你是否对自己未来的职业行程进行了有效的规划。从最近几年出国留学归来人员的发展情况看，并非所有的海归人员都能在国内一展身手，有些人虽然有了海外留学的背景，却在国内一事无成，不但没有体现出一个“海归”应有的价值，反而还不如没有出过国的大学毕业生有作为。所以，出国留学仅仅是你职业生涯发展的一种路径，是职业开始的第一步，关键在于你要有明晰的职业生涯规划，明确下一步怎样成就你未来的职业发展。

#### 3. 自谋职业、自主创业、灵活就业

在大学毕业生的就业道路上，自谋职业、自主创业正在悄然兴起，成为一条引人注目的就业之路，随着就业压力不断增大，高校应届毕业生选择自谋职业受到政府和高校的鼓励与支持。根据2015年北京市教委发布的《2015年北京地区高校毕业生就业质量年度报告》数据显示，截至2015年10月31日，北京地区高校有91所高校就业率超过90%。同时，2015届北京地区高校毕业

生去各类型企业就业的比例为63.1%，高于机关6.0%和事业单位16.6%。值得一提的是，半数左右的毕业生曾各种程度参与过创新创业教育活动。据北青报记者了解，本科生是自主创业的主力军，占据49.1%的比例，在专业方面，则是财经类毕业生占据领先优势，达到24.9%。对于关注特殊群体的毕业生就业工作，市教委提供了专项帮助。据了解，教育主管部门2015年投入110万元专项经费用于困难群体毕业生就业帮扶工作，开展校园培训活动百余场。截至2015年10月31日，北京地区高校的19910名困难群体毕业生就业率为97.7%，高于全员平均就业率（96.8%）。可见，毕业后自谋职业、自主创业、灵活就业是大学生实现初次就业的主要选择路径。如果你的职业规划也是从这一路径开始，那么你就要提前做好求职的充分准备，将自己的择业与社会需要、个人优势、自我成长、社会就业形势、未来目标等紧密结合，明确自己的起点，准确选择好求职的行业、地区和层次，注重与自己的职业能力、职业素质相匹配，做好求职的心理准备，有针对性地积极参加各种类型的招聘会，抓住机会及时就业。如今自主创业已经成为许多大学生职业生涯规划中迈向成功的第一步。

大学毕业生自主创业不仅解决了自身的就业问题，而且还能为他人创造更多的就业机会。这已经成为国家和地方各部门重视和鼓励的一种重要就业路径。国家和各相关部门不仅出台了相应的配套政策，而且频繁举行全国性或地区性大学生创业大赛，建立大学生创业实习基地，设立大学生创业基金，为大学生自主创业打开了方便之门。

## 第三节 明确职业目标，做好生涯规划

从学校走向社会，大学生将会面对一个全新的世界，在这个社会里，使大学生能够立足的是所选职业，它不仅是生活的基础，更重要的是它能体现出每个人存在的价值。但调查发现，相当大的一部分大学生对于自己将来的职业没有一个非常明确的定位，不知道自己将来一定要做什么，更找不到现在的学习与今后职业生涯的关系，所以学习上缺乏动力。因此，大学新生入学教育一开始就要引导学生进行生涯规划和学业规划设计，帮助他们针对个人特点确立未来发展方向，掌握科学的生涯设计的过程和方法。

### 一、大学一年级阶段的准备

成长的规划需要引领，大学生的学业生涯和职业生涯要实现和完成人生理

想、大学规划、今日功课，目标具有极大的牵引力。

（一）明确职业目标

人生确立一个什么样的生涯目标，要根据主客观条件来进行设计。每个人的条件不同，目标也不可能相同，但确定目标的方法是相同的。以下是确立目标需要关注的方面。

1. 目标的确立要适合自身的特点

不同的人有不同的特点。这种特点就是你的家庭背景，性格、兴趣、特长等。要将目标建立在你的最优性格、最大兴趣上、最佳特长上，如做到这一点，就能左右逢源，心想事成。

2. 目标高低的确立要恰到好处

生涯目标是高一点好，还是低一点好呢？总的来看还是高一点好，有了远大的目标，能起到激励作用。但目标过高，脱离了实际，会因好高骛远而招致失败。目标太低，不用努力就能实现，目标也就失去意义。

3. 目标的确立幅度不宜太宽

奋斗目标有高有低，专业面有宽有窄。在确立目标时，是宽一点好，还是窄一点好呢？从科学的角度来看，专业面越窄，所需的力量相对较少。也就是说，用相同的力量对不同的工作对象，专业面越窄，其作用越大，成功的概率越高。所以，目标的幅度不宜过宽，最好选一个窄一点的，把全部精力投放进去，较易取得成功。

4. 目标的确立要长短配合恰当

目标的确立应该长短结合。长期目标为人生指明了方向，可鼓舞斗志，防止短期行为。短期目标是实现长期目标的保证，没有短期目标，长期目标也就不能实现。特别是在职业生涯发展过程中，通过短期目标的达成，能体验到达成目标的成就感和乐趣，鼓舞自己为了取得更大的成就而向更高的目标前进。但是，只有短期目标，看不到远大的理想，也会失去奋进的动力，还会使人生发展左右摇摆，甚至偏离发展方向。

5. 同一时期目标不宜多

就事业目标而言，同一时期目标不宜多，最好集中为一个。目标是追求的对象，你见过同时追逐 5 只兔子的猎手吗？别说 5 只，就是两只也追不过来，因为那几乎是不可能的事。所以，在确立目标时，最好把目标集中在一个点上。

总之，大一学生要懂得确立目标的重要性，不要迷失方向，也不要好高骛远，要确立与自己专业、爱好和个人性格志向一致的目标，以督促自己不要荒废青春、荒废大学，为接下来的学业生涯规划确立方向。

（二）规划努力方向

大学是梦开始的地方。大学一年级是适应性教育阶段，首先要适应由高中生到大学生的角色转变，重新确定自己的学习目标和要求。其次，要开始接触职业和职业生涯的概念，特别要重点了解自己未来所希望从事的职业或自己所学专业对口的职业，进行初步的职业生涯设计；也可以向高年级学生或者是毕业生询问就业情况，加强学习交流，如果有必要，为可能的转系、攻读双学位、留学英语备考等做好资料收集及课程准备，为将来的深造或者就业选择打下良好的基础。

（三）尽快付诸行动

1. 学好理论知识

大学生的根本任务是学习，学好知识一方面是完成本职工作的需要，另一方面也是面对日趋激烈的人才竞争的需要，只有具备了扎实的理论知识才能在日后的工作中结合实践，进行创造性的工作。

2. 培养积极向上的自觉、自发意识

自觉、自发是一种人生态度和责任，是集智慧、技能、心态、性格等的综合素质、综合能力的集中体现，是一个人工作、学习、生活，为企业、为家庭、为社会履行义务、承担责任的概括和凝练。自觉、自发意识和能力对大学生的性格培养、素质提升、潜力挖掘有决定性的影响，这种意识是大学生成长、成才的重要基石。

3. 适当参加社会实践，积累工作经验

目前，人才市场上被企业一致看好的抢手人才，近 90% 都是既有学历又有工作经验的人，而对于刚刚步入象牙塔的大学生来讲，要适当地参加社会实践，积累经验。每年的寒、暑假是一个不可多得的参加社会实践的好机会，因此，要好好利用这个机会到相应的部门进行锻炼，把自己所学知识与实践结合起来，让实践检验所学的理论知识，同时还可以从实践中总结问题，带着问题来学习，从而达到理论与实践的真正结合。

4. 做好职业生涯规划，给自己一个合理的定位

大学生应当好好地给自己定好位，“万丈高楼平地起”，只要恰当地给自己定位，树立一个坚定的目标，并坚持下去，谁能肯定山重水复疑无路之时，不会有柳暗花明呢？相信有志者事竟成。大学生制订职业生涯规划，有利于自我定位，认识自我，了解自我，明确自己的方向，明确自己的人生目标。大学

生在进行规划的时候，要问一问："我想干什么？我能干什么？现在要做什么准备？就业环境如何？"这样，有助于合理规划职业生涯。

5. 加强课外学习，提高自己的综合能力

社会的发展对大学生提出了更高的要求，要学会学习，学会提高核心竞争力，以确保将来能在社会上有一席之地。一方面要学好课本知识，另一方面还要不断地去汲取各方面的知识，把自己打造成一个复合型人才。不断加强英语、计算机基本技能等的学习，扩大自己的人际交往，通过证书的获取不断提高自己在专业方面的素质。

## 二、大学生职业生涯规划的原则

大学生职业生涯规划就是要做好职业定位，迈出关键一步。职业定位，就是清晰地明确一个人在职业上的发展方向，它是人在整个生涯发展历程中的战略性问题，也是根本性问题。具体而言，从长远来看是找准一个人的职业类别，就阶段性而言是明确所处阶段对应的行业和职能，就是说在职场中明确自己应该处于什么样的位置。职业规划应注意以下原则。

### （一）喜好原则

只有这个事情是自己喜欢的，才有可能在碰到强大对手的时候仍然坚持，在遇到极其困难情况时不会放弃，在有巨大诱惑的时候也不会动摇。

### （二）擅长原则

做你擅长的事，才有能力做好；有能力做好，才能解决具体的问题。只有做自己最擅长的事情，才能做得比别人好，才能在竞争中脱颖而出。

### （三）价值原则

你得认为这件事够重要，值得你做，否则你再有能耐也不会开心。

### （四）发展原则

首先你得有机会去做，有机会做了还得有足够大的市场、足够大的成长空间，这样的职业才有奔头。

根据《10天谋定好前途：职业规划实操手册》一书的描述，如果一个人做自己最喜欢同时也是自己最擅长的事情，而且觉得这件事最有价值，那么做成的概率会很大；如果这件事情还很有发展前途，那么就可以获得更长久的成功。所以要想获得职业生涯的真正成功，坚持这4条原则非常重要！

## 三、大学生职业生涯规划分阶段目标

1. 一年级目标：初步了解职业，提高人际沟通能力

主要内容有：和师哥师姐们进行交流，询问就业情况；参加学校活动，增加交流技巧；学习计算机知识，辅助自己的学习；网上学习更多的知识。

2. 二年级目标：提高基本素质

主要内容有：通过参加学生会或社团等组织，锻炼自己的各种能力，同时检验自己的知识技能；主动尝试兼职、社会实践活动，并具有坚持性；提高自己的责任感、主动性和受挫能力；增强英语口语能力和计算机应用能力。

3. 三年级目标：提高求职技能，搜集公司信息

主要内容有：撰写专业学术文章，提出自己的见解；参加和专业有关的暑期工作，和同学交流求职工作心得体会；学习写简历、求职信；了解搜集工作信息的渠道，并积极尝试。

4. 四年级目标：工作申请，成功就业

主要内容有：对前 3 年的准备做一个总结。可以考虑更多的自己人生的目标：考研？工作？积极利用学校提供的条件，了解就业指导中心提供的用人公司资料信息，强化求职技巧，进行模拟面试等，尽可能地在做出较为充分准备的情况下进行施展演练。然后，开始毕业后工作的申请，积极参加招聘活动，在实践中检验自己的积累和准备。

## 四、大学生就业指导工作要点

高校大学生经过 4 年学习，每个人都会面临升学或者就业问题。升学相对简单一些，到自己考取的学校继续念书即可，而毕业生就业则是一项关系到毕业生个人前途、学校可持续发展和社会稳定的大事，备受社会各界关注。目前的就业指导与社会经济发展和学生的需求存在较大差距，面对高校扩招后的大批毕业生即将就业的新形势，面对就业机制市场化、就业渠道多样化、就业服务网络化的新特点，如何做好毕业生就业工作，使他们能够人尽其才、才尽其用，将是高校面临的一个严峻而突出的问题。对此，我们不但要有紧迫感、责任感和使命感，而且要站在新世纪的制高点上，认清形势，抓住机遇，打开视野，拓宽思路，研究对策，争取在新的形势下为毕业生就业铺好路。

### （一）抓好第一课堂，搞好就业指导

教育部印发的《大学生职业发展与就业指导课程教学要求》明确规定：发展与就业指导课程建设是高校人才培养工作和毕业生就业工作的重要组成部

分，根据《国务院办公厅关于切实做好2007年普通高等学校毕业生就业工作的通知》（国办发〔2007〕26号）“将就业指导课程纳入教学计划”的要求，高校要切实把就业指导的第一课堂建设好。

1. 就业指导课程编入培养方案

现在各校正在进行“十三五”规划编写工作，在推进教学改革和人才培养方案修订中要把大学生职业发展与就业指导课程建设纳入人才培养方案，要加强领导，深化认识，加强大学生职业生涯规划与就业指导教育。随着我国高等教育体制不断深化改革和扩招后大学生就业难问题的出现，几乎所有高校都设置了大学生就业指导中心，开设了就业指导课，但大家的认识不一。现在高校毕业生就业难已经成为人们重点考虑而且必须解决的问题，就业指导课的作用越来越被人们所认可。新时期我国高校就业指导课程应该纳入各高校总体教学计划中，应规划为大学生必修课程。

2. 加强师资建设，提供科学辅导

职业生涯规划指导队伍是开展职业生涯规划工作的基础和保障，从事大学职业生涯规划教育的工作人员扮演的角色不但是知识的传播者，也是学生职业目标确立的指导者，职业生涯规划教育工作人员肩负着多个角色和多重任务。《教育部关于进一步加强普通高校毕业生就业指导服务机构及队伍建设的几点意见》中强调：“高校必须建立并健全毕业生就业指导服务机构，在办公条件、人力资源等方面给予充分保证。要尽快提高就业指导教师队伍的整体素质，把就业指导教师队伍建设摆在高校师资队伍建设的重要位置，努力提高就业指导队伍的专业化和职业化水平。”

3. 提高职业生涯规划指导教师队伍质量

大学生职业生涯规划课程的良好开展，需要一支科学化、专业化的教师队伍。这支队伍的人员不仅要具备该课程的专业知识，还需要熟知专业就业前景、社会发展方向和有关政策法规，要熟悉社会就业市场、人才供求关系等有关职业发展情况，真正成为学生就业指导规划师。教师是否具有广博的知识面、丰富的生活阅历是大学生职业生涯规划教育工作能否顺利开展的基础和关键。

（1）针对现有授课人员，加强对全体任课教师进行职业生涯规划相关知识的培训，加强教师在教学、科研和行业三位一体的联系。

（2）加强兼职人员培训，工作重心下移院系，院系的辅导员和负责学生工作的教师在经常和学生接触过程中，为了解学生的身心发展状态，这部分人员可以在日常思想教育过程中为学生提供有针对性的个别辅导，对学生的个性、职业发展目标、心理测验进行指导设计。

（3）高校可以特聘专家，有效利用社会资源。学校应该邀请一些专业的职业规划机构走进校园，帮助大学生进行职业规划，同时弥补学校在职业规划辅导中的不足。通过聘请、兼职等多种形式吸引校外的经验阅历丰富的职业规划师或企事业人员来校授课，丰富学生视野。

### （二）搭建就业指导工作平台，为学生就业提供全方位服务

形成学校领导统筹全局，就业指导中心具体牵头，相关部门通力配合，院系班级层层落实的全员参与、全员负责的工作格局，全校上下拧成一股劲，为学生提供全方位的就业指导服务。

#### 1. 成立就业指导研究与服务机构

每年进行毕业生跟踪状况调查分析，探索和研究招生—培养—就业联动机制。从专业设置与招生规模、人才培养与社会需求调查、生源预测预警机制等方面，提高高校毕业生就业供给与社会人才需求的一致性，增强毕业生的就业竞争力。通过召开院系就业工作专题研讨会、就业困难毕业生座谈会、文科生就业座谈会、女大学生就业座谈会等，进一步明晰毕业生就业方面存在的结构性问题，形成分析报告，探究人才培养努力方向。这样的就业指导才能取得非常可观的成绩。

#### 2. 搭建网络平台，为毕业生提供方便

网络的虚拟性、快捷性和交互性为职业生涯规划辅导工作提供了方便；网络为我们创造了工作的新空间，成为高校就业指导工作的新载体、新阵地。高校可以利用网络了解最新的市场就业动向和信息，进而调整自身的办学目标和人才培养模式。大学生可以利用网络获得丰富的、最新的就业信息。网络的可重复性、不受时空限制的特点可以很好地在大学生职业生涯规划和指导教育教学中体现出来。通过网络可以实现课程的以下几个功能。

（1）网络测评。大学生对自己进行职业生涯规划从认识自身入手，只有明确了“我是谁”“我可以做什么”“我适合做什么”“我能够做什么”等问题，才能进一步深入地思考、分析自己，才能克服盲目性，进而根据自身情况确定职业发展目标。运用一系列的测评工具从性格、能力各个方面进行分析，并在专业人员的分析和解读下，和相关的职业相匹配，才能发现自己真正适合的职业。

（2）网络课堂。课堂教学是教师、学生、教学媒体和内容合理配置以期学生掌握教学内容的教学形式，而现在的多媒体技术发展非常迅速，在目前的课堂教学中，由教学媒体的应用形式和教学功能的不同，可以分为多媒体组合

教学、基于局域网的教学和基于 Internet 的教学。新科技融入教学，不仅仅方便了知识传授，也调动了学生兴趣，运用图像影音生动活泼地向学生传递知识，这就要求教师要尽可能多地掌握多媒体知识，在教学过程中多发挥多媒体的作用，提高教学效果。网络课程可以邀请专家学者讲授，使更多的学生接受到优质的教育资源。网络课程可以多次重复利用资源，使课程真正地从现实到虚拟、从课堂到课外多维度地进行辅导教育。

（3）信息发布。网络的快捷性使网络成为新的信息发布途径。毕业生可以利用网络了解最新的职位信息、各个地区的招聘启事和就业政策，同时可以在诸多就业网站上填写就业信息，投递简历。而高校也可以利用网络将高校组织的招聘会的参展企业情况发布给学生，让学生做好准备，增加就业的砝码。现在，几乎所有的高校都开通了就业网或者就业信息网，发布校内外招聘信息。网络信息发布的有效利用，不仅提高了工作效率，还有效节约了资源。利用网络的交互功能，进而可以实现网上招聘、面试，形成就业“无形”市场，网络的有效利用正在逐步规范和扩大。

（4）师生交流。网络的虚拟性、方便性可以更好地帮助师生交流，没有了平时的拘谨，师生可以在平等的平台上对话。大学生面对网络可以更好地释放自己，向指导老师说出自己的问题，指导老师也可以不受时间限制，在方便的情况下解决学生的问题。

网络的参与，真正使课程丰富、立体起来。这种课程设置有利于增加学生接收信息的速度和数量，提高指导的效率和效果。

### （三）班主任辅导员及时指导

有人说人生充满选择，但关键处只有几步。正如下棋，一步之差，可能全盘皆输。生活就是由一系列的选择组成的，在做出选择之前有一个很重要的心理过程——决策。一个人遇到了麻烦和不如意，往往是由于他做出了不合适的决策或未做出决策而产生的。大学生出现这种问题时，班主任和辅导员就是他们最好的参谋和导师。在学生站在职业生涯和选择的交叉路口时，班主任和辅导员的及时有效指导，显得格外重要。

# 第十一章　重视体育：强健体魄与积极锻炼

## ——做充满活力的大学生

大学生是国家未来的建设者和接班人，肩负着中华复兴的历史使命，需要强健的体魄和健康的身心，重视体育的教育也是大学新生入学教育的重要组成部分，是素质教育的重中之重。因此，要充分认识学校体育工作的重要意义，合理安排大学生体育教育和体育活动的内容，采取适合的途径和方法，使每一名大学生都能够拥有强健的体魄，做充满活力的大学生。

## 第一节　大学生体育锻炼的意义和原则

毛泽东同志曾经讲过："身体是革命的本钱。"法国启蒙思想家伏尔泰也在很早就提出了"生命在于运动"的至理名言。可见，一个强健的体魄对于一个人是多么的重要，而强健的体魄来源于体育锻炼。

### 一、大学生参加体育锻炼的目的及意义

体育锻炼对我们每个人都有着非同寻常的意义。当代大学生往往因为繁重的课业负担及其他一些社会工作而忽视了体育锻炼；另外，现在网络的超速发展和手机功能的强大，使人们每天忙于处理微信、QQ 和浏览日新月异的网络信息导致长时间守在电脑或手机上不能自已，根本谈不上参加体育活动。所以，我们更需要提高对体育锻炼的认识，更需要强身健体。

#### （一）强健体魄，提升素质、气质

体育的作用不只是强身健体，还能有效地提高思想道德品质，开发学生的智力，提高心理素质，陶冶学生情操，发展学生个性，提升学生素质、气质，增强学生适应未来社会的各种能力。

1. 有益于身体健康，增强体质

大学生群体，一个看似轻松事实上却承受着巨大压力的群体，面对学业、

生活、情感、政治进步、党团学联干部的社会工作、就业压力等，天天深陷其中，若想应对自如，一个强壮的身体是必不可少的坚强后盾。而体育锻炼能增强大学生的体质。

2. 有益于提高心理素质，开发学生智力

体育锻炼还能增强我们的心理素质。许多体育锻炼项目不仅对我们的身体有着考验、锻炼的目的，而且考验、锻炼我们的毅力、耐力等心理素质。例如长跑就很能锻炼一个人的耐力与韧劲。通过体育锻炼来加强心理素质，从而使自己在学习生活中有一个健康宽松的心理状态，这样肯定会使学生的学习生活更加高效率，更加美好。

3. 有益于陶冶学生情操，协调人际关系

大学生参加体育锻炼和体育运动还能改善情绪，促进行为协调，反应适度，对个人综合素质的提高和团队意识的加强起着促进作用。体育运动使人正确认识自我，能培养人的意志，有益于在活动中培养和增强团队配合意识，提高参与者组织活动的能力。

4. 有益于塑造健美的体型，增强自信

体育锻炼还有许许多多重要的作用，例如帮助我们放松、娱乐，通过健身活动减掉身体中多余的脂肪，使自己更加健美，形成乐观、向上的生活态度。从长远来讲，强健的体质还能帮我们抵御许多疾病的侵袭，从而有更多的时间更好地度过大学生活。一个强健的体魄对于我们寿命的延长也是大有裨益的。

### （二）身体健康、防病治病

1. 锻炼身体对新陈代谢有积极作用

体育锻炼能提升体内组织细胞对糖的摄取和利用能力，增加肝糖原和肌糖原储存。体育锻炼还能改善机体对糖代谢的调节能力。如在长期体育锻炼的影响下，胰高血糖素分泌表现出对运动的适应，即在同样强度的运动情况下，胰高血糖素分泌量减少，其意义是推迟肝糖原的排空，从而推迟衰竭的到来，增加人体持续运动的时间，为人体从事各项活动提供更多的能量来源。脂肪是在人体中含量较多的能量物质，它在体内氧化分解时放出能量，约为同等量的糖或蛋白质的两倍，长期坚持体育锻炼能提高机体对脂肪的动用能力。

2. 体育锻炼对运动系统带来积极影响

坚持体育锻炼，对骨骼、肌肉、关节和韧带都会产生良好的影响。经常运动可使肌肉保持正常的张力，并通过肌肉活动给骨组织以刺激，促进骨骼中钙的储存，预防骨质疏松，同时使关节保持较好的灵活性，韧带保持较佳的弹性。锻炼可以增强运动系统的准确性和协调性，保持手脚的灵便，使人可以轻松自如、有条不紊地完成各种复杂的动作。

3. 体育锻炼对心血管系统的积极影响

适当的运动是心脏健康的必由之路，有规律的运动锻炼，可以减慢静息时和锻炼时的心率，这就大大减少了心脏的工作时间，增加了心脏功能，保持了冠状动脉血流畅通，可更好地供给心肌所需要的营养，可使患心脏病的危险率减少。

（1）经常参加体育锻炼可使心肌细胞内的蛋白质合成增加，心肌纤维增粗，使得心肌收缩力量增加，这样可使心脏在每次收缩时将更多的血液输入血管，长时间的体育锻炼可使心室容量增大。

（2）体育锻炼可以增加血管壁的弹性。这对人健康的远期效果来说是十分有益的，人随着年龄的增加，血管壁的弹性逐渐下降，因而可诱发高血压等退行性疾病，通过体育锻炼，可增加血管壁的弹性，可以预防或缓解退行性高血压症状。

（3）体育锻炼可以促使大量毛细血管开放，因此加快血液与组织液的交换，加快了新陈代谢的水平，增强机体能量物质的供应和代谢物质的排出能力。

（4）体育锻炼可以显著降低血脂含量（胆固醇、b－蛋白质、三酰甘油等），改变血脂质量，有效地防治冠心病、高血压和动脉粥样硬化等疾病。

（5）体育锻炼还可以调整脉搏和血压，使安静时脉搏徐缓和血压降低。

4. 体育锻炼对呼吸系统的影响

（1）经常参加体育锻炼，特别是做一些伸展扩胸运动，可以使呼吸肌力量加强，胸廓扩大，有利于肺组织的生长发育和肺的扩张，使肺活量增加；经常性地深呼吸运动，也可以促使肺活量的增长。大量实验表明，经常参加体育锻炼的人，肺活量值高于一般人。

（2）体育锻炼由于加强了呼吸力量，可使呼吸深度增加，可以有效地增加肺的通气效率。研究表明，一般人在运动时肺通气量能增加到60升/分钟左右，有体育锻炼习惯的人运动时肺通气量可达100升/分钟以上。

（3）一般人在进行体育活动时只能利用其氧气最大摄入值的60%左右，而经过体育锻炼后可以使这种能力大大地提高，体育活动时，既使氧气的需要量增加，也能满足机体的需要，而不致使机体缺氧。

5. 体育锻炼对消化系统的影响

体育锻炼加速机体能量消耗的过程，能量物质的最终来源是通过摄取食物获得，因此，运动后会促进消化系统的功能变化，饭量增多，消化功能增强。

6. 体育锻炼对中枢神经系统的影响

体育锻炼能改善神经系统的调节功能，提高神经系统对人体活动时错综复杂的变化的判断能力，并及时做出协调、准确、迅速的反应。研究指出，经常参加体育锻炼，能明显提高脑神经细胞的工作能力。反之，如缺乏必要的体育活动，大脑皮层的调节能力将相应地下降，造成平衡失调，甚至引起某些疾病。

7. 体育锻炼对心理方面的影响

体育锻炼对心理的发展有巨大的推动作用。如增强信心，建立良好的环境，培养稳定的情绪，培养独立和处事果断的能力，提高智力发展等。相反，不积极从事体育活动，不良情绪得不到彻底宣泄，对心理健康有负面影响。

综上所述，体育锻炼对于大学生意义重大。作为高等学校要充分认识加强学校体育工作的重要意义，牢固树立健康第一的指导思想，把体育工作摆上重要位置，切实加强领导和规范管理，认真落实教育部关于《高等学校体育工作基本标准》的要求，抓好体育教学和体育活动。作为当代大学生应该科学合理积极地进行体育锻炼，塑造出一个更强壮、更健康、更美好的自己，成为身心健康的祖国未来的建设者和接班人，成为有用的人才。

## 二、大学生参加体育锻炼应遵循的基本原则

按照人体发展的基本规律，合理地进行体育锻炼，可以促进身体的生长发育，改善和提高各个器官的功能，提高身体素质，增强体质。因此，大学生参加体育锻炼应该遵守以下原则。

### （一）全面性原则

全面性原则是指通过体育锻炼使身体的形态、机能、素质和心理品质等都得到全面和谐发展，这也是锻炼的最初目的。

### （二）经常性原则

经常性原则是指大学生应该养成良好的锻炼习惯，坚持长期的、不间断的、持之以恒的体育锻炼。切不可三天打鱼，两天晒网，更不能一曝十寒，冷热不均。人体机能，只有在经常性锻炼中才能得到增强。

### （三）渐进性原则

渐进性原则是指体育锻炼的要求、内容、方法和运动负荷等都要根据每个人的实际情况由易到繁，运动负荷由小到大，逐步提高。如果违反循序渐进原则，急于求成，不但不能有效地增强体质，还会损坏身体。

（四）个别性原则

个别性原则是指每个参加体育锻炼的人，应该根据自己的实际情况，选定锻炼内容和方法以及频率，安排运动负荷。大学生都是来自五湖四海，每个人生活背景、锻炼基础、营养条件和作息习惯等都存在差异性，因此，锻炼者要根据自己的实际情况，使锻炼负荷适合自己的锻炼条件，以达到良好的锻炼效果。

（五）自觉性原则

自觉性原则是指进行体育锻炼，要出自锻炼者内心的需要和自觉的行动。锻炼在于自觉和坚持，应把体育锻炼和锤炼自己的意志品格结合起来，与树立正确的人生观结合起来。这样，才能形成良好的锻炼习惯，保持对体育锻炼的兴趣，调动和发挥更大的主动性和积极性。

## 第二节　高等学校体育教育的内容与要求

大学生体育教育工作需要科学规划，分步实施，保障到位。大学生接受体育教育和参加体育锻炼的内容多种多样，要把体育教育作为大学生素质教育的重中之重，切实保证学校体育工作的正常开展，促进学生身心的健康成长。

### 一、学校体育教育工作的基本任务

（一）增进学生身心健康，增强学生体质

通过开展高校体育工作，使大学生能够掌握体育的基本知识，培养学生体育运动意识、能力和习惯；提高学生运动技术水平，为国家的社会主义物质文明建设和精神文明建设培养合格、健康的接班人；为我国竞技体育事业的发展培养体育后备人才；通过体育教学对学生进行意志、品德教育，增强组织纪律性、集体主义观念以及与人和谐相处的能力；培养学生的勇敢、顽强、进取精神。

（二）担当国家体育发展的使命，继往开来

学校体育工作应当坚持普及与提高相结合、体育锻炼与安全卫生相结合的原则，促进学生的生理健康与心理健康相结合，积极开展多种形式的强身健体活动，重视中华民族传统体育文化的继承与发扬。

（三）体育教学与体育研究

完成大学生体育课教学是学校体育工作的常规任务，应当面向全体学生，

按照人才培养目标完成各院系各年级的体育课教学任务，不断改进教学方法，改善教学条件，提高学校体育教学质量，积极推行国家体育锻炼标准。还应该多与国内外大学加强交流，注意吸取国外高校体育教育的有益经验，积极开展体育科学研究工作，从而促进体育师资队伍的成长和推动体育理论研究。

（四）灵活多样地开展课外体育活动

学校体育工作在教育行政部门领导下，在学校各级领导的支持下，在全体教职员工的参与下，积极组织开展课外体育活动，参加北京市乃至全国的大学生运动会和专业体育联盟的年赛。应当从实际情况出发，因地制宜、生动活泼地开展各种课外群众体育活动，保证学生每天有一定体育活动的时间。例如，中华女子学院每天组织学生参加阳光长跑，每月有竞赛，每年有体育文化节，每年召开两次田径运动会（秋季新生运动会和春季全校田径运动会）。学校还根据上级体育教育行政主管部门的安排有计划地组织学生参加定向越野、健美操比赛、篮球和排球赛等，多种形式的体育活动有效地为学生搭建了健康成长的舞台。

## 二、高等学校体育教育工作的要求

高等学校应当根据教育行政部门的规定，组织实施体育课教学活动和开展丰富多彩的课外体育活动，以及开展体育理论科学研究工作。

（一）符合要求，注意特点

体育课教学应当遵循学生身心发展的规律，教学内容应当符合教学大纲的要求，符合学生年龄、性别特点和所在区域地理、气候条件，要因地制宜，因时制宜，要根据各省不同地区学生特点和学生专业培养方案的特点开展体育教育工作。

（二）严格管理，认真建档

高校体育课是学生的必修课，学生的体能测试也是学生必须有的档案材料，同时也是学生毕业、升学考试科目。学生因病、残可以免修体育课或者免除体育课考试的，必须持三甲以上医院证明，经学校体育教研室（组）审核同意，并报学校教务部门备案，记入学生健康档案。

（三）形式多样，提高水平

这里主要讲的是课余体育训练与竞赛活动的要求。学校要在体育课教学和课外体育活动的基础上，开展多种形式的课余体育训练，提高学生的运动技术水平。学校对参加课余体育训练的学生，应当安排好文化课和专业课学习，还要尽量与学生专业实践和毕业实习错开时间。在训练中要加强学生思想品德教育，并注意改善他们的营养水平。学校体育竞赛贯彻小型多样、单项分散、基层为主、勤俭节约的原则。学校每学年至少举行一次以田径项目为主的全校性运动会，还要积极参加所在省（自治区、直辖市）的大学生体育联合会的体育比赛活动。

## 三、高校体育工作的保障措施

### （一）培养教师，关心教师，加强队伍建设

要完成学校体育工作任务，必须注意加强教师的选拔、培养和提升工作，从源头进人开始严把质量关，应当选择那些热爱学校体育工作，具有良好的思想品德、文化素养，初步掌握体育教育的理论和教学方法的具有博士学位、相应级别职称的教师或者国家级优秀运动员补充到体育师资队伍中来。在满足学生与体育教师总编制数比例要求的基础上，再有计划地安排教师的进修培训，对体育教师的职务聘任、工资待遇应当与其他任课教师同等对待。按照国家有关规定，应当妥善解决体育教师的运动服装和更换衣服场所，学校对妊娠、产后的女体育教师，应当按照《女职工劳动保护规定》给予相应的照顾。使优秀体育后备人才层出不穷，以满足高校体育教学和体育活动的需要。

### （二）体育教学和体育活动的物质保障到位

学校的上级主管部门和学校应当按照国家或者地方制定的各类学校体育场地、器材、设备标准，有计划地逐步配齐。学校体育器材应当纳入教学仪器供应计划。新建、改建学校必须按照有关场地、器材的规定进行规划、设计和建设。社会的体育场（馆）和体育设施应当安排一定时间免费向学生开放。学校应当制定体育场地、器材、设备的管理维修制度，并由专人负责管理。任何单位或者个人不得侵占、破坏学校体育场地或者破坏体育器材、设备。各级教育行政部门和学校应当根据学校体育工作的实际需要，把学校体育经费纳入核定的年度教育经费预算内，予以妥善安排，以保证学校体育工作的开展。

### （三）思想重视，组织机构健全

各级教育行政部门应当健全学校体育管理机构，加强对学校体育工作的指导和检查。应当由一位副校（院）长主管体育工作，把体育运动成效作为考核学校工作的一项基本内容。学校在制订计划、总结工作、评选先进时，应当把体育工作列为重要内容。普通高等学校应当建立相应的体育管理部门，才能有效地把学校体育工作作为一项工作内容，教育和督促学生积极参加体育活

动。学校的卫生部门应当与体育管理部门互相配合，搞好体育卫生工作。后勤部门应当搞好学校体育工作的后勤保障。学校应当充分发挥共青团、学生会以及体育联合会等组织在学校体育工作中的作用。例如，中华女子学院就设有学校体育运动委员会，由一名副校长担任学校体委主任，各院系部负责人任委员，体育部作为委员会办公室，体育部部长为秘书长。这样专兼职结合的体育管理机构，再加上班主任、辅导员的具体工作和活动组织，形成了体育工作的立体网络管理系统，学校体育工作开展得有声有色。

（四）奖罚分明，重在落实

对在学校体育工作中成绩显著的单位和个人，各级教育、体育行政部门或者学校应当给予表彰、奖励。对违反学校体育工作条例的单位或者个人，应当由当地教育行政部门令其限期改正，并视情节轻重对直接责任人员给予批评教育或者行政处分。主要包括：不按规定开设或者随意停止体育课的；未保证学生每天一小时体育活动时间（含体育课）的；在体育竞赛中违反纪律、弄虚作假的；违反体育工作条例，侵占、破坏学校体育场地、器材、设备的单位或者个人，由当地人民政府或者教育行政部门令其限期清退和修复场地、赔偿或者修复器材、设备。奖罚措施的实施本身不是目的，主要是为了奖罚分明，重在落实高校体育工作的任务和目标。

## 第三节　大学生强身健体的途径和方法

作为新世纪的大学生，应该是健康、充满活力、充满激情的，但在每年的军训中，都有学生晕倒在训练场上而不能接受正常军训的现象。还有部分学生在参加体育测试中不能正常达标，这究竟是为什么？答案是：这些学生在高中时就缺乏体育锻炼，体质弱。这就给刚刚入学的大学生敲响了一个警钟，同时提醒我们思考一下：人生的第一大资源是什么？是身体健康。大学生年龄一般在十七八岁至二十二三岁，正处于青年中期，面临一系列心理生理不稳定因素，需要保持身心健康。大学生如何才能改善身体健康状况？这里给出一些方法和途径供参考、选择。

### 一、培养健康的体质

身体素质包括健康的体格，全面发展的体能和身体的灵活性、柔韧性、耐力性、适应性等。大学生健康的身体素质和良好的健康生活习惯要靠自己培养。

（一）养成良好的生活习惯

生活习惯是生活方式的一种表现形式。现代科学证明，良好的生活方式是人类身心健康的重要保证，是具有积极意义的卫生保健措施。有些大学生由于初中、高中阶段在父母身边，习惯于父母的督促和安排，刚一步入大学似乎是进入了“没人管”的状态中，有些学生上网成瘾，晚睡，晚起；甚至有的熬夜打游戏，早上起不来，不用说体育锻炼了，就是维持正常上课都非常困难；有些学生饮食上不规律，暴饮暴食，或者长期不吃早餐；还有的养成了吸烟喝酒等不好的习惯甚至是不良嗜好，打乱了学习和生活规律。这些不好的习惯导致了学生听力、记忆力减退，甚至形象受损。因此，为了使大学生有一个健康的身体，必须改掉恶习，矫正不良习惯，养成良好的学习生活习惯和锻炼习惯，合理饮食起居。

（二）制订科学锻炼健身计划

“每天锻炼一小时，幸福生活一辈子。”让体育锻炼成为生活中的重要组成部分。研究表明，体育锻炼对于改善人体的心血管系统、运动系统、内分泌系统、神经系统和免疫系统具有良好的促进作用，不但可以强健身体，还可以磨炼意志、愉悦心情。进行体育锻炼要结合学校教学计划安排和自身的实际，科学合理选择运动项目、运动强度、运动负荷，千万不能急于求成或者“一曝十寒”。锻炼健身计划目标要简明，内容要切实可行。制订健身计划时注意运动项目不要太单调，根据季节的变化和学业的松紧程度及时调整计划，执行计划时要坚持不懈，注意质量，讲究锻炼的效果。

## 二、加强体育锻炼

我认为大学生的锻炼方式不仅仅是要根据自己想象的方式锻炼，更主要的是按照教学大纲要求上好体育课，在老师的指导下掌握规范动作和技术要求进行锻炼，并积极参加体育社团活动，选择适合自己的体育锻炼项目参加训练和竞赛活动，从身心两个方面助力自己的身体健康。

（一）重视并上好体育课

大学生体育课是必修课，是高校体育教学工作的重要基础部分，体育课包括体育理论的学习和体育项目的示范和训练。

1. 高校体育课具有教书育人的作用

体育教师都是由具有专业体育教育师资水平的教师担任，经过“科班”

教师的教学，使学生树立健康第一的思想，促进学生身体素质和心理素质的健康发展，培养大学生正确的体育价值观，发展学生的主体意识和创新能力，体育课是使学生能够积极主动地参与体育活动和科学地参加体育锻炼的重要环节，具有教书育人的功能。

2. 高校体育课，对于全面提高大学生身体素质具有重要作用

衡量身体素质的指标有力量、耐力、柔韧性三个部分，体育教师从这三个方面设计了系统的课程，从而系统全面地对学生在这三个方面进行循序渐进的训练。例如对于力量素质，更多地让学生做速度性力量训练，避免过度负荷或长时间的过度静力紧张训练；在耐力素质方面，安排学生进行长跑、跳高、跳远等项目，并间歇性地逐步延长训练时间，以便发展学生的耐力素质；对于柔韧素质，体育课注意安排柔韧性与肌肉力量相互之间关系的训练。大学体育课，还对学生其他素质发展、创造良好成绩起基础作用。

3. 高校体育课，具有培养大学生良好品质的作用

由于体育课是以行为为主的教学活动，应通过不同的活动形式来培养学生的吃苦耐劳精神、大方宽容的气质和勇于挑战自我及集体主义精神等良好的道德品质。作为体育教师应根据体育教学的特点，注重发挥品德教育在体育教学的时效性和实践性特点，积极探索、积极贯彻党的教育方针，通过形式多样的体育活动使大学生培养自觉参加体育锻炼的习惯，形成良好的品德教育。还要使大学生从大学体育课中对体育锻炼产生浓厚兴趣和求知欲望，从而自觉主动积极地参与到健身活动中，达到身心健康的目的。

### （二）积极选择适宜的体育锻炼项目

生命在于运动，坚持体育锻炼，不仅可以增进健康，而且可以预防疾病。对于学习压力日趋加重的现代大学生来说，适当地进行身体锻炼是有好处的。不仅可以提高运动素质，还可以做到劳逸结合，使智力水平得到充分的发挥。大学生尤其是大一学生刚经过高考，书山题海压得没有时间参加体育运动，一般都是静坐在教室、实验室、自习室，低头弯腰学习与工作，长期处于这种姿势，又不参加运动锻炼，往往会引起各种疾病，如供血不足、神经衰弱、胸腔狭窄、肌肉软弱无力、心脏疾病、便秘等。因此，大学生要经常参加体育锻炼，因为体育锻炼可以使心脏和胃肠都得到良好的锻炼，使大学生精力充沛。同时，体育锻炼还是一种积极性休息，脑细胞各有分工，进行身体锻炼时，管理肌肉活动的精神细胞处于兴奋状态，而思考问题的神经细胞则处于抑制状态，得到很好的休息。在此，介绍几种现代流行的锻炼方法。

1. 有氧锻炼法

有氧锻炼法是指锻炼者在锻炼过程中没有负氧的情况下进行身体锻炼的方法。这种锻炼方法运动负荷适中，可以有效地提高心血管和呼吸机能，促进新陈代谢，并能减少脂肪的积累，如长跑、竞走、游泳、骑自行车、耐力体操及节律操、徒步旅行等。跑步会让你有强大的心脏及心血管系统功能，在提高最大摄氧量的同时向身体各个器官输送的氧量大大增加，各个器官的工作质量自然大大提高。羽毛球一是项较激烈的运动，快速地接发球对眼睛特别有帮助，在快速地移动中对提高反应速度、位移速度、协调性都很有帮助，属于运动量较大的运动，适合青年锻炼。

2. 娱乐消遣法

是指为了寻求生理上的放松，学习余暇进行的锻炼方法。这种锻炼方法，运动强度不大，令人轻松愉快，具有消除疲劳的特殊功能。这些活动有利于体质较弱者来选择，终身坚持活动能够促进肌体的发展，达到增强体质的目的，如散步、旅游、郊游、踏青、登山、日光浴等。另外中长跑会加速血液循环，使冠状动脉有足够的血液供给心肌，从而预防各种心脏病。通过下肢的运动，促使静脉血流回心脏，还预防静脉内血栓形成。

3. 保健养生法

我国传统健身运动强调以意行气、以气用力，动作轻缓柔和，有许多上下、左右、高低、快慢矛盾而又彼此平衡的动作，运动量不是特别大，但对心肺功能特别有帮助。太极拳与八段锦都是以中国传统文化哲学为理论，对精神具有一定的帮助，属于传统健身运动，强调呼吸、放松、自然，属于有氧运动，是适合心肺功能保健的运动。保健养生法如气功、导引等也都是中华民族的宝贵遗产，深受广大锻炼者的喜爱。这种锻炼方法讲究内外统一，神形兼顾，要求身体的外部活动与内在气血运行一致，使身体与卫生保健结合，达到健身祛病、延年益寿的目的。

### （三）锻炼身体，注意安全

大学生进行锻炼时，要因人、因时、因地，根据自己的性别、自身的健康状况和学习节奏，选择和安排好锻炼的内容、时间和进度。

1. 循序渐进，合理安排

大学生要充分考虑到季节、地区、自然环境等因素对锻炼效果的影响，运动量、运动强度也要由小到大，并在锻炼过程中逐渐积累经验，掌握好适宜的运动量，以期达到自我身体锻炼的最佳效果。如果出现不顾人体的生理特点，一味地追求大运动量，不按人体各器官不同的最佳发育期选择有针对性的运动

项目进行锻炼，不注意全面发展的锻炼，扰乱体力和脑力劳动的生物规律，运动没有规律，不注意运动环境和运动卫生，心血来潮，不能善始善终的突发性锻炼等这些都是有碍健康的锻炼方法，应及时纠正和避免。

2. 尊重规律，科学安排

身体锻炼的目的是增进大学生身体发育和增强体质，如果锻炼方法不当，违背了人体发展规律，就会适得其反。按照一定的原则和实际，要科学地锻炼。对大学生来说，每天早晨起床后坚持 10 ~ 15 分钟的运动负荷比较小的运动，是极其有效的，可以消除一夜睡眠后人体组织的“淤滞”现象，使整个有机体承受能力得到增强，焕发一天学习的情绪，提高学习效率。如进行广播操、健美操、慢跑、打太极拳、练武术等都是很好的锻炼项目。下午课外活动时间的锻炼根据人体生物钟节律，最佳时间是下午 5 点钟和接近黄昏的时间。此时，绝大多数人体力、动作的灵活性、协调性、准确性以及适应能力均处于最佳状态，而且，人体内的糖分也增至最高峰，进行各种健身运动时，不会产生能源代谢紊乱和器官机能运转超负荷的现象。睡前锻炼也收效甚佳，这是因为，睡前身体活动的作用，能在睡眠全过程中得到维持，尤其是做一些加深呼吸的运动，如活动膈肌或扩胸运动，能使人体整个系统充氧，处于较好充氧状态的人，不仅睡眠好，而且会大大解除疲劳，使身体得到很好的恢复。睡前活动给身体带来的热量排放不仅能调节全身的代谢，而且运动后的良性疲劳会通过一夜的睡眠得到恢复。特别是睡前锻炼后进行淋浴，将使你非常舒服地进入梦乡，这对有神经衰弱的同学无疑是最好的入睡良方。其他锻炼项目如散步、做操、仰卧起坐、引体向上、立定跳远、俯卧撑等，把握好运动的强度更有利于自身的锻炼。

3. 注意安全，适当安排

学校体育锻炼存在的安全问题一直潜藏在校园中。学校体育活动属于以身体活动为主要形态的教育活动，这样的教育活动需要承受一定的风险。学校的体育活动往往注重运动技能的指导与竞赛的成绩，而忽略运动安全的重要性，这种原本可以防范的运动伤害事故，因学生个人因素或体育教师的疏忽而发生意外，造成对学生个人、家庭的伤害，也给学校体育教学提出了挑战。因此，大学生体育锻炼要加强学生对体育锻炼安全的认知，区分不同性别、不同时间、不同项目做好安全教育和热身准备，使学生减少受伤。对于学生身体状况的自我认知及场地器材设备、体育教学风险的认知要引起足够重视。特别是对场地器材设备的安全需较为注意。学校体育部和学生管理部门要对大学生体育锻炼安全做出有效的管理与控制，减少学生运动伤害意外事件的发生。

## 附：大学生体育锻炼标准

### 《国家体育锻炼标准》测验成绩大学男生评分表

（每类任选一项）

| 分数 | 第一类 | | 第二类 | | 第三类 | | 第四类 | | 第五类 | | 分数 |
|---|---|---|---|---|---|---|---|---|---|---|---|
| | 50米跑（秒） | 100米跑（秒） | 1000米跑（分秒） | 1500米跑（分秒） | 跳远（米） | 立定跳远（米） | 推铅球（米） | 掷实心球（米） | 双杠臂屈伸（次） | 引体向上（次） | |
| 100 | 6″3 | 12″5 | 3′15″ | 5′09″ | 5. 10 | 2. 65 | 10. 20 | 12. 00 | 19 | 17 | 100 |
| 95 | 6″4 | 12″8 | 3′20″ | 5′16″ | 5. 02 | 2. 61 | 9. 90 | 11. 70 | | | 95 |
| 90 | 6″5 | 13″1 | 3′25″ | 5′23″ | 4. 94 | 2. 57 | 9. 60 | 11. 40 | 18 | 16 | 90 |
| 85 | 6″6 | 13″4 | 3′30″ | 5′30″ | 4. 86 | 2. 53 | 9. 30 | 11. 10 | | | 85 |
| 80 | 6″7 | 13″7 | 3′35″ | 5′37″ | 4. 78 | 2. 49 | 9. 00 | 10. 80 | 17 | 15 | 80 |
| 75 | 6″8 | 14″0 | 3′40″ | 5′44″ | 4. 70 | 2. 45 | 8. 70 | 10. 50 | | | 75 |
| 70 | 6″9 | 14″3 | 3′45″ | 5′51″ | 4. 62 | 2. 41 | 8. 40 | 10. 20 | 16 | 14 | 70 |
| 65 | 7″0 | 14″6 | 3′50″ | 5′58″ | 4. 54 | 2. 37 | 8. 10 | 9. 90 | | | 65 |
| 60 | 7″1 | 14″9 | 3′55″ | 6′05″ | 4. 46 | 2. 33 | 7. 80 | 9. 60 | 15 | 13 | 60 |
| 55 | 7″2 | 15″2 | 4′00″ | 6′12″ | 4. 38 | 2. 29 | 7. 50 | 9. 30 | | | 55 |
| 50 | 7″3 | 15″5 | 4′05″ | 6′19″ | 4. 30 | 2. 25 | 7. 20 | 9. 00 | 14 | 12 | 50 |
| 45 | 7″5 | 15″8 | 4′10″ | 6′26″ | 4. 22 | 2. 21 | 6. 90 | 8. 70 | 13 | 11 | 45 |
| 40 | 7″7 | 16″1 | 4′15″ | 6′33″ | 4. 14 | 2. 17 | 6. 60 | 8. 40 | 12 | 10 | 40 |
| 35 | 7″9 | 16″4 | 4′20″ | 6′40″ | 4. 06 | 2. 13 | 6. 30 | 8. 10 | 11 | 9 | 35 |
| 30 | 8″1 | 16″7 | 4′25″ | 6′47″ | 3. 98 | 2. 09 | 6. 00 | 7. 80 | 10 | 8 | 30 |

大学男生达标等级：

优秀级：420～500分　良好级：350～415分　及格级：250～345分

### 《国家体育锻炼标准》测验成绩大学女生评分表

（每类任选一项）

| 分数 | 第一类 | | 第二类 | | 第三类 | | 第四类 | | 第五类 | | 分数 |
|---|---|---|---|---|---|---|---|---|---|---|---|
| | 50米跑（秒） | 100米跑（秒） | 800米跑（分秒） | 200米游泳（分秒） | 跳远（米） | 立定跳远（米） | 推铅球（米） | 掷实心球（米） | 1分钟仰卧起坐（次） | 屈臂悬垂（秒） | |
| 100 | 7″8 | 15″5 | 3′10″ | 4′20″ | 4. 00 | 2. 06 | 7. 20 | 7. 50 | 43 | 45 | 100 |
| 95 | 7″9 | 15″8 | 3′15″ | 4′28″ | 3. 92 | 2. 02 | 7. 00 | 7. 30 | 41 | 42 | 95 |

续表

| 分数 | 第一类 | | 第二类 | | 第三类 | | 第四类 | | 第五类 | | 分数 |
|---|---|---|---|---|---|---|---|---|---|---|---|
| | 50米跑（秒） | 100米跑（秒） | 800米跑（分秒） | 200米游泳（分秒） | 跳远（米） | 立定跳远（米） | 推铅球（米） | 掷实心球（米） | 1分钟仰卧起坐（次） | 屈臂悬垂（秒） | |
| 90 | 8″0 | 16″1 | 3′20″ | 4′36″ | 3.84 | 1.98 | 6.80 | 7.10 | 39 | 39 | 90 |
| 85 | 8″1 | 16″4 | 3′25″ | 4′44″ | 3.76 | 1.94 | 6.60 | 6.90 | 37 | 36 | 85 |
| 80 | 8″2 | 16″7 | 3′30″ | 4′52″ | 3.68 | 1.90 | 6.40 | 6.70 | 35 | 33 | 80 |
| 75 | 8″3 | 17″0 | 3′35″ | 5′00″ | 3.60 | 1.86 | 6.20 | 6.50 | 33 | 30 | 75 |
| 70 | 8″4 | 17″3 | 3′40″ | 5′08″ | 3.52 | 1.82 | 6.00 | 6.30 | 31 | 27 | 70 |
| 65 | 8″5 | 17″6 | 3′45″ | 5′16″ | 3.44 | 1.78 | 5.80 | 6.10 | 29 | 24 | 65 |
| 60 | 8″6 | 17″9 | 3′50″ | 5′24″ | 3.36 | 1.74 | 5.60 | 5.90 | 27 | 21 | 60 |
| 55 | 8″7 | 18″2 | 3′55″ | 5′32″ | 3.28 | 1.70 | 5.40 | 5.70 | 25 | 18 | 55 |
| 50 | 8″8 | 18″5 | 4′00″ | 5′40″ | 3.20 | 1.66 | 5.20 | 5.50 | 23 | 15 | 50 |
| 45 | 9″0 | 18″8 | 4′05″ | 5′48″ | 3.12 | 1.62 | 5.00 | 5.30 | 21 | 12 | 45 |
| 40 | 9″2 | 19″1 | 4′10″ | 5′56″ | 3.04 | 1.58 | 4.80 | 5.10 | 19 | 9 | 40 |
| 35 | 9″4 | 19″4 | 4′15″ | 6′04″ | 2.96 | 1.54 | 4.60 | 4.90 | 17 | 6 | 35 |
| 30 | 9″6 | 19″7 | 4′20″ | 6′12″ | 2.88 | 1.50 | 4.40 | 4.70 | 15 | 3 | 30 |

大学女生达标等级：

优秀级：420～500分　良好级：350～415分　及格级：250～345分

## 三、培养健康的体育道德意识和情绪

人们几乎每时每刻都在和别人交往，相互影响，相互合作，有很多体育项目都需要在集体中配合进行，因此在体育锻炼中要培养健康的心态。

### （一）与人和谐相处

体育锻炼和竞赛多以集体形式出现，即便是个人比赛，也是为集体加分。因此参加集体活动需要全体成员同心同德、齐心协力完成。与人、与对手竞赛过程中要保持良好心态，和谐相处。

### （二）保持良好心态

在运动和竞赛中，如何与对手相处？要做到“友谊第一，比赛第二”。如何做到正确对待荣誉和挫折？要有一颗平常心，胜不骄傲，败不气馁。只有这样才能保持良好情绪。

### （三）加强了解，增进友谊

经常参加体育活动，可以促进人与人之间、班级之间、院系之间、院校之间的往来，增进友谊，加深了解。因此，要带着取长补短、虚心学习的心态参加体育锻炼和比赛。

# 第十二章　特别关注：国家安全与平安校园

## ——做知法守纪的大学生

安全是社会发展的前提，也是人类个体发展的基本保障，它伴随着整个人类历史的全过程。在安全与避害方面，古代先哲给我们留下了宝贵的精神和文化遗产。例如，“千丈之堤，以蝼蚁之穴溃；百尺之室，以突隙之烟焚”，“防微而杜渐，居安而思危”，“宜未雨而绸缪，毋临渴而掘井”等，这些思想对于我们正确处理安全方面的问题仍有深刻的启示和借鉴意义。

近年来，我国高等教育事业有了长足的发展。经过连续扩招，中国在校大学生人数激增，而部分经济发达地区的高校教育已经开始逐步由精英化向大众化转变，进入了高等教育的普及化阶段。高等教育事业的快速发展使得高校学生管理工作面临许多新的问题和挑战，管理的对象变得数量巨大化、形式多样化、内容复杂化，安全已成为学生管理的重点和难点问题。

涉及高校学生人身安全、财产安全的案件逐年增多，固然与严峻的治安形势等外部环境有关，但大学生的安全防范意识及自我保护能力较差，也是不可忽视的重要因素。当今社会是一个快速发展和高度开放的社会。随着我国的经济飞速发展，教育领域也逐步和世界大环境接轨。在校大学生的生活空间不断扩展，与社会各个领域的接触、交流也不断拓宽。在校期间，学生除了正常的学习生活外，还要走出学校参加各种各样的社会活动，甚至自谋职业打工赚钱。在这样的情况下，缺乏社会经验尤其缺乏安全常识的大学生们，势必成为各种不安全问题和案件的受害者。所以，加强高校学生的安全教育，不断增强大学生的安全意识和自我保护防范能力，掌握安全方面的知识和应对处理突发事件的措施和办法，对确保大学生安全、顺利完成学业，维护高校稳定、社会稳定，有着极其重大的现实意义。

# 第一节 国家安全

## 一、国家安全的定义

国家安全是指国家政权、主权、统一和领土完整、人民福祉、经济社会可持续发展和国家其他重大利益相对处于没有危险的客观状态，也就是国家没有外部的威胁和侵害也没有内部的混乱和疾患的客观状态，以及保障持续安全状态的能力。当代国家安全包括10个方面的基本内容：国民安全、领土安全、主权安全、政治安全、军事安全、经济安全、文化安全、科技安全、生态安全、信息安全。其中最基本也是最核心的是国民安全。

## 二、维护国家安全

有国家就有国家安全工作，无论处于什么社会形态，或者实行怎样的社会制度，都会视国家利益为最高、最根本的利益，将维护国家安全列为首要任务。所以，每位大学生都应当成为国家安全和利益的自觉维护者。

(1) 要始终树立国家利益高于一切的观念。国家安全涉及国家社会生活的方方面面，是国家、民族生存与发展的首要保障。科学技术是没有国界的，但知识分子不能没有自己的祖国。所以，把国家安全放在高于一切的地位，是国家利益的需要，又是个人安全的需要，也是世界各国的一致要求。

(2) 要努力熟悉有关国家安全的活动、法规。我国涉及有关国家安全和保密工作的法律、法规、规章制度有一百多种，我们都应该有所了解，弄清什么是合法，什么是违法，什么可以做，什么不能做。对遇到的法律界限不清的问题，要肯学、勤问、慎行。

(3) 要善于识破各种伪装。从理论上讲，有关国家安全的常识、规定都比较完善了，依规行事不会出什么大问题，但是实际生活比我们想象的要复杂得多。比如，有的间谍情报人员采用五花八门的手段，套取国家秘密、科技政治情报和内部情况。如果丧失警惕，就可能上当受骗，甚至违法犯罪。因此，在对外交往中，既要热情友好，又要内外有别，不卑不亢；既要珍惜个人友谊，又要牢记国家利益；既可争取各种帮助、资助，又不失国格、人格。对发现的别有用心者，要依法及时举报，进行斗争，绝不准其恣意妄行。

(4) 大学生到国外就读或学习、旅游，出行前要主动接受有关部门的国家安全教育，了解、掌握国家安全知识，不但要做好物质准备工作，还要做好

充分的精神准备，提高国家安全和防范意识，自觉维护国家安全，抵制敌对势力的策反、拉拢、威胁、利诱活动，并定期向学校汇报工作、学习情况，同时，要严格遵守外事纪律和有关规章制度，遵守前往国家的法律、法规，尊重当地的社会公德和风俗习惯，避免产生误会或出现不应有的问题，绝不能做有损国格、人格的事情。

（5）要克服妄自菲薄等不正确思想。任何国家都有自己的安全利益，在政治、经济、文化、军事、科技、资源等方面都不尽相同，如果缺乏正确的认识，就有可能产生错误的看法，乃至做出亲者痛、仇者快的事情来。

（6）要积极配合国家安全机关的工作。国家安全机关是国家安全工作的主管机关，是与公安机关同等性质的司法机关，分工负责间谍案件的侦查、拘留、预审和执行逮捕。当国家安全机关需要配合工作的时候，在工作人员表明身份和来意之后，每个同学都应当按照《中华人民共和国国家安全法》赋予的义务和要求，认真履行职责，尽力提供便利条件或其他协助，如实提供情况和证据，做到不推、不拒，更不以暴力、威胁方法阻碍执行公务，还要切实保守好已经知晓的国家安全工作的秘密。

## 三、保守国家秘密

国家秘密是关系到国家安全和利益、依照法定程序确定在一定时间内只限一定范围人员知悉的事项。国家秘密按其秘密程度划分为“绝密”“机密”“秘密”三级；按其工作对象分为科学技术保密、经济保密、涉外保密、宣传报道保密、公文保密、会议保密、政法保密、军事军工保密、通信保密、电子计算机保密等。

有国家就有秘密，就需要保密工作，保密工作是国家一项十分重要的工作，上至国家机关，下至单位、个人都有不可推卸的责任。随着改革开放的深入和经济的飞速发展，国内各高校与国外组织或外籍人士的交流、合作更加广泛，这同时也意味着增加了更多的失密、泄密的机会。高校是科研的集中地，许多重大科研项目都是在高校中进行。因此，每个大学生应该自觉贯彻遵守保密法规，自觉履行保密义务，坚决地同失泄密行为和窃密行径做斗争。

（1）学习保密常识，接受保密知识教育，正确认识保密与窃密斗争的艰巨性，增强保密意识，严格遵守保密制度。既要对外开放，扩大对外交流，又要确保国家机密不被泄露，正确处理两者的关系，克服那种有密难保、无密可保的糊涂认识。

（2）提高防范意识，坚持在对外交往中坚持内外有别。在接触交往过程中，凡涉及国家机密的内容，要么回避，要么按上级的对外口径回答，不要随便涉及内部的人事组织、社会治安状况、科技成果、技术诀窍和经济建设中各种未公开的数据资料。

（3）在与境外人士接触时不带秘密文件、资料和记有秘密事项的记录本，如果有人向我们直接索取科技成果、资料、样品或公开询问内部秘密，要区别情况，灵活予以拒绝。

（4）不经主管部门批准，不带境外人员参观或进入非开放区。不准境外人员利用学术交流、讲课的机会进行系统的社会调查。不经有关部门批准，不得填写境外人员的各种调查表，或替他们写社会调查方面的文章。

（5）在新闻出版工作中，注意保密原则，不得随意刊载有关国防、科研等事关国家机密的事项，参加国际学术会议或在国外刊物上发表文章，要按规定办理审查手续。不得为境外人员提供或代购内部读物和资料。

（6）自觉遵守保密的有关规定，做到：不该说的机密，绝对不说；不该问的机密，绝对不问；不该看的机密，绝对不看；不该记录的机密，绝对不记录；不在普通电话、明码电报、普通邮件传达机密事项；不携带机密材料游览、参观、探亲、访友和出入公共场所；不在通信中谈及国家机密；不在普通邮件中夹带任何保密资料。

## 四、反对邪教

邪教是指冒用宗教、气功或者其他名义建立、神化首要分子，利用制造、散布歪理邪说等手段蛊惑、蒙骗他人，发展、控制成员，危害社会的非法组织。大学生面对邪教，要擦亮眼睛，提高警惕，以免上当受骗甚至被拖下水违法犯罪。

（1）邪教组织往往印制大量的书籍、磁带、光盘，想尽各种办法扩散他们宣传的内容。对此要坚决做到不听、不信、不传，将邪教宣传品上交，并及时向学校汇报或直接报警。

（2）遇到有邪教分子纠缠时，要克服害怕被报复、不想多事的想法，想办法报警，以便公安机关及时将其抓获，从而摆脱邪教分子的骚扰。

（3）面对邪教的金钱、物质、色情等各种诱惑，要提高警惕，防止上当受骗。

（4）被邪教势力包围，精神受到伤害、人身受到攻击时，要及时向学校和家人说明情况，并及时采取灵活的方法报案，努力避免恶性案件的发生。

（5）家人、同学或亲朋好友中有人被邪教迷惑时，要多与其交流，帮助

其摆脱邪教组织的精神控制，上交邪教宣传品，不接待外来邪教人员，断绝与邪教组织的任何往来，并及时寻求学校、警方的帮助。

（6）曾陷进邪教中，醒悟后又无法脱身时，首先要摆脱邪教的精神控制，不怕其任何方面的恐吓；其次要与邪教组织划清界限，断绝往来；最后要主动向学校和公安机关说明问题，争取从宽处理。

## 第二节　社会安全

无论人类社会如何发展，自然灾害和事故灾难总是不断发生，威胁着人类的生命和财产安全。虽然灾害事故不可能完全消除和避免，但是国内外的大量实践证明，灾害事故是可以防范的，有效的防护措施能降低灾害事故所带来的损害。

### 一、如何应对自然灾害和事故灾难

#### （一）如何应对洪水

当受到洪水威胁时，如果时间充裕，应按照预定路线，有组织地向山坡、高地等安全处转移；在措手不及，已经受到洪水包围的情况下，要尽可能利用船只、木排、门板、木床等适合飘浮的物品，做水上转移。如果洪水来得太快，已经来不及转移了，要立即爬上屋顶、楼房高层、大树、高墙，以暂时避险。千万不要游泳逃生，更不能攀爬带电的电线杆、铁塔，也不要爬到泥坯房的屋顶。同时利用各种渠道向外界求援，尽快与当地政府防汛部门取得联系，告知方位和险情，积极寻求救援。如洪水继续上涨，暂避的地方已难自保，则要充分利用身边的救生器材从水上转移逃生。比如找一根比较结实且足够长的绳子（也可用床单、被套等撕开替代），先把绳子的一端拴在屋内较牢固的地方，然后牵着绳子走向最近的固定物（例如树、水泥柱等），把绳子在固定物上绕若干圈后再走向下一个固定物，如此重复，逐渐转移到地势更高的地方。如已被卷入洪水中，一定要尽可能抓住固定的或能漂浮的东西，寻找机会逃生。

#### （二）如何应对台风

台风到来时要尽可能待在屋里，不要外出行走，更不要去台风经过的地区游玩，不能在台风影响期间到海滩游泳或驾船出海，更不能去海边观潮。倘若不得不外出时，应弯腰将身体紧缩成一团，一定要穿上轻便防水的鞋子和颜色鲜艳、紧身合体的衣裤，把衣服扣扣好或用带子扎紧，以减少受风面积，并且要穿好雨衣，戴好雨帽，系紧帽带，或者戴上头盔。行走时，应一步一步地慢慢走稳，顺风时绝对不能跑，否则就会停不下来，甚至有被刮走的危险；要尽可能抓住墙角、栅栏、柱子或其他稳固的固定物行走；在建筑物密集的街道行走时，要特别注意落下物或飞来物，以免砸伤；走到拐弯处，要停下来观察一下再走，贸然行走很可能被刮起的飞来物击伤；经过狭窄的桥或高处时，最好伏下身爬行，否则极易被刮倒或落水。遇到危险时，及时拨打求助电话求救。

台风中万一不慎被刮入水中，保持镇定是最重要的，落水时尽量抓住身边漂浮的木头、家具等物品；落水前深呼吸一口气，下沉时咬紧牙关，借助自然的浮力浮上水面；大浪接近时可弯腰潜入水底，用手插在沙层中稳住身体，待大浪过后再露出水面；浪头来到时要挺直身体，同时抬头使下巴前挺，确保嘴露在水面上，保持双臂前伸或往后平放，让身体保持冲浪板状态。浪头过后一面踩水前游，一面观察后一个浪头的动向，然后借助波浪冲力不断蹬腿，尽量浮在浪头上跟随波浪的趋势往前冲，力争向岸边靠近。

（三）如何应对地震

发生地震时，如果在房间内，要及时躲到两面承重墙之间，如厨房、厕所等。也可以躲在桌柜等坚固家具的下面以及房间内侧的墙角，同时用被褥、枕头、棉衣、脸盆等物品护住头部。千万不能在窗户、阳台附近停留，更不能试图跑出楼外，因为时间来不及。等地震间隙再尽快离开住房，转移到安全的地方。地震时如果房屋倒塌，应待在床下或桌下千万不要移动，要等到地震停止再移出室外或者等待救援。

发生地震时，如果在公共场所，不能惊慌乱跑，要冷静观察周边环境，马上躲到离自己最近而且比较安全的地方，如桌柜下、舞台下，绝对不能停留在高楼下、广告牌下、狭窄的胡同、桥头等危险的地方，更不能跑进建筑物中去避险。

如果地震后不幸被埋在了废墟中，应先想办法清除压在身体腹部以上的物体；同时用毛巾、衣服等捂住口鼻，以防止烟尘窒息；设法找到食品和水，创造生存条件，听到外界有声音时，充分利用身边的各种器具向外界求援，例如用金属、石块等硬物相互撞击，或大声呼救，但要注意保存体力，以避免体力过早耗尽。万一不幸被砸伤，对于少量流血的伤口，一般不需要进行处理。如果伤口出血较多，在条件允许的情况下可用清洁的纱布、绷带或手绢等进行包扎，以达到止血的目的。

### （四）如何应对雷电天气

雷雨天气时尽量留在室内，关好门窗；不要使用无防雷措施或防雷措施不足的电视、音响等电器，不要靠近打开的门窗、金属管道，要拔掉电器插头，关上电器和天然气开关。切忌使用电吹风、电动剃须刀等。不宜使用水龙头。

在户外遇到雷雨天气时，要将手表、眼镜等金属物品摘掉，千万不要在离电源、大树和电线杆较近的地方避雨；尽量降低身体的高度，以减少直接雷击的危险；双脚要尽量靠近，与地面接触越小越好，以减少“跨步电压”；野外最好的防护场所是洞穴、沟渠、峡谷或高大树丛下面的林间空地。如果看到高压线遭雷击断裂，此时应提高警惕，因为高压线断点附近存在“跨步电压”，身处附近的人此时千万不要跑动，而应双脚并拢，跳离现场。

雷雨天气不用或减少使用电话和手提电话，不宜停留在铁栅栏、金属晒衣绳以及铁轨附近；切勿站立于山顶、楼顶上或接近导电性高的物体；不宜进入和靠近无防雷设施的建筑物、车库、车棚、临时棚屋、岗亭等低矮建筑；切勿游泳或从事其他水上运动或活动；不宜停留在游泳池、湖泊、海滨、水田等地方和小船上；不宜进行室外球类运动；在空旷场地不宜打伞；不宜把锄头、铁锹、羽毛球拍、钓鱼竿、高尔夫球杆等扛在肩上。

如果在雷电交加时，头、颈、手处有蚂蚁爬走感，头发竖起，说明将发生雷击，应赶紧趴在地上，这样可以减少遭雷击的危险，并拿去身上佩戴的金属饰品和发卡、项链等。等雷电过后，呼叫别人救护。

### （五）如何应对雾霾天气

雾霾天气应减少户外活动，尤其是一些剧烈的活动，要多饮水，注意休息，如果必须外出一定要戴上口罩，外出回来后应该立即清洗面部及裸露的肌肤。雾霾天气也会影响人的心情。心理专家表示，天气阴沉、气压减低，人的心情会受到一定影响，感觉情绪忧郁。如果出现这些负面情绪，应学会自身调整和平衡，比如做一些让自己感觉快乐的事情等。

## 二、如何应对恶性公共安全事件

恶性公共安全事件是指突然发生的造成或者可能造成重大人员伤亡、财产损失、生态环境破坏和严重社会危害、危及公共安全的紧急事件。面对突发的恶性公共事件的时候，首先要保护好自己，条件允许的情况下，还要协助相关机构和部门进行现场应急处理。

1. 如何应对大型活动或赛事中的突发恶性公共事件

首先自身应具有防范意识，例如了解安全出口的位置等。其次要自觉遵守赛场规定，维护赛场秩序。发生骚乱事件时，周围人群处于混乱状态，不要盲目跟随移动，应选择安全的地点停留，以防被挤伤；同时远离栏杆，以免被挤折断而伤及自身或被挤出坠伤。服从安保人员的指挥，避免在看台上来回跑动，迅速有序地向安全出口撤离。

2. 如何应对恐怖袭击事件

恐怖袭击包括爆炸、枪击、纵火等常规手段，以及核辐射恐怖袭击、生物恐怖袭击、化学恐怖袭击等非常规手段。

在公共场合首先要对以下人员保持警惕：神情恐慌、言行异常者；着装、携带物品与其身份明显不符，或与季节不协调者；冒称熟人、假献殷勤者；在安全检查过程中，催促检查或态度蛮横、不愿接受检查者；频繁进出大型活动场所者；反复在警戒区附近出现者；疑似公安部门通报的嫌疑人员。如果条件允许，应当向在场的安保人员报告。

一旦发生常规手段的恐怖袭击事件，应当做到以下几点：立即卧倒，借物掩护；及时报警，择机逃生；检查伤情，自救互救；协助调查，禁止谣言。

如果发生的是核辐射、化学、生物等非常规恐怖袭击，应当做到以下几点：

（1）查因报警：不要惊慌，从视、听、嗅等感觉来判断事故性质，进一步判明情况，并立即向 110、119、120 或现场安保求救。

（2）尽快掩蔽：利用环境设施和随身携带物品遮掩身体；立即用湿手帕、毛巾等捂住口鼻，最好能及时戴上防毒面罩；利用大衣、墙壁等进行隔离。

（3）迅速撤离：尽快有序向逆风的方向撤离到相对安全的地方。

（4）急救互救：发现有人中毒，要将其转移到空气新鲜的地方，脱去污染衣服，迅速用大量清水和肥皂水清洗被污染的皮肤，同时注意保暖，严重者送往医院。

（5）协助工作：听从安保部门的指挥，配合做好后续工作。如果发现被遗弃的化学品，不要捡拾，应立即拨打报警电话，说明具体位置、包装标志、大致数量以及是否有气味等情况。

3. 如何应对抢劫

在人员聚集地区遭遇到抢劫，应大声呼救，震慑犯罪分子，同时尽快报警。在僻静地方或无力抵抗的情况下遭遇抢劫，应放弃财物，确保人身安全，待处于安全状态时，尽快报警。要尽量记下歹徒的人数、体貌特征、所持凶器、逃跑车辆的车牌号及逃跑方向等情况，并尽量留住现场证人。在必要情况下采取正当防卫时，应有限度。

特别提醒女大学生切忌在夜晚单独出行，避免抢劫事件发生。

## 三、如何应对公共卫生事件

公共卫生事件是指突然发生、造成或者可能造成社会公众健康严重损害的公众健康事件。

高等学校作为社会的重要组成部分，是人口高度密集的地方，不可避免地遭受到突发公共卫生事件的危害。在校大学生由于生理和心理上尚未成熟，自我约束、自我调节和自我控制力都比较弱，当公共卫生事件发生，会出现紧张、焦虑、恐惧、悲观、烦躁、抑郁等不正常的情绪，在很大程度上影响了正常的生活和学习。因此，大学生应对公共卫生事件时应采取以下措施：

（1）提高心理应激水平，增强心理保健意识。

（2）应充分利用报纸、电视广播、网络、宣传栏等多种媒体，主动接触和了解公共卫生知识的宣传活动，强化自身防范公共卫生事件的忧患意识，掌握卫生知识，了解预防食物中毒、环境污染、预防疾病等基本知识，掌握应对突发公共卫生事件的基本技能，提高在突发公共卫生事件中自我保护的能力。

（3）当突发性的公共卫生事件来临时，不要盲目地轻信一些社会上的不实谣言，否则会以讹传讹引发更大的心理危机，甚至会引起大规模的群体性事件。同时要注意培养自己的动手能力和野外生存能力，一旦突发公共卫生事件需要在野外暂避时，能够做到最大限度地自我救助。

（4）最常见的公共卫生事件是食物中毒。一般认为凡是由于食用各种“有毒食物”所引起的急性或亚急性为主的疾病，可统称食物中毒。为防止食物中毒，大学生应做到不乱吃公共食堂以外的食物、小吃等，以防止食用以病死、毒死或不明死因的畜禽为原料制作的食品以及不符合卫生条件的食品；不食用过期食品、三无食品及劣质食品等；不饮用生水及过期变质饮品，夏季剩余饭菜食物，不要放在温度高的地方，防止食用变质的食品；食用凉菜、瓜果、蔬菜要认真清洗消毒；养成良好的个人卫生习惯，饭前便后要洗手。一旦怀疑食物中毒应立即去医院检查，如果是集体中毒要通知相关的领导，及时处置，避免错过最佳治疗时期，贻误救治。

# 第三节　校园安全

## 一、消防安全

大学校园里，火灾是威胁我们安全的重要因素，保护国家、群众和公共财产的安全，保护他人和自身的安全，已成为当代大学生的神圣权利和义务。了解、学习和掌握一些防火、灭火的基本道理和常识，协助学校做好防火工作，减少和杜绝火灾的发生，保障安全，是实现上述权利和义务的重要方面，对于维护国家、学校和同学们个人的安全，是十分必要和有益的。

### （一）发生火灾的原因和火灾的预防

高校发生火灾的原因一般包括：使用明火不慎，如违章点蜡烛、点蚊香、吸烟、使用液化气和焚烧垃圾等；用电不慎，如私自乱拉电源线、电源插座，使用电炉子、热得快、电热杯、电饭锅等违章电器，使用低劣质的电器如伪劣电源插座、伪劣充电器、伪劣应急照明灯等；离开宿舍时没有切断用电设备（包括照明灯具）电源等。

防止火灾发生的关键，是做好火灾的预防工作。广大同学要认真贯彻消防法规，自觉遵守消防安全管理规定，预防火灾的发生。

（1）宿舍防火。在宿舍应自觉遵守宿舍安全管理规定，做到不乱拉乱接电线；不使用电炉、电热杯、热得快、电饭煲等电器；使用台灯、充电器、电脑等电器要注意发热部位的散热；室内无人时，应关掉电器和电源开关；不在宿舍使用明火和焚烧物品。

（2）教室、实验室的防火。在教室、实验室学习时，一定要严格遵守各项安全管理规定、安全操作规程和有关制度。使用仪器设备前，应认真检查电源、管线、火源、辅助仪器设备等情况，使用完毕应认真进行清理，关闭电源、火源、气源、水源等，还应清除杂物和垃圾。尤其是使用易燃易爆危险品时，更要注意防火安全规定。

（3）体育馆、报告厅、舞厅、食堂的防火。要遵守消防安全制度，做到不携带易燃易爆品，如汽油、酒精等；不吸烟或随地丢弃烟头、火种，保持安全通道的畅通等。

（4）山林草坪防火。严禁到山林、草坪吸烟、玩火，一旦发现火苗要及时扑救或拨打火警电话“119”。

### （二）容易起火的几种情况及应对方式

（1）电路着火：首先关闭电源开关，然后用干粉或气体灭火器、湿毛毯等将火扑灭，切不可直接用水扑救；电视机着火应从侧面扑救，以防显像管爆裂伤人。

（2）油锅火灾：可直接盖上锅盖，使火焰窒息熄灭，切勿用水浇。

（3）煤气、液化气灶着火：首先关闭进气阀门，然后用湿布、湿围裙或

湿毛毯压住火苗，并迅速移开气瓶、油瓶等易燃易爆物。

（4）衣服、织物及小家具着火：迅速拿到室外或卫生间等处用水浇灭，切记不要在家中乱扑乱打，以免引燃其他可燃物。

（5）固定家具着火：先用水扑救，如火势得不到控制，则利用消火栓放水扑救，同时迅速移开家具旁的可燃物。

（6）汽油、煤油、酒精等易燃物着火：切勿用水浇，只能用灭火器、细沙、湿毛毯等扑救。

（7）身上衣物着火：可就地打滚压灭身上火苗，千万不要奔跑。

（8）电线冒火花：不可盲目接近，以防发生触电事故，应先关闭电源总开关或通知供电部门，断电后再进行扑救。

（9）密闭房间内着火：扑救房间内火灾时不要急于开启门窗，以防新鲜空气进入后加大火势。

### （三）一旦发生火灾该如何应对

任何一起火灾，都有一个从小到大的发展过程，通常分为三个阶段，即初起阶段、发展阶段和猛烈阶段。火灾的初起阶段，火源面积较小，燃烧强度弱，易于扑救，只要发现及时用灭火器材灭火，均能将火扑灭。

（1）大学生发现的火灾一般均在初起阶段，因此当发现起火时不要惊慌失措，要冷静，以最快速、最有效的办法加以扑灭。常见的灭火器材有二氧化碳、干粉灭火器。各种灭火器有各自不同的特点和使用方法，二氧化碳灭火器适于扑灭一般及电气设备火灾，但不能扑救金、钾、钠、镁、铝等金属物质的火灾。这种灭火器使用时要先拔掉插销，用一只手拿好喷射气体的喇叭筒，另一只手压握手把（像自行车刹闸一样）。干粉灭火器适于扑救一般及油类、有机溶剂和电器失火。使用这种灭火器时，要先拔保险插销，然后压握手把即可，有喇叭状的喷射筒的要将喷射筒对准燃烧物。在使用上述灭火器时，均应注意在确保自身安全的前提下尽可能靠近燃烧点，对准火焰的根部扫射推进，这样才能取得好的灭火效果；灭火时，要尽量使自己处在上风位置。

（2）扑救火灾时，应注意先切断火场的电源和气源；同时要注意先转移火场及其附近的易燃易爆危险品，实在无法转移的应当设法降温冷却。

（3）火灾的发展阶段火势较猛，这种情况下应立即报“119”火警。报警时应沉着镇定，清楚扼要地讲明起火地点（单位、门牌号）、燃烧的物质、火势情况等，同时也应将自己的姓名和联系电话告诉对方，以便随时联系。报警完毕，应派人在校门口等候，以引导消防车迅速到达火灾现场。除了及时报“119”火警外，还应向学校保卫部门立即报告。

（4）火灾发生后，如果被大火围困，最重要的是要保持头脑清醒，千万不能慌乱，应根据火势情况选择最佳的自救方案，争取时间尽快脱离危险区域。

（四）火场逃生常识

（1）熟悉环境，临危不乱。每个人对自己工作、学习或居住所在的建筑物的结构及逃生路径平日就要做到了然于胸；而当身处陌生环境，如入住酒店、商场购物、进入娱乐场所时，为了自身安全，务必留心疏散通道、安全出口以及楼梯方位等，以便在关键时候能尽快逃离火场。

（2）保持镇静，明辨方向，迅速撤离。突遇火灾时，首先要强令自己保持镇静，千万不要盲目地跟从人流和相互拥挤，乱冲乱撞。撤离时要注意朝明亮处或外面空旷地方跑，要尽量往楼层下面跑，若通道已被烟火封阻，则应背向烟火方向离开，通过阳台、窗台等通往室外的出口逃生。

（3）不入险地，不贪财物。在火场中，人的生命最重要，不要因害羞或顾及贵重物品，把宝贵的逃生时间浪费在穿衣服或寻找、搬运贵重物品上。已逃离火场的人，千万不要重返险地。

（4）简易防护，掩鼻匍匐。火场逃生时，经过充满烟雾的路线，可采用毛巾、口罩蒙住口鼻，匍匐撤离，以防止烟雾中毒、预防窒息。另外，也可以向头部、身上浇冷水或用湿毛巾、湿棉被、湿毯子等将头、身裹好后，再冲出去。

（5）善用通道，莫入电梯。规范标准的建筑物，都会有两条以上的逃生楼梯、通道或安全出口。发生火灾时，要根据情况选择进入相对较为安全的楼梯、通道。除可利用楼梯外，还可利用建筑物的阳台、窗台、屋顶等攀到周围的安全地带；沿着下水管、避雷线等建筑上的凸出物，也可滑下楼脱险。千万要记住，高层楼着火时，不要乘电梯。

（6）避难场所，固守待援。假如用手摸房门已感到烫手，此时一旦开门，火焰与浓烟势必迎面扑来。此时，首先应关紧迎火的门窗，打开背火的门窗，用湿毛巾、湿布等塞住门缝，或用水浸湿棉被，蒙上门窗，然后不停用水淋透房间，防止烟火渗入，固守房间，等待救援人员达到。

（7）传送信号，寻求援助。被烟火围困时，尽量待在阳台、窗口等易于被人发现和能避免烟火近身的地方。在白天可向窗外晃动鲜艳的衣物等；在晚上，可用手电筒不停地在窗口闪动或敲击东西，及时发出有效求救信号。在被烟气窒息失去自救能力时，应努力滚到墙边或门边，既便于消防人员寻找、营救，也可防止房屋塌落时砸伤自己。

（8）火已及身，切勿惊跑。火场上如果发现身上着了火，惊跑和用手拍打只会形成风势，加速氧气补充，促旺火势。正确的做法是赶紧设法脱掉衣服或就地打滚，压灭火苗；能及时跳进水中或让人向身上浇水就更有效。

（9）缓降逃生，滑绳自救。高层、多层建筑发生火灾后，可迅速利用身边的绳索或床单、窗帘、衣服等自制简易救生绳，并用水打湿后，从窗台或阳台沿绳滑到下面的楼层或地面逃生。即使跳楼也要跳在消防员准备好的救生气垫或4层以下才可考虑采取跳楼的方式，还要注意选择有水池、软雨篷、草地等地方跳。如有可能，要尽量抱些棉被、沙发垫等松软物品或打开大雨伞跳下。跳楼虽可求生，但会对身体造成一定的伤害，所以要慎之又慎。

## 二、交通安全

### （一）发生交通安全事故的主要表现形式

1. 校园内发生交通事故的主要表现形式

校园内发生交通事故的主要原因是思想麻痹和安全意识淡薄。许多大学生刚刚离开父母和家庭，缺乏社会生活经验，头脑里交通安全意识比较淡薄，同时有的同学在思想上还存在校园内骑车和行走肯定比公路上安全的错误认识，一旦遇到意外，发生交通事故就在所难免。校园内发生交通事故的主要形式有以下几种：

（1）注意力不集中。这是最主要的形式，表现为行人在走路时边走路边看书或听音乐，或者左顾右盼，心不在焉。

（2）在路上进行球类活动。大学生精力旺盛、活泼好动，即使在路上行走也是蹦蹦跳跳，嬉戏打闹，甚至有时还在路上进行球类活动，更是增加了发生事故的危险。

（3）骑“飞车”。一般高校校园面积都比较大，宿舍与教室、图书馆等之间的距离比较远，所以许多大学生购买了自行车，课间或下课时骑自行车在人海中穿行，有的学生骑车飞快，殊不知就此埋下了祸根。

2. 校园外发生交通事故的主要表现形式

（1）行走时发生交通事故。注意力不够集中，或者抱着“汽车就应该礼让行人”的错误观念乱穿马路。

（2）骑自行车时发生交通事故。大学生外出旅游、社会实践或在校外购物，用自行车作为交通工具很普遍，在马路上因不遵守交通规则，逆行、闯红灯、骑飞车等极易发生交通事故。

（3）搭乘公共交通工具时发生交通事故。主要体现为乘坐没有交通运营资质的黑车，在公交车和地铁客流量大时被挤倒甚至被踩踏。

（二）交通安全应注意的问题

不管是校内还是校外，发生交通事故最主要的原因是思想麻痹、安全意识淡薄。作为一名大学生，提高交通安全意识、掌握基本的交通安全常识、遵守交通法规，是确保交通安全的最起码要求。

1. 校园内部交通安全应注意的问题

校园内部的交通不像社会上那样熙熙攘攘，但是却有其特殊的问题存在。

（1）路面窄，转弯多，容易出事故。切莫错误地认为校内无事，要树立交通安全观念，时时提高警惕。

（2）流量不均衡，有的地段流量小，有的地方流量大。熟悉校内路线地形，记住易出事故地段。

（3）时间上相对集中，开学以后、放假前夕、上下课时间或遇大型集会、文体活动，是交通秩序最为复杂的时期。

（4）与校外交往多，而校内的交通路线并不全为校外的驾驶员所熟悉。走路留神，见到各种车辆提前避让，防止那些认为“校内可以不讲交通规则”的人意外肇事。

（5）交通安全设施往往被人们忽视，专职交管人员缺乏。骑车、驾车要慢速行驶，复杂地段要缓缓而行，必要时要下车推行。

2. 校园外部交通安全应注意的问题

（1）步行安全常识。步行外出时要注意行走在人行道内，在没有人行道的地方要靠路边行走。横过马路时须走过街天桥或地下通道，没有天桥和地下通道的地方应走人行通道；在没划人行横道的地方横过马路时要注意来往车辆，不要斜穿、猛跑；在通过十字路口时，要听从交通警察的指挥并遵守交通信号；在设有护栏或隔离墩的道路上不得横过马路；穿越马路时，要走直线，不可迂回穿行；在没有人行横道的路段，应先看左边，再看右边，在确认没有机动车通过时才可以穿越马路。

（2）骑车安全常识。骑车外出的同学，出行前要先检查一下车辆的铃、闸、锁、牌是否齐全有效，保证没有问题后方可上路。在道路上要在非机动车道内行驶，没有划分车道要靠右边行驶。通过路口时要严守信号，停车不要越过停车线；不要绕过信号行驶；不要骑车逆行；不扶肩并行；不双手离把骑车；不攀扶其他车辆；不在便道上骑车。在横穿 4 条以上机动车道或中途车闸失效时，须下车推行；骑车转弯时要伸手示意，不要强行猛拐。

（3）乘车安全常识。乘坐公共交通工具时不能贪图便宜，不要乘坐车况

不好的车，不要乘坐“黑巴”“摩的”“超载车辆”，因为这些车辆安全没有保障。乘坐火车、轮船、飞机时必须遵守车站、码头和机场的各项安全管理规定。乘车时要等车停稳后，先下后上，排队上车，不要乱拥乱挤以免踩伤或为小偷作案提供条件。乘车时不可将头或手伸出窗外，以免受到伤害。乘长途汽车一定要忍住瞌睡，在睡眠时，若司机急刹车，巨大的惯性可能给你造成伤害。

### （三）发生交通事故的处理办法

1. 及时报案

无论在校外还是在校内，一旦发生交通事故，首先想到的是及时报案，有利于事故的公正处理，千万不能与肇事者“私了”。若在校外发生交通事故，除及时报案外，还应该及时与学校取得联系，由学校出面处理有关事宜。

2. 保护现场

事故现场的勘查结论是划分事故责任的依据之一，若现场没有保护好会给交通事故的处理带来困难，造成“有理说不清”的情况。切记，发生交通事故后要保护好事故现场。

3. 控制肇事者

若肇事者想逃脱一定要设法控制，自己不能控制可以发动周围的人帮忙控制，若实在无法控制也要记住肇事车辆的车辆牌号等特征。

## 三、网络安全

随着互联网的迅速发展，高校大学生的学习和生活已经离不开网络，通过网络，学生可以获取丰富的信息和知识。但是，网络在为学生的学习和生活带来巨大便利的同时，很多不良的信息和新的违法行为也在随着网络的发展而产生。面对这一新情况，正确使用网络，随时注意网络陷阱，是确保自己财产和人身安全的必要手段。

### （一）上网交友应注意的问题

（1）在上网交友时，尽量避免使用真实的姓名，不轻易告诉对方自己的电话号码、住址等个人真实的信息。

（2）不轻易与网友见面。许多大学生与网友沟通一段时间后，感情迅速升温，不但交换真实姓名、电话号码，而且还有一种强烈见面的欲望。

（3）与网友见面时，要有自己信任的同学或朋友陪伴，尽量不要一个人赴约，约会的地点尽量选择在公共场所，时间尽量选择在白天，不要选择偏僻、隐蔽的场所，否则一旦发生危险情况时，得不到他人的帮助。

（4）聊天时不要轻易点击来历不明的网址链接或来历不明的文件，往往这些链接或文件会携带黑客软件，造成电脑或手机被植入木马程序。

（5）警惕网络色情聊天，反动宣传。

### （二）网络购物时应注意的问题

（1）选择合法的、信誉度较高的网站交易。网上购物时必须对该网站的信誉度、安全性、付款方式、保密性等进行考查，防止个人账号、密码遗失或被盗，造成不必要的损失。

（2）一些网页弹出销售广告，只能作为一个参考，特别是进行二手货物交易时，更要谨慎，不可贪图小便宜。

（3）若网上商店所提供的商品与市价相距甚远或明显不合理时，要小心求证，切勿贸然购买，谨防上当受骗。

（4）进行网上交易时，应打印出交易内容与确认号码之订单，或将其存入电脑，妥善保存交易记录。

（5）使用比较安全的支付工具。调查显示，网络上 80% 以上的诈骗是因为没有通过官方支付平台的正常交易流程进行交易。所以在网上购买商品时要仔细查看，不嫌麻烦，首先看看卖家的信用值，再看商品的品质，最后一定要用比较安全的支付方式。

（6）仔细甄别，严加防范。有些克隆网站虽然做得惟妙惟肖，但若仔细分辨，还是会发现差别的。一定要注意域名，克隆网页再逼真，与官网的域名也是有差别的，一旦发现域名多了“后缀”或篡改了“字母”，就一定要提高警惕了。特别是那些要求提供银行卡号与密码的网站更不能大意，一定要仔细分辨，严加防范，避免不必要的损失。

### （三）避免遭遇网络陷阱，防止网络欺骗

在网络这个虚拟世界里，一些网站或个人为达到某种目的，往往会不择手段，套取网民的个人资料，甚至是银行账号、密码，达到个人目的。要避免遭遇网络陷阱，防止网络欺骗，务必做到以下几点。

（1）不要轻易相信互联网上中奖之类的信息。

（2）不要轻易相信互联网上来历不明的测试个人情商、智商、交友之类的测试软件，这类软件大多要求提供个人真实的资料，往往这就是一个网络陷阱。

（3）不要轻易将自己的电话号码、手机号码在网上注册，一些网民在注

册成功后，不但要缴纳高额的电话费，而且会受到一些来历不明的电话、信息的骚扰。

（4）不要轻易相信网上公布的快速致富的窍门，“天下没有免费的午餐”，一旦相信这些信息，绝大部分都会赔钱，甚至血本无归。

（5）不要主动与对方联系，不要拨打所谓的咨询电话，这样只能一步步上钩。

（6）不要过分依赖网络，遇到有人借款，立刻提高警惕。一旦发觉对方可能是骗子，马上停止汇款，防止扩大损失。同时要迅速将情况向老师汇报，必要时立刻报警，向有关部门进行求证或举报。

（7）凡是以各种名义要求先付款的信息，不要轻信，也不要轻易把自己的银行卡借给他人。确保财物一定要在自己的控制之下，不要交给他人，特别是陌生人。

（8）千万不要在网上购买非正当产品，如手机监听器、毕业证书、考题答案等，在网上叫卖这些所谓的“商品”，几乎百分百是骗局，千万不要抱着侥幸的心理，更不能参与违法交易。

（9）提高自我保护意识，注意妥善保管自己的私人信息，如本人证件号码、账号、密码等，不向他人透露，并尽量避免在网吧等公共场所使用网上电子商务服务。网络诈骗，正以诡谲多变、防不胜防的态势侵入我们的生活，树立牢固的安全观念、常备警惕之心对没有固定收入的大学生而言尤其重要。

## 四、人身、财产安全

### （一）如何应对滋扰

滋扰，从广义的角度讲，是指外部人员无视国家法律和社会公德而寻衅滋事、结伙斗殴、扰乱社会秩序等行为。从狭义的角度讲，主要是指对校园秩序的破坏等诸多方面的复杂的社会问题，大学生必须提高警惕，尽力预防和制止外部滋扰，以保证学校教学、科研和生活的正常进行。

#### 1. 大学生受外部滋扰的常见形式

校外的不法青少年在与少数大学生进行交往时，一旦发生矛盾或纠葛，便有目的地入校寻衅滋事、伺机报复等。

（1）有的不法青年，在游泳、沐浴、购物、看电影、参加舞会、观看比赛甚至走路等偶然场合，与大学生发生矛盾，进而酿成冲突。有的不法青年，喜欢在师生休息的时候不停地拨打电话，或者无聊地谈天说地，或者口吐污言秽语，以搅得别人不能入睡为乐，这就是电话滋扰。

（2）有的不法青年，专门尾随女同学或有目的地到学生宿舍、教室等处污辱、骚扰、调戏女生，甚至对女同学动手动脚，致使女大学生受到种种伤害。少数无赖之徒，千方百计地打听异性大学生的姓名和电话号码，然后不停地给其写信，打电话，不是低级庸俗的谈情说爱和造谣中伤，就是莫名其妙的恐吓和威胁，甚至敲诈勒索，从而造成被害人在精神上非常痛苦，这就是信件电话滋扰。

（3）青少年犯罪团伙邀约到校园内斗殴滋事，从而使围观或路过的大学生无端遭殃。滋事者往往只顾满足眼前欲望而不顾后果，容易受偶然的动机和本能所支配，他们自制力差，小小的精神刺激即可使之陷入暴怒和冲动之中。有些则结成团伙，蛮横无理，为所欲为，称霸一方。入校滋扰者，有的事先有明确的目的，有的并无确定目标。无论是哪种形式，受滋扰的对象往往都是大学生。一些地处城乡接合部或周围居民点密集的院校，受滋扰的程度更严重一些。

（4）某些外来人员法纪观念淡薄的教职工子女与学生争抢活动场地，从而引发矛盾和冲突。一些游手好闲的青少年，把学校变为玩乐场所，在校园内游逛，或故意怪叫谩骂，吵吵嚷嚷，或有意扰乱秩序，以搅得鸡犬不宁为乐，显得旁若无人，不可一世，似乎“老子天下第一”。大学生作为学校的主人，与这类人员发生正面冲突的可能性很大。

2. 大学生应当怎样对待外部滋扰

一般情况下，在校园内遇有流氓滋事，一方面要敢于出面制止，或将流氓分子扭送有关部门，或及时向学校保卫部门报案，或打“110”电话报警，以便及时抓获犯罪嫌疑人，予以惩办。另一方面，要加强自身的修养，冷静处置，不因小事而招惹是非，积极慎重地同外部滋扰这一丑恶现象做斗争。具体地说，大学生在遇到流氓滋事时，应注意把握以下几点。

（1）提高警惕，做好准备，正确看待，慎重处置。面对违法青少年挑起的流氓滋扰，千万不要惊慌，而要正确对待。要问清缘由，弄清是非，既不畏惧退缩，避而远之，也不随便动手，一味蛮干，而应晓之以理，以礼待人，妥善处置。

（2）充分依靠组织和集体的力量，积极干预和制止外部滋扰行为。如发现流氓滋扰事件，要及时向老师或学校有关部门报告，一旦出现公开侮辱、殴打自己的同学等类恶性事件，要敢于见义勇为，挺身而出，积极地揭露和制止。要注意团结和发动周围的群众，对滋事者形成压力，迫使其终止滋扰。

（3）注意策略，讲究效果，避免纠缠，防止事态扩大。在许多场合，滋

事者显得愚昧而盲目、固执而无赖，有时仅有挑逗性的言语和动作，叫人可气可恼而又抓不到有效证据。遇到这种情况，一定要冷静，注意讲究策略和方法，一方面及时报告并协助有关部门进行处理，另一方面采取正面劝告的方法，注意避免纠缠，目的就是避免事态扩大和免得把自己与无赖之徒置于等同地位。

（4）自觉运用法律武器保护他人和保护自己。面对流氓滋扰事件，既要坚持以说理为主，不轻易动手，同时又要注意留心观察，掌握证据。比如，有哪些人在场，谁先动手，持何凶器，滋事者有哪些重要特征，案件大致的经过是怎样的，现场状况如何，滋事者使用何种器械，有何证件，毁坏的衣物和设施是什么，地面留有什么痕迹等。这些证据，对查处流氓滋事者是很有帮助的。

（二）如何应对性骚扰和性侵害

性骚扰和性侵害的对象常以女性为多。因此，女大学生了解一些性侵害和性骚扰的基本情况、掌握一些基本对付方法，是很有必要的。

1. 性骚扰侵害的主要形式

（1）暴力型性侵害。是指犯罪分子使用暴力和野蛮的手段，如携带凶器威胁、劫持女同学，或以暴力威胁加之言语恐吓，从而对女同学实施强奸、轮奸或调戏、猥亵等。

（2）胁迫型性侵害。是指利用自己的权势、地位、职务之便，对有求于自己的受害人加以利诱或威胁，从而强迫受害人与其发生非暴力型的性行为。

（3）社交型性侵害。是指在自己的生活圈子里发生的性侵害。与受害人约会的大多是熟人、同学、同乡，甚至是男朋友。社交型性侵害又被称为“熟人强奸”“社交性强奸”“沉默强奸”“酒后强奸”等。受害人身心受到伤害以后，往往出于各种考虑而不敢加以揭发。

（4）诱惑型性侵害。是指利用受害人追求享乐、贪图钱财的心理，诱惑受害人而使其受到的性侵害。

（5）滋扰型性侵害。其主要形式：一是在公共汽车、商店等公共场所利用靠近女生的机会，有意识地挤碰女生，接触女生的胸部，摸捏其躯体和大腿等处；二是暴露生殖器等变态式性滋扰；三是向女生寻衅滋事，无理纠缠，用污言秽语进行挑逗，或者做出下流举动对女生进行调戏、侮辱，甚至集体轮奸。

2. 容易遭受性骚扰侵害的时间和场所

（1）夏天，是女大学生容易遭受性侵害的季节。夏天天气炎热，夜生活时间延长，外出机会增多，校园内绿树成荫，罪犯作案后容易藏身或逃脱。同时，由于夏季气温比较高，女生衣着单薄，裸露部分较多，因而对异性的刺激增多。

（2）夜晚，是女大学生容易遭受性侵害的时间。这是因为，夜间光线暗，犯罪分子作案时不容易被人发现。所以，女大学生应尽量减少夜间外出。

（3）公共场所和僻静处所是女生容易遭受性侵害的地方。这是因为，教室、礼堂、舞池、溜冰场、游泳池、车站、影院、宿舍、实验室等公共场所人多拥挤时，不法分子常趁机袭击女生；公园假山，树林深处、夹道小巷、楼顶晒台、没有路灯的街道楼边、尚未交付使用的新建筑物内、下班后的电梯内、无人居住的小屋、陋室、茅棚等僻静之处，若女生单独行走、逗留，很容易遭受流氓袭击。所以，女生最好不要单独行走或逗留在上述这些地方。

3. 女生夜间行路如何注意安全

（1）保持警惕。如果在校园内行走，要走灯光明亮、来往行人较多的大道。对于路边黑暗处要有戒备，最好结伴而行，不要单独行走。如果走校外陌生道路，要选择有路灯和行人较多的路线。

（2）陌生男人问路，不要带路。向陌生男人问路，不要让对方带路。

（3）不要穿过分暴露的衣衫和裙子，防止产生诱惑，不要穿行动不便的高跟鞋。

（4）不要搭乘陌生人的机动车、人力车或自行车，防止落入坏人的圈套。

（5）遇到不怀好意的男人挑逗，要及时斥责，表现出自己应有的自信与刚强。如果碰上坏人，首先要高声呼救，即使四周无人，切莫紧张，要保持冷静，利用随身携带的物品，或就地取材进行有效反抗，还可采取周旋、拖延时间的办法等待救援。

（6）一旦不幸受侵害，不要丧失信心，要振作精神，鼓起勇气同犯罪分子做斗争。要尽量记住犯罪分子的外貌特征，如身高、相貌、体型、口音、服饰以及特殊标记等。要及时向公安机关报告，并提供证据和线索，协助公安部门侦查破案。

4. 积极防范，避免发生性骚扰侵害

（1）筑起思想防线，提高识别能力。女大学生特别应当消除贪图小便宜的心理。对异性的馈赠和邀请应婉言拒绝，以免因小失大。谨慎待人处事，对于不相识的异性，不要随便说出自己的真实情况，对自己特别热情的异性，不管是否相识都要倍加注意。一旦发现某异性对自己不怀好意，甚至动手动脚或有越轨行为，一定要严厉拒绝、大胆反抗，并及时向学校有关领导和保卫部门

报告，以便及时加以制止。

（2）行为端正，态度明朗。如果自己行为端正，坏人便无机可乘。如果自己态度明朗，对方则会打消念头，不再有任何企图。若自己态度暧昧，模棱两可，对方就会增加幻想。在拒绝对方的要求时，要讲明道理，耐心说服，一般不宜嘲笑挖苦。终止恋爱关系后，若对方仍然是同学、同事，不能结怨成仇人，在节制不必要往来的同时仍可保持一般正常往来关系。参加社交活动与男性单独交往时，要理智地有节制地把握好自己，尤其应注意不能过量饮酒。

（3）学会用法律的武器保护自己。对于那些失去理智、纠缠不清的无赖或违法犯罪分子，女大学生千万不要惧怕他们的要挟和讹诈，也不要怕他们打击报复，要大胆揭发其阴谋或罪行，及时向领导和老师报告，学会依靠组织和运用法律武器保护自己。千万注意不能“私了”，因为“私了”的结果常会使犯罪分子得寸进尺，没完没了。

（三）如何应对抢劫

抢劫是指以非法占有为目的，以暴力胁迫或者其他方法将公私财物据为己有的一种犯罪行为。抢夺则是指以非法占有为目的，乘人不备，公然夺取他人的财物的一种犯罪行为。这两类犯罪行为都会侵害他人的人身权利，且容易转化为凶杀、伤害、强奸等恶性案件，具有极大的社会危害性。应对抢劫者可以采取下述措施：

（1）与作案人尽量纠缠。可利用有利地形和身边的砖头、木棒等足以自卫的武器与作案人形成僵持局面，使作案人短时间内无法接近，以便引来援助者并对作案人造成心理上的压力。

（2）实在无法与作案人抗衡时，可以看准时机向有人、有灯光的地方或宿舍区奔跑。

（3）麻痹作案人。已处于作案人的控制之下而无法反抗时，可按作案人的需求交出部分财物，并用语言反抗，理直气壮地对作案人进行说服教育，晓以利害，从而造成作案人心理上的恐慌。切不可一味地求饶，应当尽力保持镇定，与作案人说笑斗口，采取默认方式表明自己交出全部财物并无反抗的意图，使作案人放松警惕，以便自己看准时机进行反抗或逃脱其控制。

（4）注意观察作案人，尽量准确记下其特征，如身高、年龄、体态、发型、衣着、胡须、语言、行为等特征。

（5）及时报案。作案人得逞以后，很有可能继续寻找下一个抢劫目标甚至还会在作案现场附近的商店和餐厅进行挥霍。高校一般都有较为严密的防范措施，能及时报案和准确描述作案人特征，有利于有关部门及时组织力量布控，抓获作案人。

（四）常见的盗窃行为及应对措施

在高校发生的盗窃案件中作案分子采取的方法和手段主要有：溜门盗窃、顺手牵羊盗窃、网络及技术盗窃、利用钥匙入室盗窃和利用信用卡（存折）进行盗窃等。

1. 溜门盗窃

利用这种盗窃手段而实施盗窃的发案地大多在学生宿舍，作案分子利用门未锁而溜进室内进行盗窃。在室内有人的情况下，作案分子如果是陌生人，则会以找人或推销商品等借口来掩盖自己的真实目的，作案分子如果是熟人，则会以找同学或串门为由，稍作攀谈后离开。不能随便留宿不知底细的人。年轻人喜欢交朋友是正常的，但不可违反学校的管理规定留宿不了解的人，更不能丧失警惕，引狼入室。对形迹可疑的陌生人应格外提高警惕。外来人员有的是兜售物品的商贩，如果是房门大开没有人，往往会顺手牵羊偷走衣物、现金、贵重物品等。还有人打扮成学生模样，在宿舍里到处乱窜，一有机会就下手盗窃。

2. 顺手牵羊盗窃

利用这种作案手段而实施的盗窃案件多发生在教室、图书馆、食堂等公共场所。作案分子利用物品在、人不在，或物品在、人睡觉而伺机实施盗窃。作案分子除了一些惯偷之外，还有一些人见财起意而实施盗窃，所以往往还带有随机性。最后离开寝室的同学一定要锁门，不要怕麻烦，要养成随手关门、锁门的好习惯，切不可图省事儿，临时出去不锁门，方便了溜门盗窃的小偷。

3. 网络及技术盗窃

在高校学生中，利用网络而实施的盗窃案件主要体现在作案分子主要利用自己的计算机知识，破译他人的网络账户及密码，或偷记他人的网络账户名及密码，之后盗用他人的网络账户进行盗窃。

4. 利用钥匙入室作案

作案分子主要利用以前作案时盗得的钥匙或事先配好的钥匙开门入室盗窃。注意保管好自己的钥匙，不要随便借给别人。

5. 利用信用卡（存折）进行盗窃

这类盗窃案件的作案分子大多是利用同学、朋友的特殊关系而得到被害人的信用卡（存折）及其密码，伺机进行盗窃。因为有关系好这层假象，所以这类案件还有一定的隐蔽性。要保管好自己的现金和贵重物品，现金最好的保管方法是存入银行。数额较大的现金一定要及时存入，千万不可怕麻烦或者能

拖则拖。当发现自己的存折丢失时，要立即去银行挂失，然后到学校公安保卫部门报案，但不可声张，要细心观察、寻找，向公安保卫部门提供线索和有关情况。贵重物品不用时最好锁在抽屉、柜子里，以防被顺手牵羊或乘虚而入者盗走。放假离校时应将贵重物品随身带走，不可留在寝室。价值较高的贵重物品，最好做上特殊的记号，即使被盗，将来被找回的可能性也大些。

(五）诈骗行为的表现及应对措施

在当今的大学校园，大学生上当受骗的事件时有发生，究其原因，主要有以下几个方面。

1. 不加选择地结交朋友

当今的大学生大多是从学校走进学校，进入大学后吃住在学校，每天过着“宿舍—食堂—教室（实验室）”三点一线的生活。大多数学生喜欢结交朋友，但一些同学防范意识差，警惕性不高，从而导致上当受骗。骗子通常通过上网聊天交友，取得信任后，编造谎言进行诈骗，或假称自己发生意外，利用同学的同情心理寻机诈骗。

2. 缺乏社会生活经验和辨别能力

在大学校园里，每个学生都可能遇到一些来访的老乡、熟人、同学，或同学的同学、老乡的老乡、朋友的朋友之类的人。然而，这其中有的是真，有的是假，许多学生缺乏刨根问底的习惯，在不辨真伪的情况下宁可信其有而不信其无，而且有些学生常常把他人来访看作自己的一种荣耀，这就给骗子以可乘之机。还有的骗子以恋爱为名进行诈骗；编造学生在学校受到意外伤害，对学生家长及亲属实施诈骗；冒充学校工作人员诈骗学生；利用手机发短中奖信息诈骗。

3. 疏于防范是大学生上当受骗的主要原因

据资料显示，在校大学生被骗取钱物，绝大多数是疏于防范。事实上，很多大学新生热情奔放，性格直率，经历的事情很少，没有处世经验，防范能力也比较差，大多数人被骗后方知后悔莫及。

4. 求人办事，成事心切，从而导致上当受骗

一个人生活在社会之中，难免求人相助。大学新生涉世不深，有时为了办事而轻率交友行事，不分青红皂白，弄不好就会被骗。据了解，当前大学生容易被利用的心态一般为：急于求成，爱慕虚荣而无戒备之心；想经商助学而缺乏资金和经验；想找到理想的工作单位而又没有门路；不经过自己劳动而想摇身一变为富翁等。这些都是导致上当受骗的诱发心理因素。

应对诈骗行为，大学生应该注意以下几点。

（1）具备法律意识，不仅在事后知道要运用法律，更重要的是应将法律意识贯穿于事前和事中。事前要履行完备的书面法律手续，不做口头协议，书面手续要力求明细化。

（2）在与人交往中，对陌生人特别是陌生男人要时刻保持警惕，对其提出的问题或允诺不要轻易相信，不能把自己的身份、联系方式等轻易告诉他人，更不能随之独往。

（3）面对诱惑时，千万不要急功近利。任何时候都得想一想：人家凭什么给我这么多好处？这样做是否符合常理？天上没有掉馅饼的事情，要仔细分析利弊，就会得出比较客观和是否可行的结论。

（4）有很多不法之徒专以“交友”“恋爱”“求助”为名，利用学生的爱心和情感来行骗。一定要当心甜言蜜语或“慷慨义举”后所隐藏的欺诈，绝对不要感情用事或意气用事。

（5）一旦发现受骗，必须保持镇静，赶快想办法及时掌握对方有罪的证据，迅速报案，要防止打草惊蛇。有人认为把钱追回来是关键，所以，在发现上当后便想私了，于是主动找上门去恳求骗子返还财产。这是很愚蠢的做法，这等于告诉对方骗局已经暴露，提醒骗子赶快逃匿。聪明的做法是，一面装作仍蒙蔽在鼓里，随时掌握对方行踪；一面查明对方所骗财产的使用流向，及时报告公安机关。

大学生正处于人生成长的关键时期，面临着学习、生活、恋爱、就业等一系列的人生重大课题，只有加强安全教育，提高安全防范，学好安全知识，守护生活平安，才能早日实现自己的梦想，成为高素质的人才。

# 参考文献


[1] 唐洪波，邓俊熙．当代大学生发展100问［M］．武汉：武汉大学出版社，2014.
[2] 程刚．现代大学生的素质培养与能力提升［M］．北京：高等教育出版社，2013.
[3] 丁璇．大学生入学教育［M］．北京：国防工业出版社，2013.
[4] 王耀东．大学新生入学教育［M］．河南：郑州出版社，2015.
[5] 吴立平．大学生成长导航［M］．江苏：江苏大学出版社，2013.
[6] 李红．大学生入学教育［M］．北京：化学工业出版社，2013.
[7] 张强，王笑君，黎万和，等．大学新生课堂［M］．武汉：武汉大学出版社，2012.
[8] 戴国立．高校学生工作实用指导手册［M］．河南：郑州大学出版社，2012.
[9] 丁钢．大学：文化与内涵［M］．安徽：合肥工业大学出版社，2006.
[10] 林晓峰，林春生．大学生思想政治教育理论与实践［M］．北京：中国文史出版社，2015.
[11] 郭淑敏．走进大学［M］．北京：中国宇航出版社，2003.
[12] 宋胜菊，郭春鸿．大学生适应性教育探索与实践［M］．北京：知识产权出版社，2015.
[13] 尹冬梅，丁力．中国当代高校学生组织研究［M］．北京：时事出版社，2008.
[14] 吴迪．教育的全部意义在丰富心智［M］．上海：华东师范大学出版社，2015.
[15] 田友谊．当代学生评价的理论与实践［M］．武汉：华中师范大学出版社，2012.
[16] 张新平．教育管理学的方法体系［M］．北京：科学出版社，2012.
[17] 洪艺敏．高等学校教学运作配套管理研究［M］．广西：广西师范大学出版社，2012.
[18] 戴夫·埃利斯．优秀大学生成长手册精华版［M］．何雨珈，等，译．北京：科学出版社，2014.
[19] 胡树祥，吴满意．大学生社会实践教育理论与方法［M］．北京：人民出版社，2010.
[20] 穆建国，王显龙，陈建．大学新生入学教育读本［M］．江苏：江苏大学出版社，2014.
[21] 秦和．大学生养成教育［M］．北京：人民大学出版社，2015.
[22] 袁长明，王维兴，郑家刚．大学生入学教育与军事训练［M］．北京：高等教育出版社，2015.

[23] 刘卫峰. 大学生心理健康教育与素质拓展训练教程 [M]. 南京：南京大学出版社，2015.
[24] 方宏建，张宇. 高校学生工作概论 [M]. 山东：山东大学出版社，2009.
[25] 郑铸，朱晓红. 心理统计学与 SPSS 的应用 [M]. 上海：华东师范大学出版社，2009.
[26] 沈继英，祖嘉合. 人生理论与实践 [M]. 北京：人民大学出版社，1999.
[27] 丁璇. 大学生入学教育 [M]. 北京：国防工业出版社，2013.
[28] 汪永高，等. 大学生入学教育 [M]. 江苏：中国矿业大学出版社，2001.
[29] 凌雪峰. 大学生入学教育 [M]. 广西：广西人民出版社，2002.
[30] 马耀林，等. 大学生入学教育 [M]. 浙江：浙江大学出版社，2012.
[31] 林英姿. 大学生入学教育 [M]. 北京：科学出版社，2015.
[32] 陈革，秦雪峰. 大学新生导航 [M]. 北京：中国出版集团、现代教育出版社，2011.
[33] 郎建华. 大学生入学教育教程 [M]. 苏州：苏州大学出版社，2006.
[34] 马文君. 高校大学生入学教育 [M]. 吉林：吉林大学出版社，2005.
[35] 王秀阁. 大学生人际交往理论与方法 [M]. 北京：人民出版社，2010.
[36] 周文敏. 打造精彩生活——大学生活全攻略 [M]. 北京：北京工业大学出版社，2014.
[37] 赵燕，朱逢九. 点击大学——大学生学业与生活指导 [M]. 上海：同济大学出版社.
[38] 袁贵礼，邢建辉. 透视灵魂——世纪之初中国大学生价值观研究 [M]. 江苏：中国矿业大学出版社，2005.
[39] 王华勤. 梦想启航——大学生入学教育读本 [M] 厦门：厦门大学出版社，2014.
[40] 华坚. 大学生入学教育 [M]. 苏州：苏州大学出版社，2015.
[41] 林英姿. 大学生入学教育 [M]. 北京：科学出版社，2015.
[42] 胡华北，钱清. 我的青春我做主 [M]. 安徽：合肥工业大学出版社，2010.
[43] 夏伟东. 思想道德修养 [M]. 北京：中国人民大学出版社，2003.
[44] 谷桂玲. 当代大学生的精神家园建设 [J]. 北京：教育与职业，2015 (9).
[45] 范成功. 当前大学生精神家园构建初探 [J]. 河南：时代报告，2013 (1).
[46] 王兴隆. 当代大学生价值观解析及正确价值观的构建 [J]. 兰州：兰州大学学报：社会科学版，2015 (6).
[47] 刘爽，宁雅今. 大学生社会主义核心价值观及其培育途径探究 [J]. 云南：法制与社会，2015 (1).
[48] 课题组. 当代大学生价值观特征、现状分析及思考 [J]. 北京：教学与研究，2011 (3).
[49] 袁贵仁. 价值观的理论与实践 [M]. 北京：北京师范大学出版社，2006.
[50] 杨亚华. 当代中国大学生核心价值观研究 [M]. 北京：人民出版社，2011.
[51] 韩丽颖. 当代大学生核心价值观研究 [M]. 北京：人民出版社，2014.

［52］邢斐芝，等．90后大学生的价值观［M］．河北：河北人民出版社，2014.

［53］杜晶波，张慧欣．大学生社会主义核心价值观培育路径研究［M］．辽宁：东北大学出版社，2014.

［54］李忠军．意识形态安全与大学生政治价值观研究［M］．长春：东北师范大学出版社，2015.

［55］李建华．立德树人之道——大学生社会主义核心价值观的培育与践行之道［M］．北京：人民出版社，2015.

［56］谢宏忠．大学生价值观导向：基于文化多样性视野的分析［M］．北京：社会科学文献出版社，2010.

［57］徐海波．大学生德育与价值观教育研究［M］．江西：江西人民出版社，2012.

［58］郑承军．理想信念的引领与建构：当代大学生的社会主义核心价值观研究［M］．北京：清华大学出版社，2010.

［59］夏建华．传承与弘扬：新时期大学生社会主义核心价值观与思想政治教育创新［M］．四川：西南财经大学出版社，2015.

［60］牟德刚，等．修身报国——社会主义核心价值观大学生读本［M］．浙江：浙江大学出版社，2015.

［61］白华，等．大学新生教育模式新视野［M］．北京：中国书籍出版社，2015.

［62］郑永廷．大学生自主创新理论与方法［M］．北京：人民出版社，2010.

［63］屈晓婷．新媒体时空解码——大学生黑龙江：思想政治教育研究［M］．北京：北京交通大学出版社，2015.

［64］李凤旺．大学军事训练教程［M］．浙江：浙江大学出版社，2008.

［65］李程．传统文化精神与大学生思政教育［M］．北京：光明日报出版社，2013.

［66］李四军．高校国防教育新编教程［M］．北京：北京师范大学出版社，2010.

［67］周冠生．素质心理学［M］．上海：上海人民出版社，2000.

［68］徐国峰，潘俊波．大学新生入学教育教程［M］．北京：清华大学出版社，2013.

［69］周文敏．打造精彩生活——大学生活全攻略［M］．北京：北京工业大学出版社，2014.

［70］王晓进．大学生创新实践作品100例［M］．武汉：武汉大学出版社，2012.

［71］戴夫·埃利斯．优秀大学生成长手册［M］．毛乐，等，译．北京：北京：科学出版社，2013.

［72］蔡新有．论大学生军训的重要意义［J］．成都：中国西部科技，2010（10）.

［73］张树华．军事技能训练中加强大学生思想政治教育的研究［J］．黑龙江：思想政治教育研究，2006.

［74］郑泽．90后大学生价值观视域下思想政治教育工作方式研究［J］．北京：科技创新导报，2010（18）.

［75］张春雷，张俭．刍议军训在大学生素质教育中的意义［J］．长春：长春理工大学学

报，2009，10（3）.

［76］张军涛，曹煜玲．第三部门管理［M］．辽宁：东北财经大学出版社.

［77］石代锋，李荣．青年志愿者在行动［M］．北京：中国文联出版社，2004.

［78］邓国胜．中国志愿服务发展的模式［J］．四川：社会科学研究，2002（2）.

［79］江汛清．关于志愿服务若干问题的探讨［J］．北京：中国青年政治学院学报，2002（4）.

［80］陈东．浅论美国志愿服务经验及其借鉴价值［J］．广东：广东青年干部学院学报，2006（20）.

［81］柏耀平．志愿服务立法研究［J］网页：法律图书馆．法律论文资料库．2004 年 5 月 15 日（http：//www. baidu. com/link？url = OzhfZ8u296BNQHx15 - PtYvK1VMa9jhD1hB66jKB35UnGvKLuOMSpjy7Cyjp8YZAAkfMdOGQiumhNQapoT8wxcK&wd = &eqid = f43348c000036dce0000000357861ea2）

［82］王成．谁来保护志愿者［J］．云南：法制与社会，2007（20）.

［83］张将星，曾庆．大学生心理健康教育［M］．广州：暨南大学出版社，2013.

［84］李明．心灵方舟——大学生心理健康教育案例集［M］．北京：清华大学出版社，2013.

［85］周莉．大学生心理健康教育［M］．北京：中国人民大学出版社，2010.

［86］李文霞，任占国，赵传兵．大学生心理健康教育［M］．北京：北京师范大学出版社，2013.

［87］江光荣，吴才智．大学生心理健康教育［M］．武汉：华中师范大学出版社，2012.

［88］姚萍．大学生心理健康与咨询［M］．北京：北京大学出版社，2010.

［89］姚本先．大学生心理健康教育［M］．安徽：安徽大学出版社，2011.

［90］连榕，张本钰．大学生心理健康［M］．北京：北京师范大学出版社，2012.

［91］李梅，潘永亮．大学生心理健康教育实用教程［M］．北京：科学出版社，2012.

［92］王彩英，王兵，朱贵喜．当代大学生心理健康教育［M］．北京：科学出版社，2011.

［93］梅宪宾．大学生心理健康教育［M］．吉林：吉林大学出版社，2011.

［94］吴继霞，吴铁钧，黄文军．大学生生涯发展规划：理论与实务［M］．苏州：苏州大学出版社，2012.

［95］商光美．大学生就业指导与职业生涯规划［M］．北京：首都经济贸易大学出版社，2011.

［96］王丽娟．大学生职业生涯规划与发展［M］．南京：南京大学出版社，2011.

［97］中国大学毕业生求职与就业研究课题组．决战大学生就业［M］．北京：清华大学出版社，2009.

［98］黄炜．大学生职业发展教程［M］．北京：科学出版社，2011.

［99］宋志伟，燕国瑞．大学生安全教育［M］．北京：清华大学出版社，2007.

［100］北京市突发公共事件应急委员会办公室．首都市民防灾应急手册［M］．北京：北京

出版社，2006.
[101] 赵福生，武中华．学生应急逃生手册［M］．陕西：太白文艺出版社，2005.
[102] 董浩，宋有，郑吉南．大学生安全教育教程［M］．哈尔滨：哈尔滨工业大学出版社，1998.
[103] 宋志伟，杨昀．大学生安全常识［M］．内蒙古：内蒙古人民出版社，2005.
[104] 朱宗奎．关于新形势下大学生军训工作的几点思考［J］．吉林：吉林省教育学院学报，2009（8）.
[105] 罗立新．大学生国防教育的意义、内容及其素质教育功能［J］．安徽：安徽电子信息职业技术学院学报，2003（6）.
[106] 张延刚．大学生国防教育应强化“五种意识”［J］．山西：山西高等学校社会科学学报，2008（12）.
[107] 马安勤．高校大学生国防教育的意义、现状与对策［J］．辽宁：辽宁行政学院学报，2009（1）.
[108] 陈永光．高校国防教育对思想政治教育的意义［J］．北京：思想教育研究，2009（12）.
[109] 孙琴．大学生行为素养［M］．上海：华东理工大学出版社，2009．［110］杨念成．健全和完善普通高校国防教育体系的思考［J］．北京：中国行政管理，2014（8）.
[111] 石连柱．普通高校国防教育模式探索［J］．内蒙古：内蒙古师范大学学报，2007（3）.
[112] 袁旭东．浅析高校国防教育［J］．长春：长春大学学报，2010（8）.
[113] 张华．新时期高校国防教育三大课堂体系的构建［J］．湖北：企业导报，2010（12）.
[115] 李科．30 年来我国高校国防教育的发展历程、历史经验与未来前瞻［J］．黑龙江：黑龙江高教研究，2015（5）.
[116] 朱合理．大学生活导航［M］．广西：广西民族出版社，2005.
[117] 邹富汉．大学学习生活导论［M］．陕西：西北工业大学出版社，2004.
[118] 刘智运．大学学习理论与方法［M］．武汉：武汉大学出版社，1995.
[119] 高校入学教育编写组．赢在校园——大学新生入学必读［M］．北京：国家行政学院出版社，2007.
[120] 卢婷婷，赵琼．我的大学［M］．北京：新华出版社，2008.
[121] 敬枫蓉．规划引领人生——走近大学［M］．北京：科学出版社，2014.
[122] 黄颂，刘儒国．扬帆起航——大学新生学习生活指南［M］．武汉：华中师范大学出版社，2014.
[123] 毛小桥．大学新生入学教育［M］．武汉：武汉理工大学出版社，2004.
[124] 林春．礼仪文化与大学生礼仪修养［M］．中国社会北京：科学出版社，2011.
[125] 王苏琪．知识创新和传承书系：大学新生第一课［M］．北京：中国书籍出版

社，2015.
[126] 刘晓霞．传统美德与大学生人格修养［M］．哈尔滨：黑龙江大学出版社，2012.
[127] 席云玲，臧梅．中华美德与大学生修养［M］．河南：黄河水利出版社，2007.
[128] 庄严．传统美德与大学生人格修养［M］．黑龙江：黑龙江大学出版社，2012.
[129] 李玲．大学生素质模型建构与应用研究［M］．广西：广西师范大学出版社，2015.
[130] 马明华，涂争鸣．高校人文素质教育论［M］．广州：华南理工大学出版社，2010.

# 后 记

在我即将退休告别职业生涯、告别我心爱的大学新生、告别高校教龄之际，我满怀热忱地写下这本书，旨在把我30多年教育教学管理经验和10多年专门从事大学一年级新生教育管理实践经验总结提升与同仁们分享。期望这本书能够帮助大学新生认识大学，转变角色，重新起航，在实现梦想的道路上少走弯路，让同学们能够拥有一个无悔的大学生活；同时能够给年轻的教育工作者从大学新生的教育内容、管理体系、方法途径上加以指导，使之真正成为燃烧自己照亮别人的辛勤而有成就感的园丁。我愿意把多年探索形成的一套行之有效的大学新生教育理念与经验进行总结分享。本书运用教育学、管理学的原理，主要从解决大学新生入学教育工作无章可循、内容繁杂、结构松散的问题入手，克服“一阵风”“临时性”的应付现象，力图从高校新生入学教育的指导思想、内容体系、活动思路、管理模式、主要途径之间的逻辑关系等方面对今后工作加以指导。本书是在10多年对新生入学教育和大一学生成长情况的深入调查研究基础上完成的，是中华女子学院北校区一届又一届教育工作者承上启下、守土尽责、不断耕耘、不懈努力的丰硕成果，是我多年专注大学新生入学后的适应性教育研究的成果。在本书撰写过程中，得到了北校区王宁、赵晓丹、张薇娅、马俊巍、常琨、宋立新、郑雷、任琳、姜焱老师的大力支持，他们为本书的完成搜集整理了大量文献资料，多次参加研讨，并进行了上万份调查问卷的收集、整理、分析、统计，在此对他们的帮助和支持表示衷心的感谢！另外，在写作过程中还参阅了国内外大量关于大学新生入学教育的文献，引用了不少其中很有价值的观点和见解，这些已经在参考文献中列出，特此向这些论著的作者表示衷心的感谢！

本书的出版将不断推进大学新生入学教育和新生引航工程的程序化、规范化和系统化，具有承上启下的指导性作用。

不同于学术论文集刊，这本书不仅凝聚着10多年大学新生教育实践者、管理者、研究者理论与实践相结合的研究与探索精神，更饱含了对学生成长成才的全心倾注和对党的教育事业的忠诚与坚守。

郭春鸿

2016年6月20日